JN296703

現代比較法学の諸相

現代比較法学の諸相

五十嵐 清 著

信 山 社

　　　　　　　は　し　が　き

　本書は、旧著『民法と比較法』（一粒社、1984年）刊行以後に書かれた比較法関係の論文を集めたものである。旧著は、はじめから一定の構想のもとで書かれた論文をまとめたものであるのに対して、本書は、まったくばらばらに書かれた論稿を集めて一書にしたに過ぎないが、全体として現代比較法の主要問題にふれている。タイトルを『現代比較法学の諸相』とした所以である（なお、このタイトルは、私どもの古稀を記念して出版された『民法学と比較法学の諸相』［信山社、1996〜8年］より借用した。お忙しいなか私どものために力作を寄せていただいた諸兄姉に、この場を借りて改めて感謝申し上げたい）。

　本書は一応5部構成とした。第1部「比較法学の現状」は、北大の退官記念講義「比較法の40年」を中心とし、それに大木雅夫著『比較法講義』の書評を加えて、現代比較法学の現状を概観した。第2部「西欧法の生成と展開」では、まず「西欧法文化圏の生成とその特色」で西欧法文化の特色を明らかにするよう努めたあと、私の専門領域であるヨーロッパ大陸法の基礎に関する2論稿「大陸法序説」と「大陸法の基礎」を配置して、今日のヨーロッパ私法の歴史的基層を探っている。本来なら近世以後の発展についての論稿がほしいところだが、今回は書評2編で間に合わせ、あとはナチス法に関する2編「ナチス民族法典の性格」と「亡命ドイツ法学者のアメリカ法への影響」という現代的な問題を論じた論稿を収録した。

　後半の第3部はもっとも現代的な問題のひとつである「社会主義法系の消滅」を扱っている。もっとも最初の「社会体制の相違と比較法」（1984年）では、まだ社会主義法系の消滅は予感されていない。90年代に入り、社会主義が崩壊すると、あらためて「社会主義法系は存在したか？」を問題とせざるを得なかった。ドイツの再統一については、ドイツ法を専攻する私自身による論稿がなければならないのだが、その余裕がなく、代わり

はしがき

に畏友のフィッシャー教授の「両ドイツ間私法における公序」という国際私法の分野の論文の翻訳で責めを果たした。

つづいて第4部「アジア法と日本法」では、日本の比較法学者として当然取り組まなければならないアジア法と、そのなかにおける日本法の位置付けに関する2論文「法系論における東アジア法の位置付け」と「西欧法学者が見た日本法」を収録した。おそまきながら、私の最近の関心を示すものである。さいごに、第5部「終章」として、札幌大学大学院における私の学者人生の最終講義（のつもりだった）「比較法とともに歩いた50年」をのせた。これにより、所収の論稿の多くについて、私の研究史におけるその位置付けがわかることも期待している。

以上の多くは、新刊紹介や書評の域を出ないものであり、本格的論文といえるものは乏しいが、少しでも多くの人が比較法に関心を持つ機縁になっていただければ、幸いこれにすぐるものはない。また、これまで論文集を出版するさいは、資料をできるかぎり up to date にするよう努めてきた。本書でも、できるかぎりそうしようとしたが、十分ではない。旧稿に付加した部分を［　］で示し、また新しい注は、数字のあとに a を付加した（ただし例外も多い）。

これらの論稿の大部分は、札幌大学の研究室で作成された。10年間にわたり快適な研究環境を提供してくれた札幌大学の教職員の方々に厚くお礼申し上げたい。また、本書の刊行は信山社の袖山貴さんの熱心なお勧めにより実現したものである。市販性の乏しい学術書の出版に情熱を傾けておられる袖山さんに、心より感謝の意を表明したい。

私は昨年3月に一人娘をガンで失うというつらい経験をした。この出版は、その痛手からの立ち直りの証でもあるので、本書を、志半ばで人生を終えなければなならなかった娘の霊前に捧げたいと思う。

2002年3月

札幌にて　五十嵐　清

目　次

はしがき

第1部　比較法学の現状

I　比較法の40年……………………………………………………5

1　はじめに（5）
2　比較法の市民権獲得 ── 教科書・概説書の刊行（6）
3　比較法の定義をめぐって（8）
4　法系論をめぐって（10）
5　比較法の方法論をめぐって（12）
6　日本の比較法学の特色と今後の課題（17）

II　〈書評〉　大木雅夫『比較法講義』……………………………21

第2部　西欧法の生成と展開

III　西欧法文化圏の生成とその特色…………………………………35

1　はじめに（35）
2　西欧法文化圏における法観念の特色（36）
3　西欧法文化形成の諸要素（39）
4　西欧法文化圏の範囲（42）
5　西欧法文化の統一性と多様性（44）
6　西欧法文化の普遍性と特殊性 ── 結びにかえて ──（45）

目　　次

 Ⅳ　大陸法序説 …………………………………………………… *47*

  1　おことわり（*47*）
  2　大陸法研究の必要性（*48*）
  3　大陸法の意味（*50*）
  4　大陸法の適用範囲（*52*）
  5　大陸法と英米法（*60*）
  6　資本主義法と社会主義法（*66*）
  7　大陸法と日本法（*70*）

 Ⅴ　大陸法の基礎 …………………………………………………… *77*

  1　おことわり（*77*）
  2　序　　説（*77*）
  3　ローマ法（*78*）
  4　中世ローマ法学（*83*）
  5　ゲルマン法（*88*）
  6　カノン法（教会法）（*96*）

 Ⅵ　〈書評〉　R．C．カネヘム『裁判官・立法者・大学教授――
  比較西洋法制史論』……………………………………………… *103*

 Ⅶ　〈書評〉　広渡清吾著『法律からの自由と逃避』 ………… *107*

 Ⅷ　ナチス民族法典の性格 ……………………………………… *115*

  1　はじめに（*115*）
  2　民族法典編纂小史（*116*）
  3　民族法典の構成と問題点（*121*）

  4 第1編の内容と特色 (*129*)
  5 お わ り に (*138*)

Ⅸ 亡命ドイツ法学者のアメリカ法への影響 ………………… *141*

  1 は じ め に (*141*)
  2 個人別検討 (*143*)
   1) Ernst Freund (*143*)
   2) Ernst Rabel (*145*)
   3) Max Rheinstein (*148*)
   4) Rudolf B. Schlesinger (*151*)
   5) Albert A. Ehrenzweig (*154*)
   6) Friedrich Kessler (*158*)
   7) Heinrich Kronstein (*161*)
   8) Brigitte M. Bodenheimer (*162*)
   9) Stefan A. Riesenfeld (*164*)
   10) Stephan Kuttner (*166*)
  3 お わ り に (*167*)

第3部　社会主義法系の消滅

Ⅹ 社会体制の相違と比較法
  —— バルテルスの新著を中心として —— ……………… *173*

  1 は じ め に (*173*)
  2 バルテルスの所説 (*175*)
  3 問題点と評価 (*188*)

Ⅺ 社会主義法系は存在したか？ ……………………………… *191*

  1 は じ め に (*191*)

目　次

　　　2　Quigley の所説の紹介（*193*）
　　　3　お わ り に（*206*）
　　　　　引用文献一覧表（*207*）

　XII　両ドイツ間私法における公序 ……………………*211*
　　　―― いわゆる旧事例に対する東ドイツ法の適用の限界 ――

　　　1　序　　論（*211*）
　　　2　公序の適用可能性（*215*）
　　　3　適用の原則と例外（*220*）
　　　4　総　　括（*231*）
　　　　　原　　注（*232*）
　　　　　訳　　注（*237*）
　　　　　あ と が き（*239*）

第4部　アジア法と日本法

　XIII　法系論における東アジア法の位置付け …………*245*
　　　―― 日本法と韓国法を中心に ――

　　　1　法系論とはなにか（*245*）
　　　2　西欧比較法学者による東アジア法の位置付け（*247*）
　　　3　アジア法の統一性と多様性（*250*）
　　　4　東アジア法系の可能性（*254*）
　　　5　韓国法と日本法（*261*）

　XIV　西欧法学者が見た日本法 ……………………………*271*
　　　――「日本人は裁判嫌い」は神話か？――

　　　1　序　　説（*271*）

2　「日本人は裁判嫌い」テーゼの成立（*272*）
　　3　「日本人は裁判嫌い」＝神話説をめぐって（*279*）
　　4　むすびにかえて（*287*）

第5部　終　　章

　XV　比較法とともに歩いた50年 ………………………………*295*

　　1　は　じ　め　に（*295*）
　　2　前　　史（*295*）
　　3　北大時代初期（*299*）
　　4　第1次西ドイツ留学（*300*）
　　5　北大時代中期（*303*）
　　6　第2次西ドイツ留学（*308*）
　　7　北大時代後期（*310*）
　　8　札幌大学時代（*314*）

事項索引（巻末）
和文人名索引（巻末）
欧文人名索引（巻末）

現代比較法学の諸相

第1部　比較法学の現状

I　比較法の40年

1　はじめに
2　比較法の市民権獲得——教科書・概説書の刊行
3　比較法の定義をめぐって
4　法系論をめぐって
5　比較法の方法論をめぐって
6　日本の比較法学の特色と今後の課題

1　はじめに

　北海道大学法学部の比較法講座の担当者となってから今日まで、40年近くの歳月が流れた。この間における世界の、日本の、そして私自身の比較法研究の発展の跡を回顧し、北大での最終講義に代えようとするものである。
　なおこの機会に、なぜ私が比較法に興味をもったかについて一言述べたい。それは、要するに、子供の頃から物を比較することが好きだったからである。映画を見ても、小説を読んでも、作品そのものを鑑賞するよりは、他の作品との比較に興味を感じた。大学でも、実定法よりは、ローマ法、西洋法制史、ドイツ法などの講義に興味を感じた。1948年に卒業して特別研究生になったとき、本来なら比較法を専攻したかったのだが、当時東京大学には比較法プロパーの講座はなく、やむをえずドイツ法を専攻することにした。その間ラテン語やフランス語の学習に耽り、処女論文において、その成果の一端を披瀝した[1]。1950年に北大に就職するさい、比較法の講座を選んだのは、全く自然であった。

(1)　五十嵐「遺留分制度の比較法的研究」法協68巻5号、69巻2号3号(1950-

51年）参照。

2　比較法の市民権獲得 —— 教科書・概説書の刊行

　私が研究生活を始めた1950年当時は、まさに比較法が法学のなかで市民権を獲得した時期であった。それを象徴する出来事は、比較法に関する教科書・概説書のあいつぐ刊行である。

　そのトップを切ったのは、ナチスを逃れてスイスにわたった比較法学者シュニッツァー（Adolf Schnitzer, 1889-1989）が1945年に刊行した『比較法論（Vergleichende Rechtslehre, Basel 1945)』である。本書は、比較法を理論、歴史、制度の3部に分けて論じた、初めての体系書として位置づけられる。ただし、内容的には批判の余地の多いものであったが、シュニッツァーは、1961年に刊行された第2版（全2巻）においても、旧版の根幹を維持している[2]。

　つづいて、1946年には、イギリスの指導的比較法学者ガッタリッジ（H. C. Gutteridge, 1876-1953）の『比較法（Comparative Law, Cambridge 1946 ; 2nd ed. 1949)』が刊行された。本書は、比較法の意義、方法、私法の統一などについて、豊富な経験に基づいて書かれた古典的名著の1つであり、1949年に出た本書第2版は、私の接した初めての比較法の概説書であった[3]。

　さらに、1950年には、2つの概説書が刊行された。その1つは、第2次大戦後の世界の比較法学界をリードすることになるフランスの比較法学者、ルネ・ダヴィド（René David, 1906-1990）による『比較民法入門（Traité élémentaire de droit civil comparé, Paris 1950)』である。本書は、比較法の一般理論と法系論からなり、形式においても、内容においても、以後の比較法概説書のモデルとなった（もっとも、私自身は本書に接するのが遅れた）[4]。いま1つは、3人の比較法学者、アルマンジョン（Pierre Arminjon）、ノルデ（Baron Boris Nolde）、ヴォルフ（Martin Wolff, 1872-1953）の共著として

刊行された『比較法概論 (Traité de droit comparé, 3 tomes, Paris 1950-52)』である。本書は、法系論が詳細であり、刊行当時には外国法についての貴重な情報源であった[5]。

なお、その後刊行された比較法の教科書・概説書として重要なのは、ダヴィドとツヴァイゲルト (Konrad Zweigert, 1911-1996) のものである。ダヴィドは1964年に『現代の大法系 (Les grands systèmes de droit contemporains, Paris 1964 ; 9e éd. 1988 par C. Jauffret-Spinosi)』を出版した。これは事実上『比較民法入門』の新版であり、法系論が中心を占めている。本書は、その後、比較法のベストセラーとなり、フランスでは1988年にジョフレ・スピノージによる第9版が出ているほか、わが国をのぞく世界の各国で翻訳されている。これに対し、ダヴィドとともに、戦後の世界の比較法学界を長らくリードしてきた西ドイツの代表的比較法学者ツヴァイゲルトは、1969年より71年にかけて弟子のケッツ (Hein Kötz, 1935-) と共同で『比較法概論 (Einführung in die Rechtsvergleicherung, 2 Bde., Tübingen 1969-71 ; 2. Aufl., 1984)』を出版した。本書は2巻からなり、第1巻原論では理論と法系論を扱い、第2巻では代表的な私法制度の比較分析を試みている[6]。本書以後も、数多くの比較法概説書が刊行されているが、その大部分は、ダヴィドかツヴァイゲルトのモデルに従っている（私もその1人である）。

(2) シュニッツァーの比較法については、五十嵐『比較法入門』（日本評論社、改訂版、1972年）191頁以下参照。

(3) 本書第2版の翻訳として、水田義雄監訳『比較法』（早稲田大学比較法研究所、1964年）があるが、部分的に不適切な訳文が見られる（なお、本書つき簡単には、五十嵐・前掲187頁以下参照）。

(4) 本書をいち早く紹介した論文として、石崎政一郎「比較法と比較方法」比較法研究3号（1951年）がある。

(5) 本書につき、五十嵐・前掲198頁以下参照。

(6) 本書第1巻（第1版）の優れた翻訳として、大木雅夫訳『比較法概論　原

論』（上下 2 巻、東京大学出版会、1974 年）がある。なお、本訳書の書評として、五十嵐『比較法学の歴史と理論』（一粒社、1977 年）198 頁以下、および野田良之・比較法研究 37 号 223 頁以下（1976 年）がある。

3 比較法の定義をめぐって

　さて、戦後初期の比較法学界で激しく議論された問題は、比較法の定義をめぐるものであり、具体的には「比較法は独立の科学か、単なる方法か」という形で争われた。20 世紀の初頭以来（さらには 19 世紀後半以来）、多くの比較法学者は比較法を独立の科学であると主張してきた。ところが、第 2 次大戦後、ガッタリッジやダヴィドのような有力な比較法学者が、比較法を法学研究の 1 つの方法にすぎないと定義づけたため、問題が深刻になった。これに対し、シュニッツァーやアルマンジョンらは、それぞれの立場から比較法が独立の科学であることを証明しようとした。私もこの問題に関心をもち、1953 年 4 月早稲田大学で開かれた比較法学会での処女報告にさいし、「比較法は単なる方法か？」というテーマを選び、当時閲読することのできたガッタリッジ、シュニッツァー、アルマンジョンらの 3 著を素材として、比較法の独立科学性の可能性について論じた。しかし、この報告を印刷する段階では、論文として発表する自信がなく、やむなく「三つの比較法」と題して、新刊紹介のスタイルで公表した[7]。

　この問題については、当時でも言葉の問題ではないかといわれ、その後は必ずしも比較法学界をあげて議論するという状況ではなくなったが、二三注目すべき発展が見られる。

　(1)　その 1 つが、比較法社会学への道であり、1963 年に発表されたアメリカの刑法学者ジェローム・ホール（Jerome Hall）の『比較法と社会理論（Comparative Law and Social Theory, Baton Rouge 1963）』がその代表的著作である。ホールは、本書において、比較法が独立の科学となるには、

それは比較法社会学とならなければならないと主張した[8]。比較法社会学については、わが国では優れた研究が多く[9]、たしかに今後の比較法の進むべき道の1つである。ただ、これは「言うは易く、行うは難し」の典型であるほか、それだけが比較法であるというわけにはいかない（なお、比較法と法社会学との関係については、後述）。

(2) いま1つが、法系論こそ科学としての比較法であるとするコンスタンティネスコ（L.-J. Constantinesco, 1913-81）の主張であり、それは彼の大著『比較法（Rechtsvergleichung, 3 Bde., Köln u. a. 1971-83）』の第3巻「比較法学（Die rechtsvergleichende Wissenschaft）」において展開された[10]。つぎに述べるように、現代比較法の中心は法系論にあるので、比較法を独立の科学というためには、この道を避けて通るわけにはいかない。しかし、この問題については、つぎの項で論ずることにする。

「比較法は独立の科学か、単なる方法か」という問題は、決着のつかないまま、次第に重要性を失いつつあるのが、現状であろう。比較法は単なる方法だとするダヴィドを含め、今日の比較法の中心的課題は法系論にある。そこで、つぎにこの問題に目を転ずることにする。

(7) 五十嵐「三つの比較法」比較法研究7号（1953年）、同『比較法入門』（前掲）185頁以下に所収。
(8) 本書の訳業として、宮本安美訳『比較法と社会理論』（慶応出版、1975年）がある。
(9) 代表的な業績として、黒木三郎『比較法社会学研究』（早稲田大学比較法研究所、1984年）、東京大学社会科学研究所による諸調査（とくにヨーロッパの農地相続調査につき、社会科学研究36巻3号〔1984年〕以降参照。この研究に対するフランスの法社会学者の評価につき、カルボニエ〔北村一郎訳〕「フランスにおける法社会学」法協106巻4号516頁参照）、利谷信義ほか編『離婚の法社会学——欧米と日本』（東京大学出版会、1988年）、千葉正士を中心とするアジア法の研究（後掲）など。
(10) コンスタンティネスコ『比較法』の紹介として、大木雅夫・比較法研究34号126頁（第1巻）、同36号196頁（第2巻）など参照。

第1部　比較法学の現状

4　法系論をめぐって

　比較法の定義の問題とならんで、法系論は比較法の概説書のなかで当初より中心的な地位を占めていたが、私自身は久しくこの問題と取り組む余裕がなかった。1955年より翌年にかけての第1次西ドイツ留学においても、主としてドイツ民法の研究が中心となり、比較法そのものは対象とならなかった（本来ならツヴァイゲルトのいるマックス・プランク比較私法研究所に行きたかったのだが、諸般の事情により実現しなかった）。帰国後も、事情変更の原則、瑕疵担保、夫婦財産制、人格権など具体的なテーマに関する比較法的実作に従事した。ようやく1962年度より、1年おきに「比較法原論」の講義を行うようになったが、私に対し法系論への興味を喚起したのは、その前年に出版されたアメリカの比較法学者アインテマ（H. E. Yntema, 1891-1966）に捧げられた論文集『20世紀の比較法と国際私法（XXth Century Comparative and Conflicts Law ; Legal Essays in Honor of Hessel E. Yntema, Ed. by K. Nadelmann, Leyden 1961)』に発表されたダヴィドとツヴァイゲルトの論文であった。

　ダヴィドは、1950年の『比較民法入門』において、一元的な法系分類の基準を採用した従来の法系論を批判し、イデオロギー的観点と技術的観点、とくに前者に重点をおいて分類をすべきであると主張した。具体的には、英米法と大陸法を西欧法（droit occidental）として統一し、これにソビエト法系、イスラム法系、ヒンズー法系、シナ法系を対比させた。これに対しては、賛否両論があったが、ダヴィドは1961年にいたり、前掲のアインテマ記念論文集に「西欧法は存在するか？（Existe-t-il un droit occidental?)」という一稿を投じ、自説を擁護するとともに、西欧法の一体性を示すのは「法の支配」であるとした[11]。なお、ダヴィドは、1964年の『現代の大法系』においても、基本的には自説を維持したが、イデオロ

ギー的観点と技術的観点を同程度に重要であるとし、事実上、大陸法（ローマ・ゲルマン法族）と英米法（コモン・ロー族）を分けて叙述している[12]。

これに対し、長らく法系論について沈黙していたツヴァイゲルトも、ようやく前掲アインテマ記念論文集に「法圏論のために（Zur Lehre von den Rechtskreisen）」を書き、論争に参加した。ツヴァイゲルトの法系論の特色は、「法の様式」による分類の提唱に見られるが、実際上は多元的基準の設定にある。すなわち、彼は、法の様式を特徴づける要素として、① 歴史的伝統、② 特殊な法学的思考方法、③ とくに特徴的な法制度、④ 法源の種類とその解釈、⑤ イデオロギーをあげ、結論的にはアルマンジョンらの法系論を支持した（すなわち、英米法と大陸法を独立させただけでなく、大陸法をロマン法系、ドイツ法系、北欧法系に3分した）[13]。

以上のような1960年代はじめまでの法系論についての問題状況については、1965年に発表された拙稿「法系論序説」（北法16巻2・3号）で一応明らかにすることができたが[14]、そこでは、将来の方向として、「今後の法系論は、この両者（ダヴィドとツヴァイゲルト）の学説をさらに発展させるという形で展開されるであろう。」と予言した[15]。

私自身は、1969年より翌年にかけ、念願のマックス・プランク比較私法研究所（ハンブルグ）に留学の機会を得、前稿で2次的資料により紹介した戦前の法系論について、1次資料にあたることができた。帰国後、その部分についての再考と、新たに刊行されたツヴァイゲルトの『比較法概論』の法圏論をめぐる論争の紹介を中心として、「法系論再説」を発表したが（北法25巻1号3号）[16]、それは前述の予言を確認するものであった。

その後の法系論として最も注目に値するのは、前掲のコンスタンティネスコの『比較法』である。彼はとくにツヴァイゲルトの法圏論を非科学的であると激しく非難し、「法の様式」の代わりに、各法秩序の中核に存し、それぞれの個性を決定する特別の「法的素粒子」である「規定的要素」を基準として、法系分類を行うべきことを提案した。彼のあげる9個の規定

的要素は公法的観点を含み、より法社会学に傾斜している。しかし、これらの要素を組み合わせて、実際にどのように法系の分類を行うのか注目されたが、著者の死亡によりその機会が失われた[17]。

私自身は、今日にいたるまで独自の法系論を示すにいたっていない。これまでの西欧比較法学者の法系論は、われわれからみて、日本法はじめアジア法の特色を明らかにするにすることに成功していない。それは、日本の比較法学者の任務であると思われるが、その仕事はやっと緒についた段階にすぎない[18]。

[11]　本論文は、その後、喜多川・花輪両氏により翻訳された（都法12巻1号323頁以下）。
[12]　ダヴィドの法系論については、五十嵐『比較法入門』87頁以下参照。
[13]　本論文は、最近、真田芳憲氏により邦訳がなされた。ツヴァイゲルト「法圏論について」ヘーンリッヒ編（桑田三郎編訳）『西ドイツ比較法学の諸問題』（中央大学出版部、1988年）所収。
[14]　前掲『比較法入門』77頁以下に収録。
[15]　前掲『比較法入門』99頁。
[16]　五十嵐『比較法学の歴史と理論』162頁以下に収録。
[17]　コンスタンティネスコの法系論に関する論文のうち、Über den Stil der „Stiltheorie" in der Rechtsvergleichung, ZfVerglRW 78 (1979), 152 が、真田・後藤両氏により翻訳されている（前掲『西ドイツ比較法学の諸問題』95頁以下参照）。なお、コンスタンティネスコ『比較法』1・2巻の書評については、前掲注[10]参照。第3巻については、詳しい書評はない。簡単には、五十嵐「法系論と日本法」『東西法文化』法哲学年報1986年度（有斐閣、1987年）27頁参照。
[18]　五十嵐「法系論と日本法」前掲参照。

5　比較法の方法論をめぐって

(1)　制度的比較から機能的比較へ

戦前の比較法は、主として各国の法制度の比較に重点を置くものであっ

た。これに対し、戦前すでにラーベル (Ernst Rabel, 1874-1955)[19]やラインシュタイン (Max Rheinstein, 1899-1977) により機能的比較法が提唱されていたが、戦後はこの方法論が学界で定着した。それによれば、比較法にとって「本質的な点は法制度の機能であって、その概念的形式ではなく、それが仕える目的であって、法体系におけるその形式的な地位ではない。」とされる[20]。この方法論は、とくに従来架橋できないとされていた英米法と大陸法との比較にさいし威力を発揮し、両者の違いは主として制度上のものにすぎず、両者の間には「共通の核心 (common core)」が存することが明らかにされた[21]。

(2) 比較法と法社会学

比較法は法社会学と結びつかなければ有用な成果をあげえない。これは、前述のように「言うは易く、行うは難し」であることは別として、今日では広く承認されている。とくに、戦後、法社会学のブームの時代に比較法の道を選んだ私にとって、両者の関係は避けて通ることのできない問題であった。しかし、世界の比較法学者が両者の関係に注目するようになったのは、比較的最近のことである。もっとも、この問題について、すでに1953年に現マックス・プランク比較私法研究所所長ドロープニック (Ulrich Drobnig, 1928-) により、「比較法と法社会学 (Rechtsvergleichung und Rechtssoziologie, Rabels Z 18, 295)」という画期的な論文が発表されていた[22]。だが、この論文は長らく孤立していた。ようやく1970年代に入って、世界の学界はこのテーマに関心を示すようになり、あいついで論文が発表された。それらの論文は、1977年にドロープニックとレービンダー (Manfred Rehbinder) により、『法社会学と比較法 (Rechtssoziologie und Rechtsvergleichung, Berlin 1977)』と題する論文集にまとめられている[23]。私が1983年に野田良之先生古稀記念『東西法文化の比較と交流』(有斐閣) に発表した「比較法と法社会学の関係についての覚書」は、この論文

集所収の諸論文を素材とするものである(24)。その後も、わが国の学界では、比較法と法社会学の関係について理論的に論ずる論文はほとんど見られない(25)。これに対し、比較法社会学に関する実作的論文の多いことは世界に誇ってよいことであろう(26)。

(3) 体制間比較法

第2次大戦後、ソ連の指導のもとで各地に社会主義国が成立することにより、世界の比較法は新たな課題を負った。それは、資本主義国と社会主義国のように異なる社会・経済体制下にある国の間で、法の比較は可能か、またそれは望ましいかという問題である。この点で、文字通り画期的な論文は、西ドイツのソビエト法研究者レーバー（Dietrich A. Loeber, 1923-）により1961年に公表された「異なる経済秩序をもつ諸国間の比較法（Rechtsvergleichung zwischen Ländern mit verschiedener Wirtschaftsordnung, Rabels, Z 26, 201）」である。この論文は、私も刊行当時一読して大きな感銘を受けた。

私はもともと西欧法を専攻し、社会主義法は本来専門外であった。ところが、北大法学部にスラブ研究施設（現スラブ研究センター＝スラ研）が設置され、私も研究員となったため、1960年代より、ソ連・東欧の社会主義法に関心をもたざるをえなくなった。私は、スラ研のメンバーの影響のもとで、当時のわが国の学者による社会主義法研究の方法に疑問を感じていたので、機能的方法によれば資本主義法と社会主義法の比較は可能であり、またそれは望ましいとするレーバーの主張は、我が意をえたものであった(27)。

丁度その頃、ハンブルグでレーバーと親交を結んだ大木雅夫氏が帰国したので、あいはかって、1967年6月札幌で開かれる比較法学会総会で「資本主義法と社会主義法」をシンポジウムのテーマとして選び、2人で報告をすることになった。この総会に備えて、私は、法律時報の求めに応

じて、「資本主義法と社会主義法 —— その比較方法論上の問題点」を書いた（法時39巻5月号）[28]。総会では、議論は必ずしもかみあわなかったが、活気のあふれた討論が展開された。

その後、この問題をめぐって世界の比較法学者は多彩な議論を続けているが、レーバーの論文は、社会主義国の比較法学者にも影響を与えつつある。しかし、私を含め、わが国の比較法学者はこのテーマにつき、十分にフォローしているとはいいがたい。拙稿「社会体制の相違と比較法」（札幌学院法学1巻1号〔1984年〕）は、その責の一端を果たそうとしたものである。ちなみに、最近ソ連で展開されつつあるペレストロイカは、私たちの主張の正しかったことを証明しているといえよう。この点で、スラ研の同僚諸氏に感謝したい。

なお、体制間比較法の問題は、主として資本主義法と社会主義法の比較を目指すものであったが、そこで開発された手法は、異なる文化をもつ国の間の法の比較に適用可能であり、日本の比較法学者にとって、利用価値が大きい。

(4) 比較法文化論への道

法を文化現象の一環として捉えるべきことは、すでにドイツのコーラー (Josef Kohler, 1849-1919) などの主張したところであるが[29]、最近比較文化論の1部として、わが国でも、比較法文化論に関心が集まっている。日本人の法意識が西欧人のそれと異なるという、従来から指摘されてきた問題について、西欧化を必ずしもモデルとすべきでないとする立場から、日本法の特色を明らかにしようとする意図が、そこには看取される。比較法文化論は究極の比較法といえないこともないが、まだ現状では緒についたばかりである。わが国の先駆的業績としては、野田良之『内村鑑三とラアトブルフ —— 比較文化論へ向かって』（みすず書房、1986年）をあげることができる。本書は、比較法文化論の理論的基礎を樹立しようとしたもので

第 1 部　比較法学の現状

あるとすれば、すでにそれを実践しようとする試みが、1987 年 8 月神戸で開かれた国際法哲学会の特別部会でなされ、その成果が、藤倉晧一郎・長尾龍一編『国際摩擦 —— その法文化的背景』(日本評論社、1989 年) として刊行されている。

(19)　ラーベルの比較法については、五十嵐『比較法学の歴史と理論』51 頁以下、および同「ラーベル・商品売買法」伊藤正己編『法学者　人と作品』(日本評論社、1985 年) 所収参照。なお、近時、レーザー (永田誠訳)「エルンスト　ラーベル —— 近代比較法の創設者」(日本法学 54 巻 3 号〔1988 年〕) が公表された。

(20)　五十嵐・前掲 59 頁参照。

(21)　機能的方法を用いた代表的業績として、Schlesinger, Formation of Contracts ; A Study of the Common Core of Legal Systems, 2 vols. Dobbs Ferry, N. Y. 1968 ; Zweigert und Kötz, Einführung in die Rechtsvergleichung, 2. Bd., 2. Aufl., Tübingen 1984. をあげることができる。

(22)　この論文は、近時、U. ドローブニク・M. レービンダー編 (真田芳憲・後藤武秀訳)『法社会学と比較法』(中央大学出版部、1987 年) 16 頁以下で翻訳されている。

(23)　この論文集は、前注に引用したように、真田・後藤両氏により全訳がなされた (両氏の労を多としたい)。

(24)　この覚書は、現在、五十嵐『民法と比較法』(一粒社、1984 年) 181 頁以下に収録されている。

(25)　法社会学会の創立 40 周年を記念するシンポジウムにおいても、法社会学と比較法学との関係についてはふれられていない (『法社会学への期待 (法社会学 41 号)』(有斐閣、1989 年) 参照)。

(26)　その代表例については、前掲注(9)参照。

(27)　五十嵐「社会主義諸国家における夫婦財産制の諸問題」スラヴ研究 7 号 (1963 年) (同『比較民法学の諸問題』〔一粒社、1976 年〕所収) の冒頭の「方法論的序説」参照 (なお、これは、私のスラ研研究員として発表した最初の研究成果である)。

(28)　五十嵐『比較法入門』136 頁以下に収録されている (なお、大木雅夫「ソビエト法とブルジョア法の比較可能性について」立教法学 10 号 (1968 年)〔同『資本主義法と社会主義法』有斐閣、1992 年所収〕参照)。

⑳　コーラーについては、五十嵐『比較法学の歴史と理論』32頁以下参照。

6　日本の比較法学の特色と今後の課題

(1) 特　色
(a)　解釈と立法のための比較法　　これまでのわが国の比較法学の特色は、なんといっても、法の解釈と立法のためにそれが行われた、という点にある。これは、法学後進国としてのわが国の特殊事情によるものであること、いうまでもない。このため、比較の対象国として、もっぱら欧米の法学先進諸国だけが選ばれた（その問題点については、拙稿「法の解釈と比較法」（北法31巻3・4号〔1981年〕）および「比較法学と民事立法学」『民事立法学』（日本評論社、1981年）所収に譲りたい(30)）。

(b)　国際私法および法の国際的統一への無関心　　西欧の比較法学は主として国際私法と法の国際的統一のために発展してきた。わが国の比較法学者は、従来この点に関し、全く無関心であった。これは、現在の日本がおかれている国際的環境に対応していない。この点は、一刻も早く打破されなければならない（その問題点についても、拙著『民法と比較法』130頁以下に譲りたい）。

(2) 今後の課題
　日本の比較法学の今後の課題については、これまでも言及しているが、その他、つぎのような課題が考えられる（といっても、その多くはすでにふれられているが）。

(a)　欧米法への一層の理解　　日本の法学者によるこれまでの欧米法の研究の蓄積は、世界に誇るものがあるといってよい。しかし、これで十分だというわけにはいかない。それぞれの国の法制度の機能や、さらに法文化にまで踏み込んだ研究がなされなければならない。

第1部　比較法学の現状

　(b)　研究対象の拡大　　これまでのわが国の比較法の対象は、前述のように欧米先進諸国（とくに英米独仏法）とソビエト法に限られていた。今後は、とくに東アジア法、イスラム法、ラテン・アメリカ法に対しても進出することが必要である。最近、急激にこの方面での業績が増えているのは、喜ばしい限りである[31]。

　(c)　日本法をどうとらえるべきか　　最後に、日本の比較法学者にとって、日本法をどう捉えるべきかという問題が残る。私としては、前述の比較法文化論の発展に期待している[32]。

(30)　両論文は、現在、五十嵐『民法と比較法』89頁以下、および115頁以下に収録されている。

(31)　アジア法一般については、Chiba (ed.), Asian Indigenous Law: An Interaction with Received Law, London & New York, 1986. および安田信之『アジアの法と社会』（三省堂、1987年）がパイオニア的業績である。さらに、千葉正士氏の業績として、千葉編『スリランカの多元的法体制』（成文堂、1988年）や英文の Chiba, Legal Pluralism: Toward a General Theory through Japanese Legal Culture, Tokai U. P., 1989 などがあり、世界の学界に対する貢献が大きい〔その後のわが国におけるアジア法研究の進展については、本書XIII論文参照〕。

　イスラム法については、すでに何冊かの概説書が刊行されているが、近時の代表的なものとして、真田芳憲『イスラーム法の精神』（中央大学出版部、1985年）を挙げるにとどめる。〔その後、わが国においても、本格的イスラム法研究者による本格的研究が発表されている。両角吉晃「イスラームにおけるいわゆる利息の禁止について」法協114巻7号-115巻1号（1997-98年）、柳橋博之『イスラーム財産法の成立と変容』（創文社、1998年）、同『イスラーム家族法』（創文社、2001年）がそれ。〕

　ラテン・アメリカ法については、近時ようやく、中川和彦・矢谷通朗編『ラテンアメリカ諸国の法制度』（アジア経済研究所、1988年）という概説書が出版された。

(32)　比較法文化論の立場から、日本法の特色について論じたものとしては、前掲・野田良之『内村鑑三とラアトブルフ』や、Chiba（前注）のほか、大木雅夫『日本人の法観念』（東京大学出版会、1983年）と柴田光蔵『法のタテマエ

とホンネ』（有斐閣、新増訂版、1988年）がある（両者につき、五十嵐「比較のなかの日本法」判タ500号〔1983年〕参照）。〔その後、比較法文化論の領域では多くの業績が発表されているが、比較的まとまったものとしては、千葉正士『法文化のフロンティア』（成文堂、1991年）、木下毅ほか「法観念を中心とする世界法文化の比較」比較法研究60号（1999年）、角田猛之『法文化の探究』（法律文化社、2001年）などがある。〕

II 〈書 評〉
大木雅夫『比較法講義』（東京大学出版会、1992年）

1 わが国を代表する比較法学者であり、立教大学、上智大学のほか、20年近く東京大学で比較法原論の講義を担当してきた大木雅夫が、いよいよ『比較法講義』を上梓するという話を聞いたとき、その内容はオーソドックスなものか、ユニークなものか、どちらになるかと興味をもったが、結果は基本的にはオーソドックスなものになった（木下毅「比較法原論とヨーロッパ法の統一」ジュリスト999号12頁参照）。ただし、いたるところ独自の見解がみられ、まさに著者ならではという作品である。

比較法は新しい学問であり、比較法原論としてなにを講ずべきかについて、とくに基準があるわけではない。しかし第2次大戦後、ダヴィドやツヴァイゲルトなどにより、おおよその輪郭ができた。それによれば、比較法原論は、比較法の定義、歴史、目的、方法などを論ずる理論編と、世界の法秩序をいくつかの法圏（法系）にわけ、それぞれの法圏の特色を叙述する法圏編からなっている（その他、シュニッツァーやツヴァイゲルト／ケッツのように、個々の制度について比較法的分析を行う制度編を加える原論もある）。本書も、基本的にはそのようなスタイルのものである。ただし法圏論では、各法圏ごとの叙述はなく、そのかわり、独仏、英米、ソ連の5ヶ国の法典と法律家を論ずることで、その代用を果たしている。

本書は比較法プロパーの業績であるが、著者はもともと比較法史に明るく（『比較法史研究』創刊号巻頭論文を見よ）、比較法史学に関心をもつすべての研究者にとって必読の文献である。評者はかねてより著者の業績から啓発されるところが大きく、多くの点で著者と考えを共通にしている。本書についても、同様である。したがって、私は本書の書評者としてかならず

しも適任ではない。しかも、著者が引用する文献の多くを（所蔵しながら）読んでいないため、批評できない個所も多い。それゆえ、以下試みる若干の批判はいずれも枝葉末節な部分に関することを、あらかじめお断りしたい（本書はすでに重版が出ているが、以下は初版に対する批評であることもお断りしたい）。

2　著者の比較法にもっとも影響を与えた西欧比較法学者は、第２次大戦後の世界の比較法をリードしてきた、ダヴィド、（著者の師でもある）ツヴァイゲルト、およびツヴァイゲルトの最大の批判者であるコンスタンティネスコの３人であるように思われる。本書の序論は、法学の再生に対する比較法の意義を論じたものであるが、そこにはコンスタンティネスコの影響が看取される（L.-J. Constantinesco, Rechtsvergleichung, Bd. I, S. 19 ff. とくにコペルニクス的転換については、S. 55 ff. なお、本書については独仏両語版があり、著者は仏語版を引用しているが、ここでは独語版による。両者は頁数も同一のようである）。もっとも、この個所にかぎらず、無数の引用にもかかわらず、本書の内容は全体として著者独自のものであるというまでもない。

第２章では、あえて「比較法思想の歴史的展開」と題して、比較法の歴史がとりあげられる。これは本書の特色のひとつであり、事実、法学的文献のほか、多くの思想一般の文献が引用されている（法思想史上の文献としては、Strömholm, A Short History of Legal Thinking in the West, 1985. に負うところが多いように思われる。なお、ここでもコンスタンティネスコの影響が強い）。さらに著者は、従来の時代区分についても異論を唱え、かわりに、「比較法以前」、「自然法と比較法」、「歴史主義、ナショナリズム、実証主義」、「世界連帯と比較法」という標語を採用した。もっとも、「自然法と比較法」は17・18世紀をあつかい、「世界連帯と比較法」は20世紀をあつかっているので、既成の区分との実質的な違いは、19世紀を２分しない点にある。しかし私見によれば、近代的比較法は1860年頃に成立したと思われるので、19世紀を２分することに十分な根拠があると思われる

（五十嵐清『比較法学の歴史と理論』〔一粒社、1977年〕21頁参照。なお、コンスタンティネスコも19世紀を2分している）。

　具体的には、「自然法と比較法」では、比較法の祖として、ベイコン、グローティウス、ライプニッツ、モンテスキュー、ヴィーコの5人をあげている。あえてひとりに絞らないのが、著者の特色といえよう（このうち、グローティウスは一般には考慮されないのだが、これもコンスタンティネスコの影響であろうか。Constantinesco, a. a. O., S. 83 f.）。つづいて、「歴史主義、ナショナリズム、実証主義」では、歴史法学は本来比較法の基礎となるべきだったが、現実にはそうならず、かわりに、比較法は外国法制の研究、普遍法史学、民族学的法学として発達したとする。なっとくできるものであるが、上記の標語がその内容にふさわしいか疑わしい（なお、ここで登場する学者のうち、ガンスについては堅田剛「ガンス、あるいは法の普遍史」独協法学31号〔1990年〕〔同『歴史法学研究』日本評論社、1992年所収〕を引用すべきであるし、またイエーリングについては、大木自身が紹介しているZweigert-Siehr, Jhering's Influence on the Development of Comparative Legal Method, 19 Am. J. Comp. L. 215 (1971). を引用すべきではないか（比較法研究33号146頁参照）。さいごに20世紀については、「世界連帯と比較法」としてとりあげられる。20世紀を代表する思想は世界連帯であるべきだ、とするのが著者の見解のようであるが、現実はそうでなく、諸思想が乱立しているので、ごく簡単に一瞥されるにすぎない。

　第3章では、「比較法の本質」として、その「概念、目的、機能」が論ぜられる。「比較法の概念」については、ここでもまたコンスタンティネスコの主張する、ミクロ比較法とマクロ比較法の区別、および法秩序における規定的要素と代替的要素の区別にふれたのち、比較法を「最も一般的には、種々の法秩序をそれぞれの精神と様式において関連づけて、諸法秩序の形態学的特性やその相互間における類型的親縁性を明らかにし、あるいは特殊的には、種々の法秩序における比較可能な法制度や問題の解決を

関連づけて、法の認識と改善を図る課題を有する法学の部門ないし方法である」と定義づけている（74 頁）。私としても賛成できる定義であり、以下本書はこのような意味での「比較法」を追求している。「比較法の目的と機能」では、比較法の目的を、「理論的目的」と「実務的目的」にわけて、立ち入って考察している。ただし、内容的にはとくに特色のある部分ではない（五十嵐清『民法と比較法』〔一粒社、第 2 刷・1992 年〕89 頁以下参照）。

　第 4 章では「比較法の方法」が論ぜられる。著者によれば、方法論は比較法においても重要である。比較される法秩序の選択にあたっては、母法に限定しようとするツヴァイゲルトとケッツの提案は、問題である。比較方法における機能主義は卓越した考え方であるが、それを絶対視すべきではない。以上のような注目すべき指摘につづいて、著者は具体的な比較法の手続として、まず比較される項としての外国法制度の認識にはじまり、比較、つまり関連づけと異同の認識を経て、さいごにツヴァイゲルトに従い「評価」の必要性をとく。本章は、比較法の初心者にとって必読の部分である。

　3　以上で理論編はおわり、つづいて法圏編にはいる。もっとも、前述のように著者は法圏論を全面的に展開せず、かわりに法典論と法律家論を代置したので、ここではもっぱら法圏分類の基準が問題となる。著者にはすでに法圏論に関するまとまった論文があるが（大木「法圏論に関する批判的考察」上智法学 23 巻 2 号〔1980 年〕）、第 5 章「法圏論」で、この問題が余すところなく論ぜられている。要点だけ紹介すれば、法圏分類の基準については、コンスタンティネスコの批判を考慮しながらも、基本的にはツヴァイゲルトの法様式論にしたがい、以下 5 つの多元的基準によって法圏を分類すべきであるとする。

　(1)　法秩序の歴史的発展　　ここではとくにコモン・ロー法圏と大陸法圏の区別、さらに大陸法圏のなかでのロマン法族とドイツ法族の区別が導きだされる。

(2) 特殊な法学的思考方法と法観念　ここではまず国民性との短絡を批判し、ついで大陸法と英米法との相違を主として思考方法の相違と捉えるものの、近時における両者の接近の事実を指摘している。さらに著者の問題作『日本人の法観念』(東京大学出版会、1983年)の成果をふまえて、西洋に対する極東なり日本なりの法的思考方法の特殊性を強調することは危険であるとする。

(3) 特徴的な法制度　ここはごくかんたんにすませている。

(4) 法源とその解釈方法　まず法源の多様性と価値階梯を問題とし、この点で旧ソビエト法を西洋法圏に組み入れることは不可能であるとする。つぎに、この点に関する大陸法とコモン・ローの間の溝は、それほど深いものではないとする。

(5) イデオロギー的諸要因　ここでは、世界の意味や世界が人間に対して及ぼす影響について、われわれが集団として有する表象、信条、確信の総体を「イデオロギー」と定義し、法圏分類の基準としての重要性をとく。とくにそれは宗教法としてのイスラム法の独自性の基礎となるほか、社会主義法と資本主義法の区別にさいし、この要因は決定的であったとする。したがって、著者は社会主義法圏が存在したことは認めている (なお、五十嵐清「社会主義法系は存在したか？」札幌法学3巻1号〔1991年〕〔本書 XI 所収〕参照)。ただし、現在は社会主義法圏の存在基盤は失われたが、収斂理論については、なお将来は不確かであるとする。

　以上の考察をふまえて、著者は以下のような法圏分類の試案を示している。

(1) 西洋法圏　ロマン法族、ドイツ法族、北欧法族および西洋法を継受した日本法等

(2) コモン・ロー法圏　イギリス法族、アメリカ法

(3) 脱社会主義途上法圏　ソビエト法、東欧諸法、(アジア共産主義法族)

(4) 宗教的・哲学的共生法　イスラム法、ヒンドゥー法、極東諸法

第1部　比較法学の現状

　このような試案につづくべき各法圏ごとの叙述を欠くため、この試案はやや説得力を欠いているが、結果的にはダヴィドの法圏分類に近く、おおむね支持すべきものである。ただし、「西洋法圏」というネイミングは、イギリスも西洋に含まれるので、適当とは思われない（前記論文では「ヨーロッパ大陸法圏」としているほか、本書においても、いたるところで「大陸法」ということばが使用されている）。日本法をここに入れたのは、著者ならではというべきであろう。旧社会主義法圏を脱社会主義途上法圏としたのは苦心の作であるが、東欧諸法の多くはすでに大陸法圏に戻ったとすべきではないか。

　4　「法圏論」につづく、第6章「法典論」と第7章「法律家論」は、著者の意図では本書の各論的部分であろうが、独仏、英米、ソ連の5ヶ国について、多くの比較法概論書の法圏論の部分を事実上カバーするだけの内容をもっている。分量的にも、それぞれ100頁をこえており、著者がもっとも力を注いだ部分である。

　「法典論」は、フランスとドイツの民法典、ソ連の民法典、および英米の法典の3節に分かれ、それぞれの国での法典編纂までの歴史、各法典の特色が論ぜられる（もっとも英米では、なぜ大陸のような法典編纂がなされなかったかに重点がおかれ、ここでは法典比較から法源比較への道を選ぶとされる）。まず第1節でとりあげられるのは、大陸法圏のコード・シヴィル（Code civil）とBGBである。それぞれの法典の編纂の歴史的諸事情、法典編纂の過程、法典の精神と本質的特徴が対比されて論ぜられている（その内容について詳しく紹介する余裕はなく、とくにフランス法については評者は専門外のため自信のある批判もできない。通常この種の論稿でかならず参照される野田良之『フランス法概論（上）』の引用のないのが、注目された）。コード・シヴィルの精神は、自然法的法典、および慣習法と成文法の和解（より正確には、「啓蒙主義的自然法を基礎とする法の革命とジャンセニスムに基づく伝統の尊重との和解」、197頁）に求められる。コード・シヴィルは18世紀的であるとか（198頁）、「フランス

は、通常信じられているよりも遥かに保守主義的な国柄のようである」(199頁)という文章が印象的である（もちろん、著者だけの見解ではないが）。なお、本書は、コード・シヴィルの諸外国に対する影響にふれていないが、とりあげてもらいたい項目の1つである。

　BGB成立までのドイツ法の歴史については、ヴィアッカー、ヴェーゼンベルク／ヴェーゼナー、シュロッサーなどの近世私法史の教科書をベースとし、それに著者の多くの知見を加えて、要領よくまとめてある。この分野では、とくに内外の研究の進展がめざましく、専門家でも十分にフォローできない現状なので、最新の研究水準にもとづく叙述を著者に望むのは、酷というべきであろう。しかし、多少のひっかかりは欲しいような気がする。ここでもわが国の学者の業績がほとんど引用されていない。ローマ法の継受については勝田有恒の一連の研究が、歴史法学についても河上倫逸『ドイツ市民思想と法理論』などが引用されるべきであろう（河上著は、本書の他の個所〔310頁注57〕で引用されている）。著者の見解（それはドイツの従来の通説であるが）のうち、最近の研究により批判されている例のひとつとして、サヴィニー＝保守的認識者、ティボー＝革新的行動者とする図式（214頁注98）に対する井上琢也の新研究（「ティボーと初期自由主義運動」法学論叢125巻2号、126巻2号〔1989年〕）をあげることができる。また、BGB編纂過程では、その性格を知るため、第1次委員会のメンバーのなかに法律学者が何人含まれているかを問題とし、マンドリーを学者から外したシュロッサーは「誤りを犯した」としているが（218頁）、平田公夫「19世紀後半のドイツ社会と民法典」（上山安敏編『近代ヨーロッパ法社会史』〔ミネルヴァ書房、1987年〕287頁）によれば、マンドリーは1884年にキューベルの後任として任命されたので、かならずしもシュロッサーは誤りを犯したとはいえない（なお、平田論文は著者も他のところ〔295頁注15〕で引用している）。ついでながら、BGB成立のさいの議決の数があわないほか、より信頼すべき資料と思われる『西洋法制史料選Ⅲ』278頁の数字とくいち

がっている（220頁）。

　ドイツ法族の法典として、著者はBGBをもって代表させたが、比較法的見地からは、先行するプロイセン一般ラント法典やオーストリア民法典、後続のスイス民法典との対比がなされればもっと良かったという思いを禁じえない〔もっとも著者は、本書刊行後、シュロッサー『近世私法史要論』（有信堂、1993年）の訳業を公刊しており、そこには、これら3法典の位置づけがなされている〕。以上のようなないものねだりを除けば、本節は、大陸法圏の法典論としてコード・シヴィルとBGBを中心に論ずることにより、ロマン法族とドイツ法族の特色を十分に明らかにしている。

　第2節ではソ連の民法典が考察の対象となる。革命後1922年に制定されたロシア共和国民法典は、著者によればブルジョア民法典の継受にほかならない（大木「ソ連におけるブルジョア法の継受」同『資本主義法と社会主義法』〔有斐閣、1992年〕所収参照）。1960年代にソ連はふたたび民法典の編纂をし、そのなかにソ連の民法学者は社会主義的民法の精神が見られると主張した。しかし、それは現実ではなく、理想にすぎなかった。民法典の概念、用語はいぜんとして大陸法のそれである。したがって、「社会主義法の資本主義法に対する形式的類似性、したがってまたある程度までの内容的類似性は、決して無視しえない」というのが著者の結論である（256頁）。もっとも、著者は前述のように社会主義法圏が存在したことを否定しないため、本節の主張は多少迫力を欠くものとなっている。

　第3節では「英米の法典」をとりあげる。英米においても、制定法は重要な役割を果たしているので、英米の法源理論を「法典」の角度から検討するのは必要であるとし、まずカネヘムに従い、コモン・ローと大陸法の別れ道をさぐる。近代イギリスでは、たびたび法典化思想が展開したが、つねに挫折したとして、その原因が追求される。現代のイギリスでは多くの法典が作られているが、その起草の方法が大陸法の対比で述べられている。さいごにアメリカにおける法典の役割がかんたんに叙述されている。

本節も、大陸法と英米法の比較のためには有用な部分であるが、英米法についてまとまった情報がほしい読者に対しては、2次的な情報が与えられるにすぎない。論文としてならともかく、比較法講義の一部に、「法典論」として大陸法のほかにソ連と英米をとりあげたのは、いささか無理だったように思われる。

5　第7章「法律家論――法秩序の造形者」は、本書の圧巻というべき部分である。それぞれの法秩序の様式をつくるのに決定的を影響を与えたのはだれか。それは大学教授か、裁判官か、または弁護士か、という問題は、マックス・ウェーバーの「法名望家」論に端を発し、ドーソン、ラインシュタイン、ツヴァイゲルト／ケッツ、カネヘムなどにより展開されたものであるが、著者はそれらに学びつつも、独自の知見を加え（とくにソ連も対象とし）、本書最終章にまとめあげた。本章も、独仏、英米、ソ連の3ブロックにわけて考察されている。

まず独仏法秩序の造形者として、コード・シヴィルとBGBの起草者を比較する。前者ではアヴォカ（弁護士）が、後者では大学教授が大きな役割を果たした。それが判決や教科書の書き方にも影響を与えた。フランスでは、簡潔な判決とコマンテール的な教科書となり、ドイツでは、体系的批判的教科書と論文的判決となる（判決の書き方の比較については、ケッツ「最高裁判所判決のスタイル」日独法学6号〔1982年〕のプライオリティが尊重されるべきである）。ついで、法律家の資質形成としてフランスとドイツの法学教育と法律家養成方法（仏は多元的、独は一元的）が比較される。さいごに、両国における法律家間の階層分化のなかで、フランスでは1次的にアヴォカ、2次的に大学教授が、ドイツでは1次的に大学教授、2次的に高級裁判官がそれぞれの法様式形成の主役となったことを明らかにしている。

英米では、イギリス法の担い手はなんといっても裁判官である。2次的な担い手は上級法廷弁護士がつとめた。アメリカ法秩序の造形者も、1次的には裁判官であるが、今日では影の造形者としての大学教授の役割は無

第 1 部　比較法学の現状

視できないとされる。

　ソ連については、著者自身のかっての研究（大木「ソヴィエト法秩序の造形者」前掲『資本主義法と社会主義法』所収）にもとづき、1 次的造形者として検察官をあげ、2 次的に大学教授と研究所員をあげる（ただしソビエトにおける検察官の役割については、バーマンの先駆的業績〔Berman, Justice in the U. S. S. R., Revised ed. 1963, p. 238 ff.〕が無視されるべきではない）。

　以上のような法律家の比較を通じて、本章では、各法圏（または法族）の特色を十分に明らかにすることに成功している。とくに、著者はここで複眼的考察を行い、主役 1 人だけをあげず、各国とも重要な脇役の存在に注意をはらっていることが、評価に値する。

　6　本書全体をつうじて私が一番疑問に思うのは、著者の文献引用の仕方である。それは、著者が実際に読んで感銘を受けたものだけを、そのまま引用するという方法である。このため、引用文献を見れば、大木比較法学のルーツが分かるというメリットはあるが、比較法の教科書としてそれでよいかという疑問が残る。この点で、著者は正岡子規のことばを引用し、「無数の星の中から、格別吾に向かいて光る星のみを取り上げることにしよう。史料選択の客観的基準は、容易には得難いからである」として、自らの立場を弁明している（26 頁）。しかし、それぞれの問題について、著者の引用した文献より、より適当なものがないわけではない（その一部については、すでに指摘した。なお、「より進んで調べたい人のための文献ガイドが、章末または巻末に欲しい」という山田卓生の本書に対する希望〔法学教室 143 号 85 頁〕も同じ趣旨であろう）。とりわけ、著者は日本人研究者の業績を、翻訳以外は、ほとんど無視している。「光る星」がなかったとすれば、止むをえないことではあるが……。

　具体的な点として、訳書のある外国文献の取り扱いが一貫していない。本書の性質上、カントやヘーゲルなどの哲学書については、訳書のみで十分であるが（その場合でも、読者が入手しやすいものを引用すべきではないか。た

II 〈書評〉 大木雅夫『比較法講義』

とえば『法の精神』は岩波文庫版を引用すべきであろう)、ガッタリッジの『比較法』を訳書だけで引用するのは、同書に信頼できない部分があるので、賛成できない。著者の訳出したツヴァイゲルト／ケッツの『比較法概論』やヴィアッカーの『近世私法史』については、原書、訳本のほか、原書第2版まで引用しているが、他の場合にはこの原則が守られていない。たとえば、カネヘム『裁判官・立法者・大学教授』については、小山訳(本書Ⅵ書評参照)の引用がない。同じことは、ハグ(フーク？)「比較法の歴史」(佐藤明夫訳が法政理論6巻2・3号、9巻2号にある)やチレ『社会主義比較法学』(直川誠蔵訳が早大比較法研究所より刊行されている)についてもいえる(なお、本書122頁注10では、原文で「社会主義的」にあたるロシア語が落ちている)。サレイユ「比較法学の概念及び対象」については、79頁注33では大木訳が引用されているのに、それに先行する61頁注97では原文だけの引用に止まっている。さらに、本文に出てくるボーマノワールやフォーテスキューについても、邦訳の所在を示すべきであろう(もっとも、前者については、塙訳の刊行が1992年なのでいささか無理だが、神戸法学雑誌の引用は可能である。後者については、北野ほか訳が「法学」誌上〔53巻4号以下〕にある)。

　教科書類については、できるかぎり最新版によるべきであるが、これも必ずしも守られていない。たとえば、シュレジンジャーについては、1959年の第2版が引用されているが(本書138頁注42)、原書は1988年に第5版が出ている。メリマン『大陸法の伝統』も、第2版(1985年)の参照がない。さらに、本書ではコンスタンティネスコ以後の新しい比較法の教材がほとんど引用されていないが、本書の内容からいえば、すくなくともアメリカの新教材、Glendon et al., Comparative Legal Traditions, 1982 and 1985 は引用に値するように思われる。

　本書では、孫引きも散見される。はっきり断ってあるので問題はなく、またそのなかにはわが国で参照困難なものもある。しかし、たとえばサヴィニーの『使命』が孫引きされているのは(302頁注34)、いくらなんで

第 1 部　比較法学の現状

もという感を禁じえない（ただし、ドーソンの見方に重点を置いて、あえてこのような形式をとったのかもしれない）。

　以上全体を通じて、著者の読者に対するサービス精神の欠如を指摘できるので、読者を代表していささか苦言を呈した。著者には、前述のように引用方法についての確固たる信念があり、「私の比較法講義」だと開き直られるかもしれないが、まちがいなく今後久しきにわたり、わが国の比較法教育の基本書としての地位を占めるので、再考をわずらわしい。

　しかし、以上はあくまでも私の好みによる枝葉末節なことがらについての批判であり、私自身の本書に対する評価は、私として久しぶりに隅から隅まで深い感銘を覚えながら熟読した書物である、という事実を示すだけで十分であろう。

第2部　西欧法の生成と展開

III　西欧法文化圏の生成とその特色

1　はじめに
2　西欧法文化圏における法観念の特色
3　西欧法文化形成の諸要素
4　西欧法文化圏の範囲
5　西欧法文化の統一性と多様性
6　西欧法文化の普遍性と特殊性 ── 結びにかえて

1　はじめに

　これは、1998年6月に開催された比較法学会第61回総会のシンポジウム「法観念を中心とする世界法文化の比較 ── 比較法文化論への試み」のなかで、「西洋法文化圏」と題して発表された報告（比較法研究60号61頁〔1999〕以下）の再現である。ここで表題を「西欧法文化圏の生成とその特色」に改めたので、まずことばの点について一言したい。「西洋法文化」について、今日の英語文献では一般に western legal culture ということばが使用されているが、western の代わりに european が用いられることも多い（これに対し、本来の西洋を表す occidental はほとんど使用されていない）。western と european とはほぼ同一の意味で、つまり固有のヨーロッパに限らず、欧米先進諸国を一括して表現することが多いが、後者は EU 加盟国を中心とした西ヨーロッパに限るとされることも少なくない。わが国ではこれまで「西洋」と「西欧」がほぼ同程度の用い方をされているが、私は western は文化概念であるという理由で、これまで「西欧」を使っているので、ここでも「西洋」のかわりに、「西欧」を使うことにしたい。
　つぎに「法文化」についてであるが、このことばは現在世界の学界できわめて多義的に用いられており、帰一するところを知らない。そこで何ら

第2部　西欧法の生成と展開

かの操作的定義が必要となり、すでに千葉正士によるすぐれた定義が発表されているが（千葉 1996, 18）、ここでは Friedman 1977 に従い、「法文化を法、法システム、そしてそのさまざまな部分に関して社会で持たれている態度・価値・意見」とし（石村善助訳 103）、ただし「社会」のなかに一般大衆だけでなく、エリートも含み、それに英米の文献で多用されている legal tradition も考慮したものとしたい。〔もっとも、legal tradition も多義的であり、その第一人者である Merryman によれば、legal tradition とは「法の性質、社会と国家（polity）における法の役割、法システムの適切な組織と活動、法が作られ、適用され、学ばれ、習熟され、教えられるか、またはそうされるべきである方法、に関する一連の深く根を下ろし、歴史的に条件付けられた態度である」とされるが（Merryman 1985, 2）、こうなると、「法文化」との区別がつかない。〕

なお私は長年にわたりドイツ法を中心とした比較法と取り組んできた者であるが、現行法の制度と理論に重点をおき、それに若干歴史的考察を加えるという程度であり、文化人類学の分野に暗いため、西欧法文化の核心が何であるかを一言で表現する能力を欠くことをお断りしたい。本報告は、西欧法文化の特色に関するこれまでの諸説を紹介し、討論の参考にしていただく以上にでないものである。

2　西欧法文化圏における法観念の特色

西欧法文化圏における法観念の特色をひとつだけ示すのは困難なので（Sawer 1975, 15）、ここではこれまで多くの学者により指摘されてきた特色を順不同に並べたい。重複や矛盾も気にしないことにする。

1）「法の支配（rule of law）」　ここでいう「法の支配」は英米法でいう狭義のそれではなく、社会はできるだけ法によって支配されるべきであり、法は社会統制の第1次的手段であるという考え方をいう。これは

David 1961 により、西欧法文化と社会主義的法文化とを区別する徴表として提唱され、多くの同調者を得ている西欧法文化の特色である（ただし、「法の支配」は多義的なため、それだけでは説明にならないという批判もある。たとえば、Sawer 1975, 45〔なお David 自身も 80 年代には従来の見解を改め、ソ連および東欧諸国にも「法の支配」を認めたようである。J. L. Esquirol, René David : At the Head of the Legal Family, in : A. Riles (ed.), Rethinking the Masters of Comparative Law, 2001, p. 227 ff.〕）。

2）「権利＝法のための戦い」　法＝権利は自然に発生するものではなく、人々の法＝権利のための闘争を通じて初めて獲得されるものであるという観念である。いうまでもなく、Jhering, Der Kampf ums Recht, 1872 に由来する観念であり、David 1950, 379 や野田 1986、69 以下などで東アジア法文化に対する西欧法文化の特色を象徴するモットーとして利用されている。これには大木 1983、108 以下など有力な反論もある。Jhering は 19 世紀後半のウィーンの人々の遅れた権利意識を批判するためにこの講演をしたのであるから、そこからは権利意識につき当時のヨーロッパの国々の間でばらつきがあったことが明らかにされたにすぎない。しかし今日でもいぜんとしてこのモットーは西欧法文化の象徴として使用されている（たとえば、ドイツの現行民事訴訟制度が「権利のための闘争」観からなっていることを指摘するものとして、Greger 1997）。

3）　法規範の自主性・独自性　法規範は他の社会規範、とくに宗教・道徳・慣習などと区別され、それ自体独自に存在する規範であるという観念も、イスラムや東アジアの法文化に対する西欧法文化の特色である、と多くの人に理解されている（たとえば、Sawer 1975, 46 ; Berman 1983, 7）。

4）　法＝正義の観念　法は法制定権者によって作られれば、内容のいかんを問わず効力を有するのではなく、その内容が正義に合致しなければならないという観念も、西欧法文化の所産であると解されている。ことばのうえでも、法を表すラテン語の ius、フランス語の droit、ドイツ語の

Rechtなどは同時に「正しい」という意味を含んでいるのが、その根拠のひとつとされる。

　5）　私法中心　　法体系のなかで私法が中心的地位を占めるというのも、西欧法文化の特色であり、その点で法といえばまず刑法が頭に浮かぶという東アジアなどの法文化と区別される。この特色はローマ法に由来し、ローマ法の継受によりヨーロッパ全体に広まった。今日ではヨーロッパにおいても公法の地位は高まったが、なお法学教育において私法、とくに民法が中心的地位を占めていることに変わりはない。

　6）　権利中心　　私法中心ということは同時に権利中心ということを意味する。この点で法といえば義務を思い浮かべる他の法文化（たとえばロシア、大江1998参照）と区別される。これもローマ法に由来する伝統であるが、西欧人の基底にある個人主義に基礎を置くものである（Wieacker 1990, 20）。しかし今日では、その行きすぎが共同体主義の側からの批判の対象となっている。

　7）　法学の発達　　法を学問の対象としたのも、イスラム法文化とならび、西欧法文化の特色である。これもローマ法にさかのぼるが、とりわけ中世後期の注釈学派と注解学派によるローマ法の再生が、ローマ法の継受をつうじてヨーロッパ全体に影響を与えた。さらに近世以後、自然法学者による体系化をへて、今日に至っており、その点で中世以後の発展が見られないイスラム法文化と区別される。

　8）　専門的法律家集団の存在　　中世末期より近世初期にかけて、ヨーロッパ大陸では、大学で法学を履修した法律家が行政と司法の職を独占したが、彼らはフランスやドイツにみられるように専門家集団を形成した。同時期にイギリスにおいても法曹学院をでた法律家により専門家集団が形成された。そのことが法規範の自立性や法学の発達を促した要因でもあり、このような専門的法律家集団の存在を、西欧法文化の特色のひとつとしてあげることができよう（Sawer 1975, 46；Berman 1983, 8. ただし、上

記の 3 国の間で法律家集団のあり方につき相違があり、このことが西欧法文化のなかにおけるそれぞれの独自性の要因となっている)。

9) 裁判による「法＝権利」の実現　これは前述の「法＝権利のための戦い」と重複する特色であるが、西欧法文化においては、権利は両当事者の話し合いを基調とする和解や調停によってではなく、原則として裁判、つまり両当事者が対立して権利を主張し、それを第三者である裁判官が判断するという機構を通じて実現されるべきであるとされる。もちろん今日では他の法文化圏においても裁判制度は存在するが、そこではかならずしも第 1 次的な紛争解決手段とは考えられていない〔最近では、北村一郎「訴訟モデルと調停モデルの対照に関する比較法的一試論」新堂幸司古稀祝賀『民事訴訟法理論の新たな構築 (上)』有斐閣、2001 年所収参照〕。

10) 裁判手続の公正さへの要求　西欧法文化のもとでは、裁判は何でもよいというわけではなく、それは公正でなければならないとされ、裁判官の地位の独立性など、そのための制度が発達している。逆に実体的に正義が実現されなくても、手続的に正義が実現されれば、それで満足するという観念が存するとされる。この点で、鈴木賢の主張するように、中国法文化と大きく区別される (鈴木 1998、399)。

3　西欧法文化形成の諸要素

上述したような特色を有する西欧法文化形成の要素はなにか。これについても単一の要素は考えられず、複数の要素が必要となる。以下、諸家の説 (とくに、Berman、David、Sawer、Wieacker、野田良之など) を参照して、考えられうる要素を年代順にあげる。西欧法文化がいつ形成されたかも問題だが、ここでは Berman に従い 11 世紀頃としたい (Berman 1983, 2)。すると 8) 以下は、すでに形成された西欧法文化の発展の要素となる。

1) 遊牧民型メンタリティー　今日の西欧文明を基礎づけた古代ユ

ダヤ人やギリシア人は本来遊牧民であり、そこで培われたメンタリティーが、個人主義的・闘争的な西欧法文化のもととなり、その点で農耕民的メンタリティーが支配する他の法文化と区別されるとするもの。わが国では、野田良之の強調するところである（野田 1986、131 以下）。

 2） 西欧語　　今日西欧文化圏で広く使用されている西欧語（印欧語の一派）は論理的・分析的で、法律用語にふさわしく、この点で情緒的・直観的な日本語は法律にふさわしくないとするもの。これも野田の指摘する点である（野田 1986、64 以下）。なお、村上淳一も、フルッサー説を紹介しながら、アルファベットが西欧の論証的言説を可能にしたとする（村上 1997、106 以下。なお印欧語の起源については、風間喜代三『印欧語の故郷を探る』〔岩波新書、1993〕、また言語の比較法上の意義については、グロースフェルト〔和田卓朗訳〕「言語と法」北法 35 巻 6 号〔1985〕参照）。

 3） ユダヤ思想　　ユダヤ人も遊牧民型メンタリティーを有する点ではギリシア人と同一であり、ギリシア思想とともに西欧文化の基底を形成した（ただし、フルッサーによれば、それはギリシア思考と対立的とされる。村上 1998、23 以下）。法文化の面では、とくに神と人間の契約を出発点とすることで、今日の西欧的契約思想の淵源がそこに求められるとされる（野田 1986、77 以下。なお、ユダヤ思想の全体像については、『岩波講座・東洋思想 1・2 巻』〔1988〕参照）。

 4） ギリシア思想　　ギリシア自体では法と法学は発達しなかったが、ストア学派が直接ローマ法学に影響を与えたほか、中世以後、プラトンやアリストテレスなどギリシア哲学が法学にも大きな影響を与えた（とくに法学に対するギリシアの数学、論理、科学の意義を強調するものとして、Smith 1968, 22）。

 5） ローマ法　　ローマ法がヨーロッパ大陸法の共通の基礎であることはいうまでもなく、また東欧およびロシアに対しても、ビザンツ帝国を通じて、ローマ法がその基礎にあるといえる。問題はイギリス法に対する

Ⅲ　西欧法文化圏の生成とその特色

ローマ法の影響であるが、この点では、ローマ法もイギリスの教会や大学に対しては大きな影響を与えたことを重視したい。これは、近時イギリスを含む EU の一体化を促進する人達の強調するところである。

6）　ゲルマン慣習法　　ドイツの法学は伝統的にゲルマン法をローマ法に対置し、その特色を強調しているが、今日ではそれはイデオロギーに過ぎないという見解が有力である。しかし、ゲルマン諸民族の慣習法は今日の西欧諸国の法になんらかの影響を残しているので、これも西欧法文化形成の 1 要素とすることが許されよう。

7）　キリスト教　　キリスト教は多くの西欧人にとっては精神生活の基礎であるだけでなく、カノン法を通じて西欧の法文化へも大きな影響を与えた。まさに西欧法文化形成の最大の要素である。この点も多くの学者の指摘するところであり、とくに David は、当初西欧法系の共通の基礎として、第一に「キリスト教の道徳的基礎」をあげていた (David 1950, 224)。ところが後になり、かれは今日ではアジア・アフリカの多くの国が、キリスト教と関係なく、西欧法系に属するとして、この観点を放棄した (David 1961, 59)。しかし、キリスト教は今日でも西欧法文化の基礎を成形するものとして位置づけられるべきであろう（たとえば、Berman 1983, 199 ff.）。

8）　近世自然法　　人間の理性を中心とする近世自然法は、18 世紀後半以後の大陸諸国の法典編纂に大きな影響を与えただけでなく、19 世紀以後の近代的法学の基礎となった点で、英米法（とくにアメリカ法）を含め、今日の西欧法文化の形成に貢献したといえる。

9）　資本主義的経済機構　　以下の 2 要素は、David 1950 によって、キリスト教とともに西欧法文化の基礎とされたものであるが、いずれも後に放棄された。たしかに今日資本主義経済は世界のどこにも行われているが、西欧資本主義の形成にあたり、プロテスタントの倫理が大きな影響を与えたとする Max Weber のテーゼを考慮すると、そのような資本主義が今日の西欧法文化の形成に貢献し、また他の（たとえば儒教的）資本主義と

異なる性格を与えているといえる。

　10）　自由主義的デモクラシーの政治・社会原理　　明らかに西欧法文化圏に属する国のなかでドイツ、イタリアなど独裁体制がしかれた国があるという点で、この原理を西欧法文化形成の共通の要素とするのは困難であり、むしろこの点では英米法系と大陸法系の違いのひとつと位置づけることも可能であるが、なお相対的にはこの原理は西欧法文化圏でひろく見られる要素のひとつである（ヨーロッパ法文化のなかでの全体主義の位置づけについて、Gessner 1996, 169 以下参照）。

4　西欧法文化圏の範囲

　3 で示した諸要素の多くを歴史的に共有し、**2** で示した特色の多くを現在共有する国ないし地域が西欧法文化圏に属することになる。具体的に示せば、以下のようになる。

　1）　西ヨーロッパ諸国　　今日の EU 加盟諸国のほか、スイス・ノルウェーについては問題はない（しいていえば、ギリシア正教を信ずるギリシアの法文化はやや異なるのではないか、またスペインとポルトガルについては、ラテンアメリカ諸国とともに、イベロ・アメリカ法系を形成するのではないか、という問題がある）。

　ヨーロッパ周辺国のうち、とくにトルコが問題である。地理的にヨーロッパとアジアにまたがって存在し、イスラム教国であるが、同時に西欧化した法制度をもっている。

　2）　ロシア・東欧諸国　　これらは最近まで社会主義法文化に属していた。現在脱社会主義化が進行中であるので、どの法文化圏に属するかが問題となる。東欧諸国のうち、カトリック教が支配する諸国では西ヨーロッパ文化圏への復帰がすでに実現しており、法文化の点でも西欧法文化圏に含まれる。これに対し、セルビア・ブルガリアなどギリシア正教国で

はロシアと共通の問題をかかえている〔東欧法文化については、鈴木輝二「中東欧法文化」千葉正士古稀記念『法人類学の地平』（成文堂、1992）所収、同「中東欧における法文化(1)」東海法学13号（1994）など参照〕。

　ロシアは歴史的には西欧法文化の影響を受けているが、固有の法文化も有しており、どう位置づけるか問題である。さしあたり固有の法文化圏を形成していると捉えるべきであろう（大江泰一郎「ロシアの法文化」比較法研究60号76頁以下〔1999〕参照〔ちなみにそこでは、西欧法が Recht 型であるのに対し、ロシア法は Reglement 型に近いとする〕）。

　3）　北アメリカ・オーストラリア・ニュージーランド　　これらの国はイギリスとともに英米法系を形成し、それらが西欧法文化圏に属することはいうまでもない。

　4）　ラテンアメリカ諸国　　これらの国はスペイン・ポルトガル人の植民地として発展し、両国の法文化を持ち込み、その意味で従来大陸法系に属すると考えられていた。しかし、今日では独自の法文化を有するとも考えられ、イベロ・アメリカ法系と捉えることも許されよう（ラテンアメリカ法文化の特色については、中川和彦「ラテン・アメリカ法・緒論」成城法学11号[1982]、佐藤明夫「イベロアメリカの法文化」比較法研究60号84頁以下、および本書57頁注(12)参照）。

　5）　アフリカ大陸　　アフリカ大陸に存する新興国家の多くは、それぞれのかっての宗主国法（西欧法）の影響はあるものの、全体としてひとつの法文化圏を形成するといえるであろう。例外は南アフリカ共和国であり、そこではローマン・ダッチ法とコモン・ローが融合した独自の法文化が栄えていた。しかし今日では先住民が平等の地位を回復したため、全体としてどう位置づけるか問題である。

　6）　日本　　さいごに日本法は西欧法文化圏に属するか。これについては意見が分かれており、今回のシンポジウムの狙いのひとつは、この問題をどう捉えるべきかにある。日本は、いうまでもなく西欧諸国に劣らな

いすぐれた法制度を有し、その制度はそれなりに機能しているが、前掲の西欧法文化の特色の多くを（とくに大衆のレベルで）有せず、しかも西欧法文化形成の諸要素も日本の歴史には見いだせず、この点からいうと、「日本法は、西洋化された法ではあっても、西洋法ではない」とする木下毅の見解（木下 1998、18）に同調し、さらにそれは東アジア法文化圏に属すると解したい（詳しくは、本書所収の XIII、XVI 論文参照）。

5　西欧法文化の統一性と多様性

　西欧法文化の統一性については、不十分ながら述べてきたが、そこには多様な法文化が見られることもいうまでもない。最近の文献でも、そこにはa legal culture は存在せず、legal cultures が存在するにすぎないといわれる（Gessner 1996；Gibson 1996）。とりわけそこでは従来大陸法系と英米法系とが架橋できない深淵を有して対立していた。しかもヨーロッパの大陸法系もさらにロマン法群、ドイツ法群、スカンジナビア法群等に分かれるだけでなく、それぞれの国ごとに異なる法文化をもつと考えられる（この点で、EU 加盟諸国間の法文化の相違をアンケート調査によって究明しようとした Gibson 1996 は興味深い。さらに2国間の法文化の比較として、E. Blankenburg, Patterns of Legal Culture : The Netherlands Compared to Neighboring Germany, 46 Am. J. Compt. L. 1（1998）も注目に値する）。他方、英米法系も大別するとイギリス法群とアメリカ法群に分かれる。しかし本報告は、大陸法系と英米法系はもっぱら法技術的な点で異なるのであって、法文化の点では両者は基本的に同一であり、しかも法技術の点でも両者の差異はしだいに収斂しつつあるとする、David 1950 以来の有力な見解に同調するものである。文化一般の点では、ヨーロッパ大陸とイギリスとの間には障壁はなく、むしろヨーロッパ文化とアメリカ文化との間に差異を感ずるとする比較法学者がいることが注目される（たとえば、Martinek 1984；Zimmermann 1995, 87 ff.; Großfeld 1996, 5.)。

6 西欧法文化の普遍性と特殊性 ―― 結びにかえて

　1997年のわが国の比較法学会総会では「非西欧諸国における人権概念の受容と変容」がテーマにとりあげられ、人権概念の普遍性と特殊性が論ぜられた(『比較法研究』59号)。同じことが法文化についても問題となる。私は人権については、そのなかで少なくともあるもの(たとえば生命の尊厳)については、普遍性を有すべきであると考えたい。しかし法文化についていえば、**2**でとりあげた西欧法文化の特色のどれをとっても、それがなければおよそ法は考えられないということはない。たとえ多くの異文化諸国が西欧法文化の獲得へ向かうとしても、西欧法文化はひとつの法文化にすぎない。そうすると、世界の法文化に共通の法概念は存しないことになるが、それでは理論的にも実際的にも(たとえば、内国裁判所が異文化外国法を適用する場合)困ることがありうる。そこで法文化を越えた法概念を考える必要があるか、あるとすればそれはどこに求められるか、報告者にとって残された問題である。

〔主要参考文献〕

Berman 1983＝H. J. Berman, Law and Revolution ; The Formation of the Western Legal Tradition, Cambridge and London.
千葉 1996＝千葉正士「法文化の操作的定義」東海法学16号
David 1950＝René David, Traité élémentaire de droit civil comparé, Paris.
—— 1961＝ —— , Existe-t-il un droit occidental? in : XXth Century Comparative and Conflict Law（喜多川・花輪訳・都法12巻1号）
—— 1964＝ —— , Les grands systèmes de droit contemporains, Paris.
—— 1975＝ —— , Introduction to Chap. 1, The Different Conceptions of the Law, Inter. Ency. of Comp. Law, Vol. II, Tübingen.

Friedman 1977＝Lawrence M. Friedman, Law and Society : An Introduction, Englewood Cliffs（石村善助訳『法と社会』至誠堂、1980）.

Gessner 1996＝V. Gessner, A. Hoeland & C. Varga (eds.), European Legal Cultures, Aldershot.

Gibson 1996＝J. L. Gibson & G. A. Caldria, The Legal Cultures of Europe, 30 Law & Society Review 55.

Greger 1997＝R. Greger, Vom "Kampf ums Recht" zum Zivilprozeß der Zukunft, JZ.

Großfeld 1996＝Kernfragen der Rechtsvergleichung, Tübingen

木下 1998＝木下毅「比較法文化論序説」北村一郎編『現代ヨーロッパ法の展望』東大出版会、所収

Martinek 1984＝M. G. Martinek, Der Rechtskulturschock, JuS.

Merryman 1985＝J. H. Merryman, The Civil Law Tradition, 2nd ed. Stanford.

村上 1997＝村上淳一『〈法〉の歴史』東大出版会

―― 1998＝ ―― 「思想家ヴィレム・フルッサーの多文化的背景」北村編・前掲所収〔村上『システムと自己観察』東大出版会、2000年所収〕

野田 1986＝野田良之『内村鑑三とラアトブルフ』みすず書房

大江 1998＝大江泰一郎「ソビエト法学における〈義務の法〉の観念」藤田・杉浦編『体制転換期ロシアの法改革』法律文化社、所収

大木 1983＝大木雅夫『日本人の法観念――西洋的法観念との比較』東大出版会

Sawer 1975＝G. Sawer, The Western Conception of Law, Inter. Ency. of Comp. Law Vol. II, Chap. 1.

Smith 1992＝J. C. Smith, The Unique Nature of the Concepts of Western Law, 46 Canadian Bar Review 191, also in : Varga (ed.), Comparative Legal Cultures, 1992, 3（引用頁数は後者による）.

鈴木 1998＝鈴木賢「中国における民事裁判の正当性に関する一考察」小口彦太編『中国の経済発展と法』早大比較法研究所、所収

Wieacker 1990＝F. Wieacker, Foundations of European Legal Culture, translated and annotated by Edgar Bodenheimer, 38 Am. J. Comp. L. 1.

Zimmermann 1995＝R. Zimmermann, Law Review — Ein Streifzug durch eine fremde Welt, in : Zimmermann (hrsg.), Amerikanische Rechtskultur und europäisches Privatrecht, Tübingen.

Ⅳ　大陸法序説

1　おことわり
2　大陸法研究の必要性
3　大陸法の意味
4　大陸法の適用範囲
5　大陸法と英米法
6　資本主義法と社会主義法
7　大陸法と日本法

1　おことわり

　もともと筑摩書房から刊行される予定であった『大陸法』（現代法学全集第49巻）の第1章として、10年前に執筆されたものである（同時に、20年来行ってきた私の「比較法」講義の冒頭部分のノートでもある）。その後諸般の事情により私の執筆が進まず、出版社側も事情により全集の継続出版を断念したので、この部分だけ独立に公表しようとするものである。したがって、著書の一部としては多少の意味があるとしても、独立に公表する意義があるかは、私としても自信があるわけではない。とくに後半部分は、他の機会に言及している問題ばかりであり、改めて公表するのも気がひける次第だが、前半だけでは分量が少ないので、やむをえず割愛しないことにした。あしからずご了承いただきたい。なお、この10年間に公表された文献については、不十分ながら、注で示した〔さらにその後、10年余が経過し、その間に社会主義法系の崩壊などがあったが、それらの事情は他の論稿に譲り、最小限度の補筆に止めた〕。

第 2 部　西欧法の生成と展開

2　大陸法研究の必要性

　大陸法とは、フランス・ドイツなど西ヨーロッパ大陸の諸国を中心とし、世界中に広まっている法系のことである。今日われわれがそれを学ぶ必要性について、以下 3 点にわけて述べることにしたい。

　(1)　大陸法は何よりもまず世界における法と法学の本流である。それは古典期のローマ法にはじまり、中世イタリアにおけるローマ法研究の復興によってヨーロッパ普通法となり、中世末より近世初期にかけてヨーロッパ各国に継受された。しかし、そのことは各国における伝統的慣習法を全く廃止したわけではない。近世ヨーロッパでは自然法論が共通に支配し、それは 18 世紀末から 19 世紀初頭にかけて、プロイセン、オーストリア、フランスの法典編纂となって結実した。とくにフランスのナポレオン法典はその支配下にあったヨーロッパ各国だけでなく、アメリカ大陸から中近東や東アジアにかけ、全世界に伝播した。他方、19 世紀のドイツでは私法学が花と咲き、その成果が世紀末の民法典となり、これも多くの国に影響を与えた。さらに 20 世紀初頭のスイス民法典は新しい世紀のさきがけとなった。このようにして、大陸法はヨーロッパだけでなく、世界中に影響を及ぼしており、世界における法と法学の本流といってさしつかえない。

　(2)　つぎに大陸法は、明治以来の日本の法と法学に対し圧倒的な影響を与えたことによって、われわれにとってとくに重要である。その詳細は **7** にゆずるが、明治初年以来、わが国ではまずイギリスとフランスから法学が輸入され、ついでフランスとドイツの影響のもとで各種の法典編纂がなされた。以後はドイツ法学が支配的な影響を与えた。大正期以後、このような外国法過剰に対し反省が生じ、また第 2 次大戦後は英米法の影響も強くみられるようになったが、いぜんとして日本法に対する大陸法の影響は大きい。したがって、日本における法と法学を考える場合、大陸法にさか

のぼって研究することが必要となる。

　(3)　もっとも、今日においても大陸法の研究がそれほど重要かは、1つの問題である。たしかに、19世紀までは「ヨーロッパの栄光」[1]が妥当したとしても、第2次大戦後の今日の世界では、アメリカの比重（したがって英米法の比重）が増大するとともに、新たに社会主義法系が成立・発展することによって、世界における大陸法の独占的地位は低下した。それに加えて、ドイツ法学は概念法学やナチス法学の汚名をおび、フランスでは国力低下は否定しえない。これに対し、日本の経済力が西欧各国を抜くにおよんで、西欧学ぶに足らずという意識が日本人のなかに見られるにいたった。

　われわれはそれでもなお今日大陸法を学ばなければならない。まず今日においても大陸法を学ぶ実際的必要性はいぜんとして大きい。西ヨーロッパとの経済的文化的交流はますます拡大しており、それは法的交流の意義を増大させている。さらに、今日の大陸法は全世界に拡大されているので、西欧以外の諸国（とくにラテン・アメリカ諸国）との交流にさいしても、大陸法の知識が不可欠な場合が多い。つぎに大陸法を学ぶ理論的必要性もきわめて大きい。第1に、われわれは大陸法を継受したために、他の法系と較べ、大陸法にとくに親近感をもっており、大陸法から学ぶことが容易である。第2に、その大陸法の現状は、長い伝統を生かしながら現代社会の要請を充たそうと日々に発展しており、われわれはその姿勢に多くを学ばなければならない。第3に、今日の大陸法には従来の伝統からの脱皮も見られる。概念法学はつとに克服され、利益考量を中心としたものに移行しつつあり、法社会学や比較法学の発展にも見るべきものが多く、新たにわれわれが学ぶべき対象に事欠かない。第4に、いま西欧ではヨーロッパ共同体（EC）を中心として統一の気運がみなぎっている。ECの発展は、大陸法のなかでの各国法の差異を接近・融合させるだけではなく、イギリスの加盟によって、大陸法と英米法の接近も現実の問題となっている。EC法

49

の推移は、わが国にとり実際的見地に立ってもきわめて興味深いものであるが、理論的にもつぎつぎと重要な問題を投げかけている。以上のような事実は、今日においてもわれわれは大陸法から多くを学ばなければならないことを示しているといえよう。

(1) このことばは、岩間徹『ヨーロッパの栄光』（河出書房、1969年）から借用した。

3　大陸法の意味

「大陸法」ということばは、Continental Law, droit continental, kontinentales Rech の訳語であり、ヨーロッパ大陸の法を意味している。このことばは、主としてイギリスの側からヨーロッパ大陸の法を見る場合に使われたものである。ところで、イギリスでは大陸法を示す場合に、より一般的にシヴィル・ロー（Civil Law）ということばを使い、これと伝統的なイギリス法の名称であるコモン・ロー（Common Law）とを対比してきた。このシヴィル・ローということばは本来ローマ法（市民法大全 Corpus Iuris Civilis）をさすものであったが、今日ではローマ法の流れをくむヨーロッパ大陸法を総称することばとして用いられている[2]。これに対し大陸の法学者は、シヴィル・ローということばは今日の大陸法とローマ法との差異を無視し、また民法（droit civil）と混同するおそれがあると批判している[3]。

他方、ヨーロッパ大陸の内部では、大陸法ということばをどう受けとめているか。ヨーロッパ大陸に現実に存するのは、ドイツ法、フランス法、イタリア法等々である。これらをグループに分ける場合にも、フランス法を中心としたロマン法系とドイツ法を中心としたドイツ法系（または中部ヨーロッパ法系）に分類するのが通例であった（今日でもアルマンジョンやツヴァイゲルト）[4]。しかし、今日のヨーロッパの比較法学者のなかには、

シュニッツァー⁽⁵⁾やダヴィドのように、大陸法を全体として統一的な法系と解し、これを英米法系などと対比させようとする傾向が見られる。ただしその場合でも、ヨーロッパ大陸は世界における唯一の大陸でないので、大陸法ということばが妥当であるかどうか、疑問であるとされる⁽⁶⁾。

わが国でも、大陸法ということばは、ヨーロッパ大陸法を示すものとして使用されている。もっとも、講義課目名や著書名としては、「フランス法」や「ドイツ法」のように国別の法体系の名称が用いられており、これまで大陸法という表題の著書が書かれたことはない。

要するに「大陸法」ということばは、ヨーロッパ大陸で発展した法体系全体を主として英米法と対比して示す場合に用いられる法系概念⁽⁷⁾である⁽⁸⁾。

(2) 今日でも英米諸国においては、著書名や講義題目名として、Civil Law を用いることが多い。前者の例としては、Lawson, A Common Lawyer Looks at the Civil Law, Ann Arbor 1953 ; von Mehren & Gordley, The Civil Law System, Boston and Toronto, 2nd ed. 1977 ; Ryan, An Introduction to the Civil Law, Brisbane 1962 ; Merryman, The Civil Law Tradition, Stanford 1969 ; de Vries, Civil Law and the Anglo-American Lawyers, Dobbs Ferry, N.Y. 1976 などが代表的。後者の例については、五十嵐清「アメリカにおける比較法研究および教育の現状について」(同『比較法学の歴史と理論』〔一粒社、1977年〕所収) 114 頁以下参照。

(3) David, Les grands systèmes de droit contemporains, Paris, 1ʳᵉ éd. 1964, p. 18 note 1 (この部分は 5 版以降は削除)。

(4) Arminjon, Nolde et M. Wollf, Traité de droit comparé, 3 vols. Paris 1950-52 (紹介・五十嵐清『比較法入門』〔日本評論社、改訂版、1972 年〕198 頁以下)、ツヴァイゲルト・ケッツ〔大木雅夫訳〕『比較法概論』(東大出版会、1974 年) (書評、五十嵐清『比較法学の歴史と理論』前掲 198 頁以下)。

(5) Schnitzer, Vergleichende Rechtslehre, Basel, 2. Aufl., 1961 (五十嵐『比較法入門』〔前掲〕80 頁以下および 191 頁以下参照)。

(6) David, *op. cit.*, p. 18. なお、ダヴィドは、代わりに「ローマ・ゲルマン法族 (famille romano-germanique)」という名称を使っている。

第 2 部　西欧法の生成と展開

(7)　法系論については、五十嵐『比較法入門』77 頁以下、同『比較法学の歴史と理論』162 頁以下参照。近時は「法圏（Rechtskreis）」ということばが使われることも多い。なお本稿では、同一法系のなかのグループを示すための用語として「法群」ということばを使うこととする。

(8)　したがって、大陸法の理解のためには、ヨーロッパそのものの理解が前提となる。しかし、この問題は私の能くするところではない。この点については、最近の（といってもやや古いが）ヨーロッパ論の参照を乞う。たとえば、増田四郎『ヨーロッパとは何か』（岩波新書、1967 年）、同編『西洋と日本』（中公新書、1970 年）、並木信義他編『地域研究講座現代の世界 4 西ヨーロッパ』（ダイヤモンド社、1970 年）、『講座比較文化第 3 巻西ヨーロッパと日本人』（研究社、1971 年）、里野泰昭編『ヨーロッパ文化の源流』（有斐閣、1984 年）など〔その後のものとしては、犬養道子『ヨーロッパの心』（岩波新書、1991 年）、梶田孝道『統合と分裂のヨーロッパ』（岩波新書、1994 年）、デレック・ヒーター（田中俊郎監訳）『統一ヨーロッパへの道』（岩波書店、1994 年）などが目についた〕。

4　大陸法の適用範囲

　大陸法ということばは法系概念であるので、その適用範囲というのは正確ではないが、ここでは大陸法の影響の及んでいる範囲という意味で用いることとする（なお、個々の国における大陸法の適用の詳細は、将来「大陸法の歴史的展開」のなかで論ぜられることになっているので、ここでは、その可能性の少ない法体系についてだけ、注で若干言及することとする）。

(1)　ヨーロッパ大陸内

　ヨーロッパ大陸の諸国のうち、今日では東ヨーロッパの諸国は社会主義法系に移行したため、西ヨーロッパだけが大陸法に含まれる。それは、以下の 3 つの法群に分けられる。

　（i）ロマン法群　　フランス、ベルギー、オランダ、ルクセンブルグ、イタリア、スペイン、ポルトガルが含まれる。これらの諸国はフランスの

ナポレオン法典の影響を強く受けている点に共通性をもつが、ベルギー、ルクセンブルグ以外は、それぞれフランス法に対する独自性も有する〔そのうち、オランダは近時独自の民法典を制定したため、ロマン法群より独立し、将来の統一ヨーロッパ民法のモデルと位置づけられる[8a]〕。

(ii) ドイツ法群　　ドイツのほか、スイス、オーストリア、ギリシアが含まれる。もっとも、ドイツ、スイス、オーストリア3国法の共通性をどこに求めるかははっきりせず、ドイツ語を共有するだけだという見解もある[9]。

(iii) 北欧法群　　スウェーデン、デンマーク、ノルウェー、フィンランド、アイスランド5国が含まれる。これら北欧5国は歴史的に共通の発展をし、現在においても類似点が多い。それが大陸法と区別される独自性を有する法系といえるかどうかについては、争いがある。大陸法系における独立の法群と捉えるべきであろう[10]。

(iv) 東ヨーロッパ諸国　　この地域に属する諸国のうち、革命前のロシア法はもともとビザンチン・ローマ法に起源を有し、近世においても大陸法の影響が強く、その一環と考えられていた。革命後のソビエト法は社会主義法としての独自性を有することは否定しえないが、法技術の観点からいえば、大陸法の影響が強かった。東ヨーロッパの他の諸国のうち、ポーランドとルーマニアはフランス法の影響を受け、それ以外の国はドイツ・オーストリア法群に属していたが、これらの国は第2次大戦後、社会主義法系に移行した。しかし、東ヨーロッパ諸国はそれぞれ独自の伝統を有しているので、社会主義法としての統一性は必ずしも存せず、大陸法との交流も盛んであった[11]。

(2) ヨーロッパ大陸外

(i) ラテン・アメリカ法群　　中南米諸国はスペイン・ポルトガルの植民地となったため、そこにはスペイン・ポルトガル法（したがって大陸法）

が移植された。さらに19世紀に入って各国が独立したあと、その後の法典編纂に対し、ナポレオン法典が大きな影響を与えたため、中南米諸国も大陸法の一環と解されている。しかし、今日においては、それぞれヨーロッパ大陸法に対する独自性を有し、ラテン・アメリカ法群として、大陸法における独立の法群と捉えるべきであろう[12]。

　(ⅱ)　中近東諸国　　この地域では今日でも一般的にはイスラム法が支配しているが、大陸法の影響の強い国もある。とくにエジプトに対してはフランス法の影響が強く、トルコでは第1次大戦後、ドイツ・スイスなどの大陸法法典を継受したため、大陸法に属するとされる[13]。なお前述のギリシアは（大陸か近東かはっきりしないが）ドイツ法群の影響を強く受けている。他のイスラム法諸国についても、その近代化の過程で、英米法やソビエト法と競合して、大陸法の影響を受けつつある。

　(ⅲ)　アフリカ諸国　　アフリカ大陸の諸国の大部分は第2次大戦前はイギリスまたはフランスの植民地であったが、戦後それぞれ独立した。これらの国の近代化に対し、それぞれかっての宗主国が大きな影響を与えており、したがってフランス系の諸国に対しては、フランス法の影響が強い。この点で、とくにエチオピア民法に対するフランス法の影響が有名である[14]。

　(ⅳ)　東アジア諸国　　日本、中国、タイは近代化の過程で大陸法の影響を受けたため、これらの国は極東における大陸法諸国といわれたが、今日では中国は社会主義法系に移行し、他の国の場合も大陸法の影響の度合が問題とされ、むしろ東アジア法系として独自の存在を認めるべきであるという見解が有力となっている[15]。

(3)　英米法と大陸法の混合法系

　地理的にいえば本来英米法系に属すべき地域が、歴史的理由により大陸法の影響を強く受けたため、今日においても、大陸法に属するか、または

大陸法と英米法の混合法系というべき地域がある。その代表的なものは、以下の4地域である。

　(i)　スコットランド　　18世紀初頭までは、スコットランドはイングランドとは独立の王国であり、その間に大陸法の影響を受けたため、今日でもスコットランド法には大陸法的色彩が見られる[16]。

　(ii)　南アフリカ共和国　　この地域は近世初頭にオランダの植民地となり、当時のオランダ法（ローマ法の影響を受けたオランダ法、いわゆるRoman-Dutch Law）が適用された。19世紀以降イギリスの植民地となるに及んでイギリス法が導入されたが、従来のローマ・オランダ法は、オランダ本国でナポレオン法典が施行された後も維持された。このため、今日の南アフリカ共和国法は大陸法と英米法の混合法であるばかりでなく、ローマ法が補充法として適用されている例として、比較法上、スリランカとともに[17]、稀少価値を有する[18]。

　(iii)　ルイジアナ州　　アメリカ合衆国の南部のルイジアナ地方は、当初フランス、ついでスペインの植民地であったが、19世紀初頭フランスに復帰した後、アメリカに売却され、合衆国の1州となった。しかしこの地方では、1808年以来フランス民法典にならった民法典が制定施行されているため、今日でもフランス法とアメリカ法の混合法域とされている[19]。

　(iv)　ケベック州　　今日のカナダの東部地方はもとフランスの植民地であったが、1763年のパリ条約によりイギリスに割譲され、カナダの1部（ケベック州）となった。しかし、ケベック州に適用されていたフランス私法はそのまま維持され、さらに1886年にフランス民法典にならった民法典が制定され、今日に至っている。このため、ケベック州はカナダにおけるフランス法とイギリス法の混合法域として深刻な問題を投げかけている[20][21]。

　　(8a)　Zweigert/Kötz, Einführung in die Rechtsvergleichung, 3., Aufl., Tübingen

1996, S. 101. なお、オランダ新民法典については、「特集・オランダ改正民法典」民商109巻4・号（1994年）参照。

(9) たとえばアイヒラー（Eichler）の見解。五十嵐『比較法学の歴史と理論』178頁参照。

(10) たとえばデンマークのGomardは、スカンジナビア諸国が大陸法に属するか、英米法に属するかについては、明瞭な解答を与えることはできないとし、その理由として、デンマーク法にローマ法の影響は見られるが、その継受はなく、また近代的法典もなく、法学は判例の単なる記録ではなく、その予言であり、非形式主義が貫かれており、要するにデンマーク法はその国民性を離れては存在しえないと論じた。Gomard, Civil Law, Common Law and Scandinavian Law, 5 Scandinavian Studies in Law 27 (1961). （この論文は近時塙浩により翻訳された。塙編訳「北欧諸法叙論」神法38巻4号941頁以下〔1989年〕）。これに対し、スウェーデンのSundbergは反論を加え、スカンジナビア法は大陸法に属すると主張している。彼は法系分類の基準として、① インスピレイション、② 法典編纂の程度、③ 法の進化における支配的人物の職業、の3点をあげ、①についてはスカンジナビア法に対するローマ法の影響を認め、②については、スカンジナビア諸国も法典を持つとし、ただそれは断片的なものではあるが、学説はドイツの影響のもとで法理論を論じている、③については、大陸法のもとにおける官僚制はスカンジナビアでも見られ、裁判官は支配層のポリシーと一致する傾向がある、と指摘している。Sundberg, Civil Law, Common Law and the Scandinavians, 13 Scandinavian Studies in Law 182 (1969). （この論文も近時塙によって訳出されている。塙・前掲955頁以下）。比較法学者の法系論においても、北欧法の独自性を強調する見解として、アルマンジョン（五十嵐『比較法入門』204頁参照）やツヴァイゲルト（ツヴァイゲルト・ケッツ『比較法概論原論』下巻第4編北欧法圏参照）があるが、大勢は北欧法を大陸法の一環と捉えている。なお、19世紀における北欧各国の法の発展についての詳細なハンドブックであるCoing (hrsg.), Handbuch der Quellen u. Literatur der neuen europäischen Privatrechtsgeschichte, Bd. III/4, Die nordischen Länder, Frankfurt a/M 1987, S. 3 ff. によれば、スカンジナビア法群の大陸法のなかでの独自性の承認が、北欧諸国では通説であるとされる。

なお、わが国でも近時スカンジナビア法に関心を有する学者が増えているが、とくに石渡利康の一連の著作活動が注目される（石渡『スカンジナビア法論集』（1980年）、同『スカンジナビア法史論』（1983年）〔以上未見〕、同『北欧共同体の研究』（高文堂、1986年）、同『アイスランド法の発展と理念』（高文

Ⅳ　大陸法序説

堂、1988年）など）。

(11)　19世紀における東ヨーロッパ諸国の法の発展についても、Coing, Handbuch der Quellen und Literatur, Bd. III/5, Südosteuropa, 1988. がモニュメンタルな業績である。わが国では、ここでも塙浩が一連の訳業を発表している。塙「東部中央ヨーロッパ法史略説…」産大法学18巻2・3号（1984年）、ヴァニェチェク他（塙訳）「1945年までのチェコスロヴァキアにおける国家および法の歴史の概要」産大法学19巻1号（1985年）、塙「東欧中欧法史雑記」神戸法学年報1号（1985年）、クロロス（塙訳）「ユーゴスラヴィア法の歴史的背景」神法36巻1号（1986年）など。

(12)　アメリカの比較法学者KarstとRosennによれば、ラテン・アメリカ法文化の特色として以下の5点があげられる。① アイデアリズム（Suarez の影響であり、自然法の観念が実定法の不遵守、さらに革命へ発展する）、② パターナリズム（恩情主義となる）、③ リーガリズム（制定法万能主義、裁判官や行政官の裁量の制限）、④ フォーマリズム（書類の必要性、実質より形式の尊重）、⑤ 浸透の欠如（公式の法システムは大衆のなかに浸透せず、都市においても法規の発見は困難）。Karst of Rosenn, Law and Development in Latin America, UCLA 1975, p. 57 f. なお、中川和彦「ラテン・アメリカ法・緒論」成城法学11号（1982年）参照。近時ラテン・アメリカ法の概説書として、中川和彦・矢谷通朗編『ラテンアメリカ諸国の法制度』（アジア経済研究所、1988年）が刊行された。

(13)　トルコにおける大陸法の継受については、法の継受の代表的事例のため、多くの文献があるが、ここでは大木雅夫「トルコにおける外国法の継受」立教法学11号（1969年）をあげるにとどめる。

(14)　エチオピアは戦前より独立国であったが、1960年にフランスの比較法学者ダヴィドの指導のもとで民法典を制定した。Code civil de l'Empire d'Ethiopie de 1960, Avec une note introductive de René David, Paris 1962 ; David, A Civil Code for Ethiopia : Considerations on the Codification of the Civil Law in African Countries, 37 Tulane L. Rev. 187（1963）. など参照。

(15)　五十嵐清「法系論と日本法」『東西法文化（法哲学年報1986年度）』（有斐閣、1987年）〔および本書XIII論文〕参照。

(16)　エドワード1世により1292年イングランドはスコットランドを征服したが、数年後スコットランドは独立を回復し、以後フランスと同盟関係に入った。このためスコットランドはヨーロッパ法文化の影響を受けることとなり、ローマ法の継受がなされた。近世のスコットランド法は、土着慣習法、制定法、ロー

第 2 部　西欧法の生成と展開

マ法および自然法学説が混合したものであった。1707 年にイングランドとスコットランドは連合王国となったが、スコットランドの私権に関する法律はそのまま残ることとなった。だが 18 世紀末以来、スコットランドに対するヨーロッパの影響は断絶し、それに代わって、コモン・ローの影響が強まった。多くの制定法はイングランドとスコットランドで等しく適用され、コモン・ロー（イングランドの判例法）も貴族院の判例によりスコットランドに導入され、先例拘束性の原則も継受された。しかし、スコットランド私法は今日においても、契約法では約因理論はなく、第三者のためにする契約が認められ、不当利得では統一的基礎理論が存し、不法行為法でも一般的構成要件が認められるなど、コモン・ローに対する独自性を有している。もっとも、スコットランドの場合、独自の法典も、独自の言語も、また独自の立法権もないので、将来も独自性を維持できるかどうかは疑問であろう（以上は、ツヴァイゲルト・ケッツ・前掲下巻 387 頁以下による）。イギリスの代表的比較法学者ローソンも、「もし私がスコットランド法をコモン・ローか大陸法かどちらかの陣営におかなければならないとしたら、私は躊躇なくそれを前者におくだろう」と述べている（F. L. Lawson, The Comparison, Amsterdam, New York, Oxford 1977, p. 11.）。スコットランド法を概観する文献としては、Walker, Principles of Scottish Private Law, 4 vols. Oxford, 3rd ed. 1982 ; Hélène David, Introduction à l'étude du droit écossais, Paris 1972 ; Helmut Weber, Einführung in das schottische Recht, Darmstadt 1978. などがある。ウェーバーによれば、スコットランド法には、英米法と大陸法を統合する将来のヨーロッパ法体系にとって、モデルとしての役割が期待されている。Weber, a. a. O., VII. わが国では、久しくスコットランド法に関心を有する学者が出現しなかったが、近時角田猛之が法思想史を中心として一連の研究を発表している。角田「近世スコットランド法思想史研究」中京法学 19 巻 2 号（1984 年）以降連載中〔角田の業績は、その後、角田『法文化の諸相 —— スコットランドと日本の法文化』（晃洋書房、1997 年）としてまとめられたが、スコットランド法については、その他、ステアー・ソサエティ編（戒能通厚ほか編訳）『スコットランド法史』（名大出版会、1990 年）、シンポジウム「近代スコットランド法の形成とローマ法」法制史研究 40 号（1990 年）、斎藤彰「スコットランド法、Mixed Law がもたらす豊かさと混迷」比較法研究 60 号（1999 年）などがある〕。

(17)　スリランカ法には、ローマ法的オランダ法、イギリス法、土着法の三者が混合している。その全体像については、千葉正士編『スリランカの多元的法体制』（成文堂、1988 年）参照。西欧法の継受については、第 1 部第 2 章「法移

Ⅳ　大陸法序説

植の問題とスリランカの対応」（山田卓生）で取り扱われている。
(18)　南アフリカでは、イギリスの支配とともに憲法や裁判制度がイギリス化されたほか、商事法の分野でコモン・ローが継受された。これに対し、民法の分野では今日でもローマ・オランダ法が維持されている。その例として、統一的所有権概念、物権行為と債権行為の区別、債権法の一般理論、相続における包括承継と特定承継の区別、などがあげられる。これらの問題については、今日においてもユスチニアーヌスの市民法大全が参照されている。もっとも、南アフリカ共和国におけるローマ法の今後の運命については、悲観論と楽観論の対立がある。この点で、1973 年に設置された「南アフリカ法律委員会（the South African Law Commission)」の活躍が期待される。南アフリカ共和国法の概説書として、W. J. Hoston et al., Introduction to South African Law and Legal Theory, Durban 1977 ; Zimmermann, Das römisch-holländische Recht in Sudafrika, Darmstadt 1983. などがある（とくにローマ法の将来については、前者 pp. 212-216 参照）。邦語では、ツヴァイゲルト・ケッツ・前掲下巻 441 頁以下に簡潔な叙述があるほか、真田芳憲「二十世紀におけるローマ法の現代的慣用——南アフリカ共和国において」比較法雑誌 6 巻 1・2 号（1968 年）は貴重な文献である。
(19)　ルイジアナ州法の歴史については、土井輝生『ルイジアナ民法史序説』早大比較法研究所紀要 14 号（1960 年）が詳しい。
(20)　ケベック州民法典については、ツヴァイゲルト・ケッツ・前掲上巻 203 頁以下参照。最近わが国でもケベック州法に対する関心が高まっている。たとえば、大島俊之「ケベック民法の性格」比較法研究 48 号（1986 年）など〔なおケベックでは、1991 年に新民法典が制定され、94 年より施行された。簡単ながら、イゾルド・ジャンドロー（土井輝生訳）「ケベック民法典研究の手引き」早比 29 巻 2 号（1996 年）参照〕。
(21)　同じくセイシェル（アフリカ東側の諸島）も当初フランス人が植民し、フランスの法典が施行されたが、後にイギリスの植民地となりイギリス式制定法が適用され、混合法域となった。1976 年にセイシェルは独立し、イギリスの比較法学者クロロスの指導のもとで民法典と商法典を改正し、注目された（その条文と解説については、A. G. Chloros, Codification in a Mixed Jurisdiction, The Civil and Commercial Law of Seychelles, Amsterdam 1977. 参照）。

第2部　西欧法の生成と展開

5　大陸法と英米法[22]

(1)　序　　説

　前述のように、大陸法は英米法との対比で用いられる概念なので、ここで大陸法と英米法との比較について概観しておきたい。大陸法は今日の世界の多くの地域で適用をみているが、英米法もイギリスのほか、アメリカ、カナダ、オーストラリア、ニュージーランド、さらにインドやアフリカ新興国の多くに適用を見ており、社会主義圏を除く先進諸国を大陸法とともに2分している。さらに前述のように、今日若干の地域において英米法と大陸法の混合法域が見られる。

　従来大陸法と英米法は2大法系であり、しかも両者間には架橋できない深淵が存すると考えられていた。しかし、今日の世界では他にも多くの法系があることが認められるようになり、それとともに大陸法と英米法の差異も相対化され、両者を西欧法として統一的に捉えようとする傾向も存する。

(2)　両法系の対立点

　ここではツヴァイゲルトの提唱する法系分類のための多元的基準[23]に従って、大陸法と英米法の対立点を概観しよう。

　(i)　歴史的伝統　　大陸法と英米法の対立は、まずその歴史的伝統の相違に基づく。とくに決定的なのは、ローマ法の影響の有無である。大陸法がローマ法を基礎として発展したのに対し、英米法の母法であるイギリス法（コモン・ロー）は、ローマ法の影響をほとんど受けることなく、独自の発展をとげた。その理由としては、イギリスの地理的位置とか、大陸諸国にくらべいち早く国王の中央集権が確立したとか、法曹の養成機関として大陸のように大学がその役割を果たさず、法律家の団体である法曹学院が

これにあたったというような、種々の事実があげられている。このため、イギリスでは中世に起源を有する多くの独自の制度が近世まで残り、その非合理性がイギリス人を苦しめたが、大陸法には見られない独特の法文化を形成することができた[23a]。

　(ii)　法源　　両法系の歴史的伝統の相違は、具体的には法源の相違となって現れる。大陸法の基礎をなすローマ法源はユスチニアーヌス帝の市民法大全に集成されたが、それは成文法の形をとった。中世の慣習法の多くも成文化された。さらに18世紀後半以降、自然法学説の影響のもとで法典編纂がなされ、以後、法典が主要法源となった。慣習法は2次的意義を有するにすぎず、判例の法源性は否定された。裁判官は制定法にのみ拘束されるべきであるとされた。

　これに対し、イギリスのコモン・ローは裁判所の判決によって形成された。個々的に制定法が作られることはあったが、法典編纂はなされなかった。しかも19世紀に入ると、裁判官は裁判にさいし先例に拘束される法的義務があるという原則（先例拘束性の原則）が次第に確立された。今日の英米諸国では、制定法の比重が増大しつつあるが、いぜんとして判例法が第1次的法源とされ、この点での大陸法との差異は明瞭である。

　かくして、従来大陸法と英米法の差異を、制定（成文）法主義と判例（不文）法主義の対立と捉えるのが通例であった。しかし、英米法においても、先例拘束性の程度は国により異なり（イギリスはきびしく、アメリカはゆるやか）、最近では、イギリスを初めとし本格的法典化の動きが見られるようになった。他方、大陸法諸国においても、法典編纂から年月がたつにつれ、判例の重要性が高まり、多くの国では、判例は事実上法源として機能するようになってきた。したがって、法源論に関する大陸法と英米法との差異は、今日では一見するほど大ではない。

　(iii)　法的思考方法　　大陸法と英米法との間には、法的思考の点でも顕著な差異があるといわれる。一言でいえば、大陸の法学者は抽象的演繹的

に思考するのに対し、英米の法律家は具体的帰納的に推論する。すなわち、大陸法のもとでは、まず抽象的な法規範が形成される。もっともローマ法源は本来カズイスチックなものであったが、主として近世自然法学者の手によって整理・体系化され、抽象的規範となった。近世の法典編纂がそれを成文化した。かくして一度抽象的規範が成立すると、その後の法の適用は、演繹的三段論法によることとなる。しかも、このような抽象的規範はあらゆる事件に適用されることができると信じられ（法秩序の無欠缺性）、ここに概念法学が成立した。

　英米法には、このような抽象的法規範は存在しない。コモン・ローに関しては、法規範は先例のなかにある。具体的事件の裁判にさいし、裁判官のまずなすべきことは、同種の先例を探すことである。先例が見つかったら、そのなかに含まれる判決理由（レイシオ・デシデンダイ）に従って裁判をするわけだが、判決理由はあらかじめ一般的な形で宣言されることはなく（たとえ宣言されたとしても、それは「傍論」として拘束性なしとされる）、後の事件の裁判官が自分で先例のなかから発見または構成しなければならない。このために、英米の法律家の思考様式は具体的帰納的にならざるをえない。

　もっとも、以上のような思考方法の対立も最近は緩和されつつある。大陸法のもとでも、今世紀に入って以来、概念法学を克服する試みがなされ、自由法学や利益法学が提唱されたりして、具体的類型的思考の必要性が強調されるようになった。他方において、英米諸国では判例の数がぼう大になるに及び、それを整理するための一般理論の必要性が感ぜられるようになった。したがって今日においては、この点でも両者の峻別を結論づけることは困難であり、われわれ大陸法の側では、今後ますます（法学教育におけるケース・メソッドの導入をふくめ）英米における具体的帰納的思考方法に学ぶべきところが多いと思われる。

　(iv)　特徴的法制度　　各法系はそれぞれその法系を特徴づける法制度を共有しているので、ある法制度を共有するかどうかも法系分類の基準とな

IV 大陸法序説

る。この点は、とくにツヴァイゲルトの強調するところである。この観点から大陸法と英米法を比較すると、われわれにとり、とくに英米法のなかに多くの特徴的制度を見出すことができる。コモン・ロー裁判所の開発した不動産法上の諸制度の多くは、今日でも英米法をわれわれに近寄りにくくしている。大法官裁判所によって作られたエクイティ上の制度も、英米法に特徴的である。とくに信託制度は英米の社会に広く根をおろしている。今日では大陸法にも信託制度が導入され、また同種の機能を果たす制度を見出すことも困難ではないが、その社会的重要性について著しい相違がある。したがって信託制度を共有するかどうかも、英米法と大陸法の区別の一基準となるであろう。

（v）イデオロギー　法系分類の基準としてイデオロギーを重視するのは、ダヴィドの見解である。そして彼によれば、大陸法と英米法は、ともにキリスト教の道徳的原理、自由主義的デモクラシーの政治社会原理、および資本主義経済構造の上に基礎づけられており、両者の間に共通性が存するとされる[24]。たしかにイデオロギー的観点からいえば、両者の間には本質的差異はなく、両者を西欧法または資本主義法として一体として捉えることが可能となり、この点で社会主義法や宗教法と区別される。

(3) 両法系の接近

　大陸法と英米法の間には以上のような対立点があり、それは今日においても無視できない。それにもかかわらず、最近では両法系の接近・融合が顕著に見られる。その歴史的原因としては、何よりも両法系に属する国々の間の交流の増大があげられる。光栄あるイギリスの孤立は終わりをつげ、ECへの加盟が物語るように、今日のイギリスはヨーロッパ大陸なしでは生存ができなくなった。今世紀以来のアメリカの発展は、ヨーロッパにとり（日本にとっても）アメリカとの交流を不可欠のものとした。そのため両者の間に法学上の交流も進んだ。近時の機能的比較方法による研究の成果

として、大陸法と英米法の間には、法制度に関しては多くの相違点があるにもかかわらず、具体的事案の解決において、おどろくべきほどの一致がみられることが明らかにされた。その結果、両法系の多くの法学者により、両法系の間に「共通の核心 (common core)」が存するという確信が増大しつつある。その理由は、両法系に属する多くの国の間に、ダヴィドのいうような政治的経済的社会的文化的共通点が存することに求められよう。

かくして、大陸法と英米法は「西欧法」として統一的に把握され、それは資本主義法としての特色において社会主義法と対比され、先進国法としての資格で、アジア・アフリカにおける異なる文化を有する法と区別されることとなった。現実の問題としても、国際間の動産売買に関するハーグ統一法は、大陸法と英米法を融合させるものとして、一応すでに1972年に発効しているし[25]、翌73年にはイギリスとアイルランドがECに加盟したので、今後両者の接近・融合はますます促進されるであろう[26]。

[22] 本文は、五十嵐清「大陸法と英米法」(同『比較法入門』所収)、同「英米法と大陸法」(中川善之助監修『現代法学事典1』〔日本評論社、1973年〕所収)の要約。他の邦語文献として、ローソン(小堀憲助ほか訳)『英米法とヨーロッパ大陸法』(日本比較法研究所、1971年〔前掲注2引用の文献の邦訳〕)、大木雅夫「大陸法と英米法——制定法と判例法を中心に」上智法学論集24巻特別号(1980年)、グロスフェルト(関英昭訳)「アメリカ合衆国と西ドイツにおける比較法上の諸問題」青法23巻4号、26巻1号(1982-84年)、望月礼二郎「大陸法と英米法——ひとつの素描」広中俊雄還暦記念『法と法過程』(創文社、1986年)所収など。

[23] ツヴァイゲルト・ケッツ・前掲上巻107頁以下参照。

[23a] 英米法と大陸法がどこで分かれたかについて、本書Ⅵ〈書評〉参照。

[24] 五十嵐『比較法入門』87頁以下参照。なおダヴィドはその後西欧法の一体性を示すものとして、従来の3要素を放棄し、新たに「法の支配」にそれを求めている。

[25] もっとも、ハーグ統一法については英米側に不満が多く、国連国際商取引法委員会によって新たな統一売買法の作成がすすめられた。それは1980年にウィーン統一売買法として採択され、1988年1月1日より発効している(曽

野和明「国際売買に関する2つの条約の発効」ジュリ912号〔1988年〕参照)。この統一法は、ハーグ統一法の根幹を維持しつつ、より英米法に歩み寄ったものであり、大陸法と英米法の接近の点で画期的な出来事である。五十嵐清『民法と比較法』(一粒社、1984年) 158頁以下参照。

(26)　ECにおける法の統一は、経済の統合に較べ遅れていたが、この点で注目されるのは製造物責任に関する1985年7月のEC閣僚理事会の指令である。これにより加盟国は3年以内にそれぞれの国の製造物責任法をEC指令に合致させることが義務づけられた。イギリスはすでに製造物責任立法を果たしたが(1987年「消費者保護法」第1編)、西ドイツやフランスでは目下改正案を検討中である。好美清光「EC指令と製造物責任」判タ673号(1988年) 参照。〔その後、西ドイツでは1989年に製造物責任法を制定。フランスでは、1998年になって、ようやく民法を改正し、製造物責任法を導入した。なおEC (EU) は、その後、消費者保護政策を一層展開し、1993年には、「消費者契約における不公正条項に関する指令」を、さらに1999年には、「消費物品売買に関する指令」を発し、加盟国における民法の改正を迫った。後者が引き金となって、ドイツでは、2001年に債務法の大改正が実現した(池田清治「消費者契約法とドイツ法」ジュリ1200号122頁〔2001年〕など参照)。

　このような状況のもとで、ヨーロッパにおける私法の統合にむけ、一層の関心が高まっている。90年代半ばまでの進展につき、好美清光「ヨーロッパ私法の形成について」『国際社会における法の普遍性と固有性』(中大出版部、1995年) 所収参照。その後も、このテーマについては、無数の文献があるが、イギリス法をふくめて私法の統合に積極的なものとして、A. S. Hartkamp et al. (eds.), Toward a European Civil Code, 2nd ed. Dordrecht 1998; B. S. Markesinis (ed.), The Coming Together of the Common Law and the Civil Law, Oxford and Portland 2000; R. Zimmermann, Roman Law, Contemporary Law, European Law: The Civilian Tradition Today, Oxford 2001 など。このような傾向に対する抵抗勢力も強いが、代表的なものとして P. Legrand, Le droit comparé (Que sais-je?), Paris 1999 などをあげることができよう。〕

6　資本主義法と社会主義法

(1) 社会主義法の形成と大陸法

　大陸法は英米法とともに資本主義法（ブルジョア法）として社会主義法に対立する。そこで、こんどは大陸法と社会主義法との関係について概観することにしたい。

　まず大陸法は社会主義法の形成に対し若干の影響を与えた。社会主義法は 1917 年のソビエト革命以後ソ連を中心として形成された法系であるが、革命前のロシアは大陸法（とくにフランス法とドイツ法学）の影響下にあった。ソビエト革命政権は当初旧法をブルジョア法として一掃したが、20 年代のネップ期に入ると、刑法や民法をはじめ各種の法典編纂を行った。これらの法典編纂に対しては、少なくとも形式面では大陸法の影響が濃厚であり[27]、このため当時のソビエト法を大陸法の一環と捉えることも可能であった。ところが、ソ連では 1920 年代の後半以降本格的な社会主義の建設をはじめたので、30 年代に入ると、社会主義法としての性格をおびるようになった。第 2 次大戦後のソ連は、スターリン独裁を批判し、社会主義的適法性を強調し、ふたたび大規模な法典編纂を行い、社会主義法制を整備したが、60 年代の民法典はいぜんパンデクテン方式を維持しており、形式面での大陸法の影響は残存していた。

　第 2 次大戦後、東ヨーロッパを中心とし、多くの社会主義国家が発生し、ここに社会主義法系の成立をみた。そこにはソ連型社会主義法の影響が強く見られたが、その後はユーゴをはじめとし独自の道を歩むものが多かった。とくにアジアでは、中国をはじめとし独自の社会主義法が形成されつつあった[28]。以上のような若干の例外はあるが、社会主義法の発展に対し少なくとも形式面で大陸法が寄与した事実は否定できない。

(2) 社会主義法の独自性[29]

　社会主義法の独自性は主としてイデオロギーの面でみられる。社会主義法はマルクス・レーニン主義に基づく、社会主義的社会経済体制の上部構造と解され、この点で資本主義体制を基礎とするブルジョア法と区別される（さらに、社会主義国の側からは、社会主義法は資本主義法のより高次の型だといわれる）。そのような社会主義法の特徴的な法制度は数多くあるが、とくに社会主義的所有権と計画契約をあげることが許されよう。

　たとえばソ連では、土地および生産財の私有は認められず、それらはすべて国家、協同組合、コルホーズのみが所有し（社会主義的所有権と称する）、この点で、なお原則として生産財の私有を認める資本主義法と区別された。もっとも、ソ連でも、家屋、動産、金銭など消費財については私有（したがって相続）を認められていたが、それを個人的所有権と称し、それは社会主義的所有権に由来するものと説明されていた。

　またソ連型社会主義は計画経済を基礎としていたが、計画の遂行のために行われる国営企業間の財貨の移動は、契約の形式をとる。これを計画契約と称し、資本主義経済機構における自由契約と区別される。このような計画契約については各企業の自由の余地が乏しく、契約といえるかどうか疑問とされたが、ソ連民法典はいぜんとしてこれを契約と捉え、しかも経済改革に伴い、自由の余地が拡大した。

　以上のように、ソ連を中心とした社会主義諸国の法制度を社会主義法として資本主義法と区別することは、十分に可能であったが、従来とくに社会主義国の側からイデオロギーが過度に強調されてきたうらみがある。現在の資本主義国においても、国営企業が大きな役割を果たし、不動産に対する国家的規制は強化されているので、所有権の自由は必ずしも存せず、契約自由もいたるところで制限されており、社会主義国における社会主義的所有権や計画契約は（それ自体社会主義法として必ずしも普遍的でないだけでなく）、資本主義国に類似の制度がないほど独自性を有するがどうか疑問

の余地があった[30]。この問題は、資本主義法と社会主義法のような社会体制を異にする国の間で比較は可能か、またはそれは望ましいかという、つぎの問題に連なる。

(3) 資本主義法と社会主義法の比較の問題点[31]

(i) 比較は可能か　一般に比較のためには、比較の対象となる2つの物の間に何らかの共通性（いわゆる「比較の第三項（tertium comparationis）」）の存在が必要とされる。そこで資本主義法と社会主義法のような社会体制を異にする国の間の比較が可能であるためには、両者の間に共通項の存在が必要となる。この点については、少なくとも形式上は両者の間の共通項は存するといえる。たとえば、「所有権」や「契約」という概念は両者に存する。その限り、両者の比較は可能である。しかし、社会主義国の法学者は形式と実質を区別し、たとえ形式上共通の制度があっても、その実質は社会経済体制により規制されているので、両者の間に共通性が存するという結論を出してはいけないと批判していた。そこで西欧の比較法学者も、近時は形式だけを比較すべきではなく、実質も取り入れた比較をすべきであり、そのために機能的比較方法や法社会学的比較法を提唱していた。いずれにせよ、社会体制と関連する制度（所有権や契約）の比較にさいしては、体制との関連を考慮した比較が必要である。

(ii) 比較は有用か　従来ソ連の法学者は、資本主義法との比較は社会主義法の優位を明らかにするためにのみ行われるべきであると主張し、また西欧の学者のなかにも反共的立場からの社会主義法研究が見られた。しかし、このような比較はプロパガンダにすぎず、有用な結果は期待できない。その後は種々の立場から資本主義法と社会主義法の比較の有用性が強調されていた。まず平和共存の時代には、たがいに相手方を理解することが不可欠であり、法についてもそれはいえた。東西間に貿易をはじめ経済的文化的交流がすすんでくると、相手の法を知ることは実際上も必要と

なった。理論的にいっても、社会体制を異にする法の比較から、同質的な法の比較では得られない多くの刺激が与えられる。とくに資本主義国の側からいえば、当時解決を迫られていた多くの問題について、社会主義がよりすぐれた体制であるかどうかは別としても、社会主義法から学ぶところが少なくはなかったと思われる[31a]。

(27) 当時の法典編纂がブルジョア法の継受であったか否かをめぐる論争につき、大木雅夫「フェリーとソヴェト刑法——法継受の一事例」比較法研究14号（1957年）、同「ソ連におけるブルジョア法の継受」立教法学9号（1967年）〔いずれも、同『資本主義法と社会主義法』（有斐閣、1992年）所収〕参照。

(28) アジアの社会主義法については、社会主義法研究会編『アジアの社会主義法』（法律文化社、1989年）および稲子恒夫・鮎京正訓『ベトナム法の研究』（日本評論社、1989年）など参照。

(29) ツヴァイゲルト・ケッツ・前掲下巻601頁以下参照。

(30) この問題については前注のほか、大木雅夫「契約における自由と強制」上智法学論集15巻1号（1971年）、五十嵐清「東西契約法の比較——D・A・レーバーの所説について」スラヴ研究20号（1975年）参照。

(31) この問題については、五十嵐清「資本主義法と社会主義法——その比較方法論上の問題点」（同『比較法入門』所収）、同「社会体制の相違と比較法——バルテルスの新著を中心として」札幌学院法学1巻1号（1984年）〔本書Ⅹ論稿〕、大木雅夫「ソビエト法とブルジョア法の比較可能性について」立教法学10号（1968年）〔同『資本主義法と社会主義法』前掲、所収〕、松下輝雄「法制度の異質性と比較可能性——社会主義法の類型的特質」野田良之古稀記念『東西法文化の比較と交流』（有斐閣、1983年）所収、シュレーダー（岡野光雄訳）「西側と東側の法制度の比較についての方法と問題点」比較法学22巻1号（1988年）など参照。なお現在〔ペレストロイカ期〕のソビエトの代表的比較法学者の見解を示すものとして、トゥマーノフ（直川誠蔵訳）「類型を異にする諸法体系の比較について」比較法学22巻2号（1989年）がある。

(31a) 本節の旧稿は最終的には1989年9月に脱稿したものである。この時期に、近い将来における社会主義体制の崩壊を予想しなかったことと、社会主義法に対する甘い評価とを反省せざるをえないが、本文は現在形を過去形に改めたほかは、手を加えなかった。

第2部　西欧法の生成と展開

7　大陸法と日本法

(1)　日本における大陸法の継受[32]

（i）**外国法の教育**　わが国における大陸法の勉学は、幕末に津田真道、西周の両人がオランダに渡り、法学を学んだことに始まった。明治維新以後、新政府は海外よりボワソナード（Gustave Boissonade）をはじめとし、すぐれた法学者を招き、法学教育にあたらせた。それは当初司法省内の明法寮で行われた。明法寮はその後数度名称を変え、今日の東京大学に吸収されたが、そこではフランス人教師によるフランス法の講義がなされた。その卒業生はフランス法学派を形成した。彼等の手により明治10年代に若干の私立学校が創設され、フランス法の普及がはかられた。他方、東京開成学校（東京大学の前身）ではイギリス人によるイギリス法の講義がなされ、その卒業生はイギリス法学派を形成した。要するに明治初期のわが国の法学教育はフランス法またはイギリス法の教育であった。そして法典の整備されなかった当時、フランス法やイギリス法の内容が「条理」として裁判上適用されたといわれる。このようにして、わが国では当初大陸法（とくにフランス法）はイギリス法とならんで理論として継受された。

（ii）**法典継受**　すでに明治3年、江藤新平はフランス法に明るい箕作麟祥に命じてフランス民法典を翻訳させ、そのままわが民法典としようとした。しかし、これは江藤の失脚とともに挫折した。政府は改めてボワソナードの指導のもとで、フランス法を範にとって本格的な法典編纂事業をはじめた。それはまず明治13年の刑法および治罪法となって実を結んだ。ついでボワソナードは民法の編纂に着手した。ここでも主としてフランス民法がモデルとなったが、それにボワソナードのすぐれた創見が加わった（なお身分法の部分は日本人の手により起草され、わが国の伝統が顧慮された）。かくして成立した民法典（旧民法）は明治23年に公布され、26年に施行の

予定であった。さらに商法については、ドイツ人レスラー（Hermann Roesler）の手により主としてフランス商法をモデルとして起草され、また民事訴訟法については、ドイツ人テッヒョー（Hermann Techow）の草案（これにはドイツ法の影響が強い）を基として起草され、いずれも明治23年に公布された。他方、憲法については、自由民権運動を押さえるためにも国権を強化したものでなければならないとされ、このためヨーロッパでも君主の権限の強いベルギーとプロイセンの憲法を範とし、それにわが国の国体を顧慮して編纂が行われ、明治22年に大日本帝国憲法として発布された（明治憲法）。これにより、わが国もまがりなりにも立憲国家となった。

　さて明治26年の旧民法施行を前にして、断行派と延期派との間で有名な法典論争が行われた。これはフランス法学派とイギリス法学派の争いでもあった。結果は、国権派の政治家が加担した延期派が勝ちを占め、改めて民法典編纂がなされることとなった。このため、穂積陳重、富井政章、梅謙次郎の３名が起草委員に任ぜられた。彼等はいずれもヨーロッパに留学し、大陸法に明るい人たちであった。彼等はそこで旧民法を基礎とし、それに必要な修正を加えるという形で法典編纂をしたが、そのさい当時発表されたドイツ民法第１・第２草案をとくに参照し、明治29年より31年にかけて現行民法典を成立せしめた。この民法典は、一言でいえば、フランス民法とドイツ民法を混合的に継受したものであり、形式的にいえばドイツ民法典の体系（パンデクテン・システム）に従っているが、実質的には、旧民法以来のフランス式規定の多くが残っている。もっとも、以上は財産法の分野のことであり、身分法についてはわが国特有の家制度が一層強化された。なお商法については、明治32年に現行商法典が成立したが、これはドイツ商法典に依拠したものであった。

　かくして明治30年代のはじめに、わが国の法典編纂は一応完成した（このあと、刑事法については、明治40年に現行刑法、さらに大正11年に改正刑事訴訟法が成立し、旧法と代わった。これらは、いずれもドイツ法の影響を強く受けてい

る）。この法典編纂にさいし、イギリス法は後退し、大陸法が前面に出た。大陸法のなかでも、前期はフランス法の影響が強かったが、後期に入ると、ドイツ法の影響が圧倒した。憲法の場合は、明治政府にとり、国権主義的なドイツ系憲法が模範とされたのは当然であるが、他の分野では、当時のドイツ法の優秀性がわが国で高く評価されたためであると思われる。

　このように明治期のわが国の法典編纂は大陸法の継受という形で行われた。それがわが国の法の近代化に貢献したことはいうまでもない。しかし、この法の継受は無批判的になされたものではなく、わが国の伝統や実情も相当程度考慮された。とくに憲法における天皇制や身分法における家制度の維持は、その代表的なものであるが、それは法の近代化を阻害する要因ともなった。

　(iii)　学説継受[33]　　法典編纂後の法学の任務は、各部門ごとに体系化をすすめ、実務における法の適用を容易にすることにある。わが国の法学は、この任務をドイツ法学の圧倒的影響のもとで遂行したので、この時期を学説継受期ということができよう。多くの法典がドイツ法をモデルとしたこと、当時のドイツ法学が世界的に評価されていたことなどが、その理由であるが、ドイツ学説の継受は刑法や民法など必ずしもドイツ法が唯一のモデルではない領域に及んだ。ところで、当時支配的であったドイツの法学（とくに私法学）はパンデクテン法学の流れをくみ、概念法学の色彩が強かった。それはわが国の官僚に好まれ、官僚法学を形成するのに役立った。かくして、明治後期のわが国はドイツ法全盛時代を迎え、「独法に非ずんば人に非ず」とまでいわれ、法学生はこぞってドイツ法を学んだ。しかし、このようなドイツ法学の影響は、日本の実情を重視し、そこから妥当な結論を導き出そうとする方法の発達を阻害した。

　このような学説継受への反省は、大正期に入ると生じた。第1次大戦でわが国がドイツと対戦したため、法学者のドイツ留学は不可能となり、代わりにアメリカ、イギリス、フランスなどが留学先に選ばれた。その結果、

それらの国の法と法学が評価されるようになり、ドイツ法一辺倒の風潮が減少した。また法学研究の対象として慣習や判例の重要性が認識されるようになり、それまでの過度の外国法依存から脱却した。この傾向は昭和期に入っても継続したが、新たにナチス法学が当時の臨戦期のわが国に影響を及ぼした。しかし、全体としては不毛のうちに終戦を迎えた。

(iv) 第2次大戦後　第2次大戦後のわが国における外国法との関係のうち、もっとも重要なのは英米法の影響である。わが国の戦後改革の多くはアメリカ占領軍のイニシアティブのもとで行われたが、その結果、とくに憲法、労働法、商法、経済法、刑事訴訟法の改正に対しアメリカ法が大きな影響を及ぼした。このため、戦後のわが国は英米法の継受により、従来の大陸法から脱却し、英米法系へ移行するのではないかといわれた。しかし今日からみると、戦後の英米法の影響はわが国の法体系の大陸法的性格を根本的に変更するにはいたらなかった、というべきであろう。ただ上述の法分野では、いたるところ大陸法的なものと英米法的なものとの衝突が見られ、比較法上興味ある対象となっている[34]。他方、大陸法との交流も戦後まもなく復活し、以前にもまして活発となっている[35]。とくにフランスとの間で1959年に日仏法学会が、西ドイツとの間で1976年に日独法学会が創設され、両国との交流の組織化がなされるようになった[36]。しかし、大陸法に属する他の国との交流はいぜんとして不十分である。EC法に対する関心も、最近まで乏しかった。

(2) 日本法は大陸法系に属するか

これまで本稿では、日本法は明治期の法典継受以来大陸法系に属することを自明のこととして叙述してきたが、そこには問題がないわけではない。そのうち、第2次大戦後のアメリカ法の部分的継受により日本法は英米法系に移行したか、少なくとも大陸法と英米法の混合法系と捉えるべきではないか、という問題については前述した。後者の点についても、日本法の

現状は混合法系とは程遠い。しかし、これまた前述したように、英米法と大陸法が西欧法として接近・融合の方向に向かっている今日、日本法に対する英米法の影響の増大は今後ますます期待されるであろう。

　今一つの問題は、形式的にいえばたしかに日本法は明治以来大陸法系に属するが、果たしてそれが日本人の法生活をどれだけ西欧化したか、という点をめぐるものである。従来の伝統的見解はこの点をあまり意識せず、日本法は法典継受により大陸法、とくにドイツ法群に属すると考えられてきた[37]。今日でもこの種の見解が見られるだけでなく[38]、それは大陸諸国の法律家の常識であるといってよい。

　しかし、最近の西欧の比較法学者の多くは、日本法を大陸法とは独立に東アジア法系の一環と捉え、その固有の法文化に注目している[39]。とくにダヴィドは中国法につき、西欧法にくらべ、法は社会統制の2次的役割を果たすにすぎず、社会の基礎は第1次的には礼によって構成され、法は必要悪と考えられているにすぎず、両大戦間の大陸法の継受も表面的なものであり、中国人の伝統的観念を変更することはできなかった、と指摘している。そして彼によれば、日本法も本質的には中国法と変わりないとされた。もっとも、彼は後には日本法を中国法とは独立に取り扱っているが、日本の近代化が法の近代化（西欧化）をもたらしたかどうかについては、いぜん懐疑的である[40]。

　この問題は要するに法系分類の基準をどう捉えるかに関係している。主として法技術的観点から捉えるかぎり、日本法は大陸法の一環と考えられる。しかし、歴史的伝統、法的思考方法、イデオロギー（ここではとくに文化）を中心として法系を分類する場合には、日本法と大陸法との間にはかなりの差があり、日本法を大陸法に入れるのに躊躇を感ずる。もっとも最近のわが国では急速に法意識が高まっているので、今後大陸法（より一般的には西欧法）との距離が狭まることが期待される。いずれにせよ、日本法を世界の法系のなかにどう位置づけるかは、わが国の法学者に課せられた

IV 大陸法序説

課題である⁽⁴¹⁾。

(32) この問題についての基本的文献は、伊藤正己編『外国法と日本法（現代法14）』（岩波書店、1966年）である。近時の注目すべき論文として、ローラント・バール（平野敏彦訳）「ヨーロッパの立場から見た日本の法継受──和魂洋才、再検討の鍵と尺度」（河上倫逸編『ドイツ近代の意識と社会』〔ミネルヴァ書房、1987年〕所収）をあげたい。なお本文は、五十嵐清『法学入門』（一粒社、1979年）225頁以下〔同『法学入門〔新版〕』（2001年）227頁以下〕と大同小異であることをお断りしたい。

(33) 詳しくは、北川善太郎『日本法学の歴史と理論』（日本評論社、1968年）参照。

(34) 戦後における英米法の影響については、ジュリスト600号記念特集『日本法と英米法の三十年』（1975年）〔および、シンポジウム「戦後半世紀におけるアメリカ法の継受とその日本的変容」（1996-1）アメリカ法参照。

(35) より詳しくは、五十嵐『比較法入門』65頁以下参照。その後の発展については、次注参照。

(36) 機関誌（年刊）として、それぞれ『日仏法学』（1961年より）、『日独法学』（1977年）があるほか、日独法学会は独文機関誌 Recht in Japan を1年おきに（1975年より）フライブルグ大学比較法研究所の協力のもとで発行している。その後の注目すべき発展としは、日仏間に法学交流シンポジウムが開催されていることであり、1976年に第1回（その成果として、日仏法学会編『日本とフランスの契約観』有斐閣、1982年）、1988年に第2回目（ジュリ929号79頁以下、932号84頁以下参照）の会合が開催された。日独間にも1988年「西洋法の日本化」をめぐりシンポジウムが開催された（ジュリ927号以下）。さらに、日独間では〔大阪市大とフライブルク大はじめ〕大学間の交流がめざましい。

(37) この見解のルーツは、Hozumi, Lectures on the New Japanese Civil Code, as Material for the Study of Comparative Jurisprudence, Rev. ed. Tokyo 1912, p. 41 にさかのぼるように思われる。穂積陳重はそこで、日本民法はヨーロッパ文明の導入によりシナ法族から大陸法族に移行したと説いている。

(38) Arminjon, Nolde et Wolff, Traité de droit comparé, t. II, Paris 1950, pp. 427-8.（五十嵐『比較法入門』204頁参照）なお、日本法（とくに民法）がドイツ法のひきうつしにすぎないというのは、国際的誤解であるが、この点についてはとくに星野英一「日本民法典に与えたフランス民法の影響」（同『民法

第 2 部　西欧法の生成と展開

論集第 1 巻』〔有斐閣、1970 年〕所収）参照。

(39)　次注のダヴィドのほか、シュニッツァー（五十嵐『比較法入門』195 頁以下参照）やツヴァイゲルト（ツヴァイゲルト・ケッツ・前掲下巻 655 頁以下）がこれに属する。

(40)　五十嵐『比較法入門』89 頁以下および 93 頁以下参照。後者については、Noda, Introduction au droit japonais, Paris 1966 の影響が強い。

(41)　この点ですでに Noda, *op. cit.* のほか、Kitagawa, Rezeption und Fortbildung des europäischen Zivilrechts in Japan, Frankfurt a/M. u. Berlin 1970 ; Murakami, Einführung in die Grundlagen des japanischen Rechts, Darmstadt 1974. 最近では、Sanada, The Cultural Bases of the Japanese as a Key to the Myth of the Reluctant Litigant in Japan, in : Conflict and Integration, Chuo U. P. 1988, pp. 105-129 などが貴重な貢献をしている。日本語で書かれたものとしては、とくに大木雅夫『日本人の法観念』（東大出版会、1983 年）が注目される。私自身のものとしては、「比較のなかの日本法」判タ 500 号 1 頁（1983 年）、「法系論と日本法」前掲『東西法文化』（1987 年）所収があるにすぎない〔なお、本書 XIII、XIV 論稿参照〕。

V 大陸法の基礎

1 おことわり
2 序　説
3 ローマ法
4 中世ローマ法学
5 ゲルマン法
6 カノン法（教会法）

1 おことわり

　さきに発表した「大陸法序説」（本書Ⅵ論稿）の続編であり、『大陸法』の第2章第1節に相当する部分である。これも10年前に一応脱稿しており、今回は新しい情報を注で若干付加したにとどまる。本稿を構成するローマ法、ゲルマン法、カノン法のどれをとっても、私の専門とするところでなく、しかもこの分野では、内外における近時の学説の発展はめざましいものがある。そのこと自体については、私も知らないこともないので、それらの新しい学説をほとんど顧慮せずに、このような形で発表するのは心苦しいかぎりであるが、このような講義を長年続けた学者もいたことに意味を見出していただきたい〔なお、本書への収録にさいし、新文献を追加した〕。

2 序　説

　今日の大陸法の基礎となった諸要素は何かついては、種々の見解がある[1]。ローマ法とカノン法がその中心にあることは異論がないが、そのほかゲルマン法、中世商慣習法、近世自然法があげられる。しかし、ここで

はダヴィドにしたがい、大陸法の形成期を13世紀ととらえ[2]、その基礎として、ローマ法、ゲルマン法、カノン法の三者について考察する。

(1) 代表的見解として、アルマンジョンらは、近代法系の共通の要素として、① ローマ法、② カノン法、③ 近世自然法、④ 中世商慣習法をあげ（五十嵐清『比較法入門』〔日本評論社、改訂版1972年〕202頁参照）、ローソンは大陸法の3要素として、① 膨大な慣習法、② ローマ法、③ 自然法をあげ、これに④ カノン法を付加し（ローソン〔小堀憲助ほか訳〕『英米法とヨーロッパ大陸法』〔日本比較法研究所、1971年〕11頁）、またメリマンは、大陸法の3つの伝統として、① ローマ市民法、② カノン法、③ 商法の3者をあげている（J. H. Merryman, The Civil Law Tradition: An Introduction to the Legal Systems of Western Europe and Latin America, Stanford, 2nd ed. 1985, p. 6 ff.）。さらに野田良之はフランス法文化の3構成要素として、① ローマ的要素、② ゲルマン的要素、③ キリスト教をあげているが（野田『フランス法概論上巻』〔有斐閣、1954年〕19頁以下）、これは大陸法一般に妥当すると思われる。以上のうち、中世商慣習法は一応視野の外におき、近世自然法は大陸法の展開の1こまとして後日捉えることとすると、ローマ法、カノン法のほか、問題は存するが、ゲルマン法が大陸法の基礎と考えられる。

(2) R. David et C. Jauffret-Spinosi, Les grands systèmes de droit contemporains, Paris, 10e éd. 1992, p. 27.〔これに対し、前述のようにバーマンは、西欧法文化（大陸法より広義）の成立を11世紀に求める。本書39頁参照〕。

3　ロ ー マ 法[3]

1） ユ帝までのローマ法の発展

ユスチニアーヌス帝までのローマ法の発展については、3期に分けるのが便利である[4]。

(1) 第1期（紀元前753年〔伝説上のローマ建国年〕より202年まで）　古代ローマの時代であるが、この時期のローマ法は、他の古代法にくらべて、とくに特色があるわけではない。主要法源は紀元前450年頃制定されたといわれる12表法である[4a]。これは、それまでの慣習法を採録したもので

あり、「全公法私法の泉」と称されるが、古代法に共通であり、単純な1都市国家の法、農民の法、家族中心の法、形式厳格主義の法であった。もっとも、そこに後代のローマ法の特色の萌芽がすでに見られた。なおこの時代は、神官団が法の担い手であった。

(2) 第2期（紀元前202年より紀元後284年まで）　カルタゴに対する覇権の確立より東西ローマの分離にいたるまでの時期であるが、この時期の前半（共和制末期）にローマは世界国家となり、外国人との取引が発達した。このため、ローマ市民の間にのみ適用される市民法（ius civile）[5]のほかに、外国人との間に適用される万民法（ius gentium）が創り出されたが、後者は、無方式の諾成契約、要物契約、簡易な引渡（traditio）の承認など、取引法の合理化に貢献した。

　さらに、この時代に市民法の内容が硬直化し、時勢の動きについて行けなくなると、法務官その他の裁判を司る政務官が、告示により新たな法を創って時代の要請に答えた。かれら政務官は名誉ある地位にあったので、これを名誉法（ius honorarium）という。これにより、当事者の誠意（bona fide）が訴訟上考慮されるようになった。また、市場取引を監督する権限のあった按察官の告示により、奴隷・家畜売買に瑕疵担保責任が認められたことなどが、名誉法の代表的事例である[6]。このような市民法と名誉法との関係は、比較法上イギリスにおけるコモン・ローとエクイティの関係に対比されるが、イギリスでは両者が別個独立の法体系として発展していったのに対し、ローマでは両者は1つの体系のなかに融合して発展していった点が異なる。名誉法のおかげで、ローマ法は他の古代法のような硬直性を免れ、時勢に則した発展をすることができた。

　第2期の後半（帝政初期）は法学者が活躍した時代であり、今日まで伝えられるローマ法の根幹はこの時代に形成されたので、この期を古典期と称する。この時代に入ると、実際の裁判にあたり、法学者の意見が求められることが多く、かれらの解答に従って裁判が行われた。とくにすぐれた

学者に対しては、皇帝から解答権が与えられ、このような権威のある法学者の意見は法源として認められるにいたった。ところでローマの法学者は、抽象的な論理をもてあそぶことなく、つねに事案の解決の具体的妥当性をめざしており、そのようなカズイスチックな傾向が、ローマ法学の特徴を示すこととなった。また、古典期のローマの法学者は個人主義、自由主義を基調としているのも、大きな特色である[7]。

(3) 第3期 (284年より565年まで)　東西ローマの分離よりユスチニアーヌス帝 (ユ帝) の死亡までの時期であるが、ローマ法の中心は東ローマ帝国 (ビザンツ帝国) に移った。この時代の法は、主として皇帝の勅法により発展していった。そこには、キリスト教やギリシア哲学の影響が見られる。またこの時代には、最高物価報酬統制令、「莫大の損害 laesio enormis」(売主が市場の価格の半値以下で売却したときに、売主に売買を解除する権利を認める[8])、債権譲渡に関する「アナスタシウス法 lex Anastasiana」(債権譲渡にさいし、債務者は譲受人に対しては譲受人が譲渡人に支払った代金の限度で支払いの義務を負うべきものとする) など社会保護立法が見られるにいたった。

さて6世紀に入り、ユ帝が帝位につくと、かれのイニシアチブで大規模な法典編纂が行われた。それは533年より翌年にかけて、① 学説集 (Digesta または Pandectae)、② 法学提要 (Institutiones)、③ 勅法集 (Codex) として完成された。この法典編纂の質量ともに中心となるのは①の学説集であり、多くの法学者の無数の学説が一定の体系のもとで集められている。②の法学提要は法学の教科書であるが、法源としての資格も認められている。③の勅法集は、それまでの各皇帝の勅法を集めたものである。その後、ユ帝の死亡まで間に多くの勅法が発布されたが、これを④ 新勅法 (Novellae) と称する。以上のユ帝の編纂した法典は、後に16世紀に「カノン法大全 Corpus Iuris Canonici」に対抗して、「市民法大全 Corpus Iuris Civilis」と総称され、それがローマ法を代表するものとなった。もっとも、実際は法典編纂者が古典期ローマ法を当時の社会に適合させるために改ざ

ん (interpolatio) を行ったので、市民法大全の内容は、古典期ローマ法のそれと必ずしも一致しない。そして 19 世紀以来、ローマ法源のなかの interpolatio の発見が、ローマ法学者の重要な任務となった。

市民法大全は私法中心であり、今日の私法制度（とくに契約、不法行為、不当利得、債権一般など）の多くが、そこに起源を有している。それは 12 世紀以来イタリアの大学で研究・教育され、普通法（Ius Commune）となり、ヨーロッパ各国に継受されることによって、今日の大陸法の基礎となるのである。

2）ユ帝以降におけるローマ法の発展

(1) 西ローマ　ユ帝の法典編纂に先立ち、西ローマ帝国はすでに 476 年に滅亡したので、イタリアには市民法大全は（すくなくとも全体としては）伝えられなかった[9]。当時の西ヨーロッパでは、各部族ごとに属人法が適用されたが、ローマ人に対しては卑俗化したローマ法（Vulgärrecht）が適用された[10]。そのなかでも、西ゴートのアラリック 2 世（Alarich II）の編纂した「簡単書 Breviarium Alaricianum」（506 年）が有名である。

(2) 東ローマ　ユ帝の法典編纂以後、東ローマ帝国の滅亡（1453 年）までの間、東ローマ（ビザンツ）ではローマ法が適用されたが、市民法大全のままではなく、各種の法典が作られた。そのなかでもバジリカ（Basilica）法典は 12 世紀以来市民法大全を駆逐した。さらにギリシアの裁判官により 1345 年に私選の法典が編纂されたが、この法典は後代まで東方諸国に影響を与え、とくにギリシアでは 19 世紀以来 1946 年の現行民法典の施行まで現行法としての効力が認められていた。ビザンチン・ローマ法は、ギリシアのほか、近代ロシア法の形成にたいしても影響を与えた[11]。

(3) ここはローマ法そのものを論ずる場所ではないし、私にその能力があるわけでもない。ここでは大陸法の理解のために必要な最小限度の知識の提供をしようとするだけである。なお、ローマ法の入門書、概説書として、古くは船田享

第2部　西欧法の生成と展開

　　二『ローマ法入門』（有斐閣、1953年）、原田慶吉『ローマ法』（有斐閣、改訂版1955年）があり、最近のものとしては、柴田光蔵『ローマ法の基礎知識』（有斐閣、1973年）、同「ローマ法学」碧海純一ほか『法学史』（東大出版会、1976年）所収、同『ローマ法概説』（玄文堂、1980年）、吉野悟『ローマ法とその社会』（近藤出版社、1976年）などがあるほか、カーザー〔柴田光蔵訳〕『ローマ私法概説』（創文社、1979年）は世界でもっとも権威のある教科書の翻訳である〔近刊のものとしては、クリンゲンベルク（滝沢栄治訳）『ローマ債権法講義』（大学教育出版、2001年）と河上正二訳著、ベーレンツ『歴史の中の民法』（日本評論社、2001年）が注目される〕。

(4)　原田・前掲1頁以下による（以下本文は本書によるところが大きい）。なお柴田「ローマ法学」前掲30頁以下は、より細かく7期に分けている。

(4a)　12表法の邦訳として、佐藤篤士『Lex XII tabularum —— 12表法原文・邦訳および解説』（早大比較法研究所、改訂版、1993年）がある。

(5)　ius civileという言葉の変遷については、A. Berger, From "Ius civile" to "Civil Law"; Reflections on Terminology, in: Festschrift Guido Kisch, Mainz 1955参照。

(6)　ローマの瑕疵担保責任法については、柚木馨『売主瑕疵担保責任の研究』（有斐閣、1963年）、半田吉信「古代法における瑕疵担保責任」千葉大学法経研究12号（1982年）、同「ローマ法における瑕疵担保責任」同誌13号、14号、15号（1983-84年）参照。

(7)　当時の代表的教科書として、ガイウス〔船田享二訳〕『法学提要』（有斐閣、新版1967年）、〔ガーイウス〔佐藤篤士監訳〕『法学提要』早法64巻1号（1988年）-76巻4号（2001年）〕参照。これはローマ私法を① 人の法、② 物の法、③ 訴訟の法の3部に分けて叙述し、ユ帝の法学提要のモデルとなったほか、インスティトゥチオーネス（Institutiones）方式として近世の民法典に影響を与えた。

(8)　この制度は、中世ローマ法学や近世自然法学を経て、フランス民法のレジオン（lésion）となり、わが国の旧民法にも影響を与えたが、現行民法には採用されなかった。しかし、暴利行為禁止の先駆として現在再評価されている。石部雅亮「契約の自由と契約正義(1)——「莫大損害」（laesio enormis）の歴史を中心に」法雑30巻3・4号（1984年）、大村敦志「契約成立時における『給付の均衡』(1)」法協104巻1号40頁以下および65頁（1987年）〔同『公序良俗と契約正義』（有斐閣、1995年）65頁以下〕参照。

(9)　7世紀から11世紀にかけてのイタリアでローマ法がどのような学問的取扱

を受けていたかについては争いがある。佐々木有司「中世ローマ法学」前掲『法学史』80頁以下参照。
(10) 卑俗法に関し、谷口貴都「『ローマ卑俗法』の概念について ──『卑俗法』と『卑俗主義』の視点を中心に」高岡法学創刊号（1990年）参照。
(11) ロシア法（東欧法）に対するビザンチン法の影響について、H. J. Berman, Justice in the U. S. S. R., Cambridge, Mass., Revised ed. 1963, pp. 188 ff. ソロヴィエフ〔塙浩訳〕「ギリシャ正教諸地方におけるビザンツ法の影響」神法29巻3号（1979年）およびトラジャン・ヨナシュクほか〔塙浩訳〕「西欧におけるローマ法の継受の形態と東欧におけるビザンツ法の継受の形態との同一性と差異」産大法学17巻4号（1984年）など参照。

4　中世ローマ法学

イタリアの諸都市では、12世紀以来、ユ帝の市民法大全についての研究・教育を行う注釈学派および注解学派の人びとが活躍した。かれらの手によりヨーロッパ普通法が形成され、近世以後の大陸法の発展に対し決定的な影響を与えた。そこで、以下中世後期のイタリアにおけるローマ法学の発展を概観することにしたい[12]。

1）注釈学派

注釈学派の始源は明らかでないが、12世紀[13]はじめに北部イタリアの都市ボロニアに一連の法学者が現れ、ローマ法の研究と教育に従事した。かれらは市民法大全のテキストに注釈（glossa）を加えることを主な活動としたので、注釈学派（Glossatoren）と呼ばれる。その創始者は文献学に明るいイルネリウス（Irnerius, 1055頃-1130頃）であり[14]、その弟子として4博士（マルティーヌス Martinus、ブルガールス Bulgarus、ヤコブス Jacobus、フーゴー Hugo）が跡を継いだ。注釈学派はアゾー（Azo, 1150頃-1230頃）にいたって頂点に達した[15]。この結果、注釈が多すぎて、かえって不便となったため、アックルシウス（Accursius, 1182-1260頃）は従来の注釈を集

大成した。これを「標準注釈 glossa ordinaria」と称する。この標準注釈はその後の実務に圧倒的影響を与えた（「注釈〔標準注釈のこと〕の認めざるものは法廷もこれを認めず」）。そして標準注釈の成立をもって注釈学派は完結したといわれる。

ボロニアの注釈学派の名声はイタリア以外でも高く、当時のヨーロッパから多数の学生が集まった[16]。また注釈学派に属するプラケンティーヌス（Placentinus, 1120頃-1192頃）が南フランスのモンペリエでローマ法を講じたことを筆頭とし、イタリア、フランス、スペインなどであいついで法学校が創られ、ローマ法が講ぜられた。

注釈学派は当時のスコラ哲学の影響下にあった。当時の神学が聖書を絶対視したと同様に、かれらは注釈にさいしユ帝の市民法大全に絶対的権威を認めた。その上で、テキストの間に存する矛盾の解決につとめた。そこには歴史的考察は見られなかった。この注釈学派の方法論は、よかれあしかれその後の大陸法学を規定していくことになるのである。もっとも、注釈学派はテキストの注釈だけでなく、「集成 summa」という形で部分的体系化も試みている。また注釈学派は当時の法実務を無視したという見解に対しても、最近は批判が強く、つぎの注解学派とはこの点で程度の差があるにすぎないといわれる[17]。

2）注解学派

イタリアの各都市では13世紀中葉以降、実務への働きかけを重視する一連の法学者が現れた。かれらは従来は「後期注釈学派 Postglossatoren」と呼ばれたが、それでは注釈学派のエピゴーネンと解されるおそれがあるので、最近はかれらの活動形式に注目して、「注解学派 Kommentatoren」とか「助言学派 Konsiliatoren」とかいわれるようになった。従来の「注釈」が主としてことばの意味を明らかにしようとしたのに対し、「注解」は法規範全体を解明し、より大きなひろがりをもつものであった[18]。

またかれらは大学での研究・教育のほか、現実の裁判にさいし裁判官に対し助言を与えることにより、問題の解決、さらには新たな法規範の創造に貢献した。

注解学派を代表する学者は、バルトールス (Bartolus de Saxoferrato, 1314-57)[19]とその弟子バルドゥス (Baldus de Ubaldis, 1327-1400)[20]である。とくにペルジアの教授として活躍したバルトールスは中世最大の法学者ということができ、その影響は遠く17世紀初頭のポルトガル支配下のブラジルにまで及び、「バルトールスの徒にあらざれば法律家にあらず (Nemo jurista nisi bartolista)」とまでいわれた。

注解学派は市民法大全を中心とするものの、それにとどまらず、カノン法、ランゴバルト封建法、都市の条例 (statuta) も考察の対象とし、ローマ法を普通法（特別法のない場合に補充的に適用される法）として位置づけた。そしてローマ法源の自由な解釈により、または他の法源も考察することにより、多くの新たな法制度を創り出した。なかでも、分割所有権[21]と「物への権利 ius ad rem」[22]が有名である[23]。さらに注解学派は、国際私法[24]や商法など新たな法分野の創造にも貢献した。

(12) 中世ローマ法学についての一般的文献として、ヴィノグラドフ〔矢田一男ほか訳〕『中世ヨーロッパにおけるローマ法』（中央大学出版部、1967年）、ヴィアッカー〔鈴木禄弥訳〕『近世私法史』（創文社、1961年）第4章および第5章（F. Wieacker, Privatrechtsgeschiche der Neuzeit, Göttingen, 2. Aufl., 1967, §3 u. §5)、佐々木有司「中世ローマ法学」前掲（注3)『法学史』所収、G. Wesenberg u. G. Wesener, Neuere deutsche Privatrechtsgeschichte, Wien u. a., 4. Aufl., 1985, §§4 u. 5. 森征一「『モス・イタリクス Mos Italicus』の法学思想――中世ローマ法学の正義の学としての側面」法研61巻6号（1988年）、同「解釈の学としての中世ローマ法学の基本思想」法研62巻12号（1989年）、〔同「中世ローマ法学者の法解釈論」法研71巻3号（1998年）〕、W・エンゲルマン〔塙浩訳〕「中世イタリア法学史抄（上）」摂南法学4号（1990年）、〔Hermann Lange, Römisches Recht im Mittelalter, Bd. I, München 1997〕など参照。

第 2 部　西欧法の生成と展開

(13)　ヨーロッパの 12 世紀一般については、堀米庸三編『西欧精神の探究』(日本放送協会、1976 年) 参照。

(14)　イルネリウスの歴史像についての新しい研究として、佐々木有司「イルネリウス像の歴史的再構成」日本法学 49 巻 2 号 (1983 年) 参照。

(15)　アゾーの集成 (Summa) とアックルシウスの注釈の実例につき、『西洋法制史料選 II 中世』(創文社、1978 年) 281 頁以下、小川浩三「Azonis Summa in C. 2. 10.」北法 38 巻 2 号 (1987 年)、同「Azonis Summa in C. 8. 52. ── アゾーの慣習法論 (1)」北法 38 巻 5・6 号 (上) (1988 年)、同「Azonis Summa in C. 1. 14. ── アゾーの慣習法論 (2)」北法 39 巻 5・6 号 (下)、40 巻 3 号 (1989-90 年) 参照。

(16)　コーシャカーによれば、12 世紀の半ばに学生数 1 万に達したといわれる。P. Koschaker, Europa und das römische Recht, München und Berlin, 3. Aufl., 1958, S. 69. 佐々木・前掲 (注 3)『法学史』85 頁。これは信じがたい数である。コーイングは 1500-1600 人とする (ただし 13 世紀後半)。コーイング〔河上倫逸訳〕「ヨーロッパにおけるローマ=カノン法の継受」法義 103 巻 4 号 8 頁 (1978 年) (同〔上山安敏監訳〕『ヨーロッパ法文化の流れ』ミネルヴァ書房、1983 年、30 頁) 参照。

(17)　Wesenberg u. Wesener (注 12), S. 28. 佐々木・前掲 (注 3)『法学史』98 頁〔小林公「中世論理学と中世ローマ法学」立教法学 13 号 (1974 年) ── G. Otte, Dialektik und Jurisprudenz, 1971 の詳細な紹介〕参照。

(18)　Wesenberg u. Wesener (注 12), S. 28. 森 (注 12) 法研 62 巻 12 号 136 頁。

(19)　バルトールスについては、佐々木有司「中世イタリアにおける普通法 (ius commune) の研究 ── バルトールス・サクソフェラートを中心として」法協 84 巻 1 号 4 号 8 号、85 巻 8 号 (1967-68 年)、〔森征一「バルトルスの慣習法理論における『同意』(序説)」法研 67 巻 11 号 (1994 年)、同「バルトルスの法学観」法研 70 巻 3 号 (1997 年)〕参照。かれの助言の実例については、佐々木・前掲 (注 3)『法学史』111 頁以下、および『中世法制史料選 II 中世』296 頁以下参照。

(20)　バルドゥスについては、若曾根健治「バルドゥスにおける法理論の一斑」熊本法学 28 号 (1979 年) が詳しい。

(21)　分割所有権理論は所有権を上級所有権 (dominium directum) と下級所有権 (dominium utile) に分けるものであり、封建制の要請するものであったが、ローマ法源の認めるところではなかった。これに対し注釈学派は、取得時効制度について法源が動産の usucapio と不動産の praescriptio longi temporis を区

別し、前者の場合は dominium が取得されるのに対し、後者の場合は抗弁と訴権について語っているだけなので、この場合には dominium utile を認めるべきだとした。注解学派はそこから分割所有権概念を創りだし、当時の一連の土地保有関係に適用した。分割所有権は近世ヨーロッパ諸国に受け継がれ、土地解放の実現するまで大きな役割を果たした（詳しくは、片岡輝夫「フランス法における分割所有権の歴史的研究」国家64巻10・11・12号、65巻2・3号、5・6・7号（1950-51年）参照）。

(22) ius ad rem はとくに特定物債権に該当する概念である。これは ius in re（物権）と obligatio（債権）を峻別するローマ法源にはなく、中世封建法上成立した概念（授封契約に基づく家士の権利）であるが、注解学派により学問的に形成され、二重売買の第1買主を悪意の第2買主に対し保護する場合などに機能した。ius ad rem は近世法へも影響を与え、とくに1794年のプロイセン一般ラント法典で成文化されたが（1部2編124条）、1872年のプロイセン土地所有権取得法と1896年のドイツ民法典では抹殺された。しかし、今日の不動産の二重売買における背信的悪意者排除説に連なる制度として、再評価に値しよう（詳しくは、好美清光「jus ad rem とその発展的解消——特定物債権の保護強化の一断面」一橋大学法学研究3（1961年）236頁以下参照）。

(23) その他、注釈学派と注解学派の理論的産物については、Wesenberg u. Wesener（注12）, §5参照。

(24) 中世後期のイタリアの自由都市はそれぞれ固有の条例（statuta）制定権をもったため、条例とローマ法の優劣の問題のほかに、各都市の条例の効力がどこまで及ぶかが問題となった。この点でバルトルスは条例を人に関するものと物に関するものに大別し、前者は条例の制定された都市の臣民に対してはどこまでも効力を及ぼし、後者は都市の領域内にある物に対しては、外国人の物であっても効力を及ぼすと説き、各条例間の抵触解決のための一般理論を樹立した。これをスタトゥータ理論または条例衝突理論（国際私法学者は「法則学説」と称する）といい、近世に入り、フランスやオランダの学者により発展させられ、19世紀中葉にサヴィニー（Savigny）により新たな学説が樹立されるまで、支配的な国際私法理論であった（詳しくは、烁場準一「法則学派」中川善之助監修『現代法学事典4』（日本評論社、1973年）164頁以下、森征一「バルトルス・デ・サッソフェラート『条例衝突理論』概観」法研55巻3号（1982年）参照）。

5 ゲルマン法

1） ゲルマン法とは何か

　ドイツの法学者は、伝統的にローマ法とゲルマン法を対比し、ドイツ法の歴史を両者の葛藤とみる傾向が強い。そこで、ゲルマン法もローマ法とならんで大陸法の基礎となりうるわけであるが、ではゲルマン法とは何かということになると、必ずしも一義的でない。この点で、世良晃志郎によると、ゲルマン法の概念については3つの用法があるといわれる。第1に、いわゆるゲルマン時代（ゲルマン古代ともいう）のゲルマン人の法の意味に用いられる。しかし、この場合はゲルマン古法というべきであろう。第2に、それは「ドイツ固有法」の意味で用いられる。この用法は、さらに帝政期ローマ法的でない法という意味に還元される。第3に、ゲルマン法はドイツ民族を超えたゲルマン民族共通の法の意味（いわゆるゲルマン法史の構想）にも用いられる。そして、第2と第3の用法の限界は流動的であるとされる[25]。

　大陸法を構成する諸国は主としてゲルマン民族から成っているので、大陸法を全体として叙述しようとする本稿の立場からいえば、第3の意味でのゲルマン法こそが大陸法の基礎と考えられる。しかし、この種のゲルマン法は歴史的実在というよりは、19世紀のドイツのゲルマニスト（ゲルマン法学者）によって構想された概念にすぎず、真の意味の大陸法の歴史的基礎といえるかどうか疑わしい。他方、近世の大陸法はすべてがローマ法とカノン法の発展というわけではなく、各国、各地方ごとの慣習法が、ローマ法とは独立に、またはローマ法の影響を受けながら発展し、フランスやスイスの民法典に見られるように、その慣習法の多くが成文化されて今日にいたっている。ドイツにおいても、ローマ法の継受により固有の慣習法（第2の意味でのゲルマン法）が一掃されたわけではなく、それは、種々

の形で今日まで継承発展している。したがって、これらの土着慣習法を大陸法の1つの基礎と考えることも可能であろう[26]。そして、これを便宜上ゲルマン法と称することも許されるであろう（したがって、ここでは第3の意味でゲルマン法ということばを用いることとなるが、実際上はドイツが中心となる）。

2） ゲルマン法の法源

いずれにせよ、本稿ではゲルマン法の内容の詳細については省略し（それは西洋法史学ないしドイツ法史学の課題である）[27]、ただその代表的法源と制度について一言するにとどめる。

(1) ゲルマン古代　ゲルマン古代の法生活についてはほとんど史料がなく、主としてカエサル (Caesar) の『ガリア戦記』（紀元前52-51年）[28]とタキトゥス (Tacitus) の『ゲルマーニア』(97-98年)[29]によって、その素朴・質実・剛健な法生活をうかがうことができるだけである。ゲルマニストにより、後代の史料から推測してゲルマン古法を美化する傾向が見られたが、今日では、その多くが根拠なしとされている[30]。

(2) 部族法時代（フランク時代）　ついでフランク時代に入ると、ゲルマン諸部族はそれぞれの部族の慣習法に従って生活した（属人法主義）。各慣習法は6世紀から8世紀にかけて成文法化された。そのなかでも、「サリカ法典 (Lex Salica)」、「リブアリア法典 (Lex Ribuaria)」、「バイエルン部族法典 (Lex Bajuvariorum)」などが有名である[31]。そこにはすでにローマ法とキリスト教会の影響が見られる。部族法典の内容は刑法と訴訟法が中心であり、私法は乏しい。したがって、大陸法の基礎の多くをそこに認めるのは困難である。

(3) 中世封建制　中世ヨーロッパは封建制に支配された。近世から近代にかけての法の発展は、封建制の拘束からの解放を意味するので、本来なら封建制の内容について論じなければならないのだが、本稿ではそれも

第2部　西欧法の生成と展開

一切省略したい。この時代は、前代の属人法主義に代わって、各地域ごとに慣習法が適用された（属地法主義）。中世盛期になると、各地の慣習法が私人の手によって編纂され、それが慣習法の統一化の促進に貢献した。そのなかでも、フランスのボーマノアール (Philippe Beaumanoir) の編纂した「ボーヴェジ慣習法書」(1280年頃)[32]とドイツのアイケ・フォン・レプゴウ (Eike von Repgow) の編纂した「ザクセンシュピーゲル」(1220-30年)[33]の両者が有名である。

　いずれも家族法（とくに相続法）や不動産法など私法に関する慣習法を含み、ゲルマン法の法源としての価値は大きい。他面、両者とも、ローマ法やカノン法の影響も強いことが指摘されなければならない。

(4)　都市法　　中世盛期以来ヨーロッパの各都市（とくにドイツ）は自治権を獲得し、独自の都市法を形成させた。そのなかには、不動産登記の起源となる制度や商業取引に関する法が含まれている。この分野はローマ法の弱点とするところであるので、近世法の発展に大きな影響を及ぼした[34]。

3）　いわゆるゲルマン起源の諸制度について

　ゲルマン法はドイツだけでなく、わが国の法学、とくに民法学に対して、戦前より大きな影響を与えてきた。民法上の多くの制度や理論について、わが国の民法学者もローマ法起源のものとゲルマン法起源のものに分け、後者のほうが現代的要請により適合すると説いてきた。このような傾向は、最近は下火になったことは否定できないが、なお多くの教科書に見られるところである。そこで、以下それらの諸制度について、ゲルマン法の大成者であるオット・フォン・ギールケ (Otto von Gierke, 1841-1921) に依拠して、ゲルマン法思想のローマ法思想に対する優位を主張した平野義太郎の『民法に於けるローマ思想とゲルマン思想』(1924年) を中心として、紹介することにしたい[35]。

(1) 権利論　　ローマ法は権利の無制限な行使を認めるのに対し、ゲルマン法は権利行使に一定の制限の存することを認めた。これが今日の権利濫用法理につらなるとされる[36]。

(2) 法人論　　法人の本質について、擬制説と実在説の対立が見られるが、ローマ法は擬制説をとったのに対し、ゲルマン法は実在説をとったとされる。わが国では、戦前は圧倒的に実在説が有力であったので、ここにもゲルマン法の影響が見られる[37]。

(3) 共同所有　　共同所有の類型について、ローマ法は個人主義的な共有しか知らなかったのに対し、ゲルマン法は団体主義的な合有や総有を知っているとされる。日本民法の組合の財産は組合員の合有であるとされ、また古典的入会は部落民の総有とされているので、ゲルマン法は現在でも生きている[38]。

(4) 「債務」と「責任」　　ローマ法は「債務」のあるところつねに「責任」ありと考えていたが、これに対し、ゲルマン法は両者の区別を知っていたとされる。これも、ギールケらの主張するところであるが、わが国でも「債務」と「責任」の区別が必要であるという説は、長らく通説的地位を占めている[39]。

(5) 使用者の保護義務　　ローマ法のもとでは、労務者は自由人ではなく、その法的地位は低かったのに対し、ゲルマン法のもとでは、雇傭契約は自由人と自由人の間で結ばれ、労務者の地位は高く、使用者は労務者に対し種々の義務を負っていたとされる。近時、わが国の判例・学説の認める使用者の安全配慮義務は、系譜的にはゲルマン法につらなるといえないこともない[40]。

(6) 過失責任と危険責任　　不法行為法において、ローマ法は過失責任主義を原則としたのに、ゲルマン法は原因主義を原則とした。後者は、今日の危険責任主義につらなるものであるといわれる[41]。

(7) 継続的契約関係と一時的契約関係　　この区別もギールケの提唱す

るところであり、ローマ法は一時的契約関係しか知らないのに対し、ゲルマン法は継続的契約関係を認めるとされる。わが国でも、継続的契約関係論は、不動産賃貸借や継続的保証などにおいて生かされている[42]。

(8) 占有論　ローマ法の占有（possessio）は本権と峻別されるのに対し、ゲルマン法の占有（Gewere）は本権との差が段階的であるといわれる。ゲヴェーレ的観念は近世法にも影響を与えている。動産取引における公信の原則もその一例である[43]。

以上の概観から、いわゆるゲルマン起源の法制度や法原理のなかには、権利濫用論、使用者の保護義務、危険責任主義のように、ローマ法よりも現代的要請をみたすものがあることがわかる。しかし、それらの制度や原理は、歴史的事実というよりも、19世紀のゲルマニストの願望にすぎなかったのではないかという疑いがある。またそれが歴史的事実としても、損害賠償における原因主義のように、ローマ法よりも素朴な法原理であり、それを現代の危険責任主義とストレートに結びつけることは、「誤った歴史主義」と批判されざるをえない[44]。げんにフランスの場合、そのような主張は見られないのである。したがって、歴史の問題としては、ゲルマニストの主張するようなゲルマン法上の制度が、そのまま大陸法の基礎であるといえるかは、疑わしいといわなければならない[45]。

[25]　世良晃志郎「ゲルマン法の概念について」法学18巻4号、19巻1号（1955年）（同『歴史学方法論の諸問題』〔木鐸社、1973年〕175頁以下）参照。

[26]　前述（注1）のように、ローソンは膨大な慣習法を大陸法の要素の1つとし、野田良之はゲルマニア的要素をフランス法文化の構成要素の1つにあげている。

[27]　ここではフランスおよびドイツの法制史の代表的教科書の翻訳として、オリヴィエ・マルタン〔塙浩訳〕『フランス法制史概説』（創文社、1986年）およびミッタイス＝リーベリッヒ〔世良晃志郎訳〕『ドイツ法制史概説』（創文社、改訂版1971年）をあげるにとどめる。

[28]　近山金次訳（岩波文庫、改版1964年）、国原吉之助訳（講談社学術文庫、1994年）

(29) 泉井久之助訳（岩波文庫、改訳 1979 年）、国原吉之助訳（ちくま学術文庫、1996 年）。

(30) たとえば古代ゲルマン社会に存在した氏族団体であるジッペについては、石川武「紹介・クレッシェル『ゲルマン法におけるジッペ』」北法 11 巻 4 号（1961 年）、より一般的には、村上淳一『ゲルマン法史における自由と誠実』（東大出版会、1980 年）および K・クレッシェル〔石川武監訳〕『ゲルマン法の虚像と実像』（創文社、1989 年）参照。

(31) 3 法典については邦訳がある。久保正幡訳『リブアリア法典』、同訳『サリカ法典』、世良晃志郎訳『バイエルン部族法典』（いずれも創文社、復刊 1977 年）。ゾーム〔久保正幡ほか訳〕『フランク法とローマ法』（岩波書店、1942 年）によれば、部族法典のなかでもサリカ系フランク法（サリカ法典）こそゲルマン法の基礎であることが強調されている。なお、ドイツにおけるゲルマン部族法典研究の現況については、シュルツェ〔小倉欣一訳〕「法規範と法実務」早法 58 巻 2 号（1983 年）参照。わが国における個別的研究としては、上山安敏「ゲルマン部族法時代に於ける債権関係の一考察——債務と責任を中心として」論叢 62 巻 4 号（1956 年）、若曾根健治「レークス・バユワリオールムにおける『保障手続』——フランク時代動産不動産訴訟法の一考察」熊本法学 31 号 34 号（1981-82 年）などがある。

(32) 塙浩試訳「ボーマノアール『ボーヴェジ慣習法書』」神法 15 巻 3 号-20 巻 3・4 号（1965-71 年）〔同著作集 2、信山社、1992 年〕。その他、『西洋法制史料選 II』207 頁以下参照。

(33) 久保正幡ほか訳『ザクセンシュピーゲル・ラント法』（創文社、1977 年）。なおザクセンシュピーゲルについては、共訳者のひとり、石川武の近時の一連の研究により、その伝統的イメージが修正されつつある。ゲヴェーレに関する注(43)所掲論文のほか、石川武「ザクセンシュピーゲルにおけるアイゲン」法制史研究 36 号（1987 年）、同「ザクセンシュピーゲルにおける相続法の位置」北法 38 巻 5・6 号（上）（1988 年）、同「ザクセンシュピーゲルにおけるラント法とレーン法」北法 39 巻 5・6 号（下）（1989 年）など参照〔石川によるザクセンシュピーゲルの研究はその後も進められている。最近の成果としては、「中世法の規範構造」北法 49 巻 3 号（1998 年）、「ザクセンシュピーゲルにおけるレーン法と国制」北法 50 巻 3、4、5 号（1999-2000 年）、「ザクセンシュピーゲルにおけるヘールシルト制」北法 50 巻 6 号-51 巻 3 号（2000 年）など。さらにレーン法についても単独訳が進行中。北法 51 巻 5 号（2001 年）以下〕。

(34) 中世都市法の詳細な研究として、林毅『ドイツ中世都市法の研究』（創文社、

第 2 部　西欧法の生成と展開

　　　1972 年)、同『ドイツ中世都市と都市法』(創文社、1980 年)、〔同『西洋中世都市の自由と自治』(敬文堂、1986 年)、同「西洋中世自治都市と都市法」(敬文堂、1991 年)〕がある。その他、『西洋法制史料選 II』223 頁以下参照。
(35)　1970 年に有斐閣より増補版が出ている。本書に対する今日の学問水準に基づく批判として、村上(注30) 11 頁以下がある(なお、わが国のマルクス主義法学の建設者である平野の、マルクス主義を信奉する以前の業績である)。なおゲルマニストの側からドイツ私法の発展を概観するものとして、ミッタイス〔世良晃志郎ほか訳〕『ドイツ私法概説』(創文社、1961 年)がある。
(36)　この問題についての、今日の批判的見解として、村上(注30) 1 頁以下、およびクレッシェル〔和田卓朗訳〕「『ゲルマン的』所有権概念説について」前掲(注30)『ゲルマン法の虚像と実像』所収参照。
(37)　わが国における法人本質論の学説史については、相本宏「法人論」『民法講座 1』(有斐閣、1984 年)所収が詳しい。そこにもふれているが (147 頁)、戦前のわが国の法人論に対しては、ギールケの有機体説よりフランスの組織体説のほうが支持されたことが注目される。なお日本の民法学が、主としてフランスの文献を通じて独仏の法人理論を受容したことについては、海老原明夫「法人の本質論」ジュリ 950・952・954 号 (1990 年) 参照。
(38)　この問題に関するわが国の学説史については、山田誠一「団体、共同所有、および、共同債権関係」『民法講座別巻 1』(有斐閣、1990 年)所収、とくに総有については、上谷均「共同体的所有の法的構成に関する一考察 —— 我国の総有理論の批判的検討」民商 90 巻 2 号 3 号 (1984 年) 参照。
(39)　このテーマに関する詳細な研究として、上山安敏の一連の論稿がある。注(31)所掲につづき、「ゲルマン法における債務と責任の古典的理論について」論叢 64 巻 2 号 (1958 年)、「ゲルマン中世における人的責任の規範的性格について」論叢 64 巻 3 号 (1958 年)、「『債務と責任』と自然債務 —— ドグマとその歴史性を中心にして」論叢 65 巻 3 号 5 号、66 巻 3 号 (1959 年) がそれ。近時、「債務」と「責任」の区別に対し疑問を投ずるものとして、鈴木禄弥「『債務なき責任』について」法学 47 巻 3 号 (1983 年) が注目される。
(40)　ドイツ民法典はゲルマニストの主張を入れ、使用者の保護義務を規定した (617-619 条)。詳しくは、高橋真「ドイツ民法典における使用者の安全配慮義務規定の生成について」香川法学 5 巻 1 号、6 巻 2 号、7 巻 2 号、8 巻 1 号 (1987-88 年)〔とくに 7 巻 2 号〕〔同『安全配慮義務の研究』(成文堂、1993 年)所収〕参照。わが国の判例でも、最判昭 50・2・25 民集 29 巻 2 号 143 頁以来、安全配慮義務がひろく認められていることは、周知の事実である。主な

文献として、下森定編『安全配慮義務法理の形成と展開』（日本評論社、1988年）、シンポジウム「安全配慮義務の現状と課題」私法52号（1990年）などがある。

(41) ドイツ危険責任法の発展については、五十嵐清「ドイツにおける不法行為法の発展」鈴木禄弥ほか編『概観ドイツ法』（東大出版会、1971年）所収、浦川道太郎「ドイツにおける危険責任の発展」民商70巻3号4号5号（1974年）など参照。この分野では、ゲルマニストの批判は効を奏しなかった。わが民法学への影響も乏しかったというべきであろう。日本の学説史については、浦川「無過失損害賠償責任」『民法講座6』（有斐閣、1985年）所収参照。

(42) 簡単ながら、五十嵐清「継続的契約とその特色」『民法基本問題150講Ⅱ債権』（一粒社、1969年）所収参照。

(43) 川島武宜『所有権法の理論』（岩波書店、1949年）102頁以下参照。ゲヴェーレに関するその後の研究としては、石井紫郎「ゲヴェーレの学説史に関する一試論」石井良助還暦『法制史論集』（創文社、1976年）、石川武「ザクセンシュピーゲルにおけるゲヴェーレ」北法37巻2号（1986年）、同「人についてのゲヴェーレ・小考」北法37巻4号（1987年）、同「Eigenwere考」北法37巻5号（1987年）がある。石川は、ゲヴェーレ概念のゲルマン起源説を否定しようとしている。

(44) 世良『歴史学方法論の諸問題』（注25）186頁以下。なお「債務」と「責任」については、上山（注39）論叢66巻3号55頁以下参照。

(45) なお村上『ゲルマン法史における自由と誠実』（注30）は、ゲルマン法（ゲルマン・イデオロギー）に対する最近のドイツにおける批判動向をよく伝えている。これに対しドイツ・スイスの学界では、ゲルマン法、とくにギールケの学説の今日的意義を評価する研究も多い。H. Krause, Der deutschrechtliche Anteil an der heutigen Privatrechtsordnung, JuS 1970, 313; P. Liver, Die Bedeutung des Deutschen Privatrechts für die Wissenschaft vom geltenden Recht, Zeitschrift für Schweizerisches Recht 90 (1971), 369 ff.; H. Schlosser, Das „wissenschaftliche Prinzip" der germanischen Privatrechtssysteme, in: Gedächtnisschrift für Conrad, Paderborn u. a. 1979; S. Pfeiffer-Munz, Soziales Recht ist deutsches Recht: Otto von Gierkes Theorie des sozialen Rechts, Bern 1979; H. Thieme, Was bedeutet uns Otto von Gierke? in: Festschrift für v. Lübtow, Berlin 1980; Karsten Schmidt, Einhundert Jahre Verbandstheorie im Privatrecht: aktuelle Betrachtungen zur Wirkungsgeschichte von Otto v. Gierkes Genossenschaftstheorie, Göttingen 1987. など。

第2部　西欧法の生成と展開

6　カノン法（教会法）[46]

1）歴史と法源

　教会法は、キリスト教会の組織や活動を規律するために神または教会が定立した法であり、そのうちとくにカトリック教会法のことを、たんに教会法またはカノン法という。カノン法はローマ法とともに「両法（utrumque ius）」と呼ばれ、12世紀以来イタリア普通法を形成し、ドイツではローマ法とともに継受の対象となった。他のヨーロッパの諸国（フランス、オランダ、スペイン、ポルトガル、イギリス、ポーランド、ボヘミア、ハンガリーなど）でも、カノン法はキリスト教世界の普遍的な権威から発せられた法として受容され、大陸法の重要な要素となっている。

　キリスト教は本来法的制度を作らない建前であったが、教会組織をもつようになると、少なくとも教会内部に対する規範が必要となった。かくして中世後半ともなると、教会関係の法規範は数も増え、その集成がなされるようになった。なかでも、12世紀にグラーチアヌス（Gratianus）によってなされた「教令集（Decretum Gratiani）」（1140年）の編纂が有名である[47]。この教令集はグラーチアヌス自身により「矛盾教会法令調和集（Concordia Discordantium Canonum）」と名付けられたことから知られるように、従来の教会法令集に存する矛盾の調和につとめており、方法論的に同時代の注釈学派と共通の地盤に立つものであった。

　その後、13世紀から14世紀にかけて、いくつかの法令集の編纂がなされたが、それらは15・16世紀中に「カノン法大全（Corpus Iuris Canonici）」と総称されるようになった（正式には1580年）。そのなかには、以下の6編の法典および法令集が含まれている[48]。

　(1)　グラーチアヌス教令集
　(2)　グレゴリウス9世教皇令集（Liber Extra）（1234年）　　グラーチア

ヌス教令集以後の教皇令をグレゴリウス9世の命により編纂したもの。

(3) 第6書 (Liber Sextus) (1298年)　ボニファチウス8世の命により編纂された法令集。(2)が5編からなっていたため、「第6書」と命名された。

(4) クレメンス集 (Clementinae)　クレメンス5世により編纂された法典である。1314年にいったん公布されたが、つぎのヨハンネス22世により改訂されたものが、1317年に公布された。

(5) ヨハンネス22世追加教皇令集

(6) 普通追加教皇令集　以上の2つは、カノン法学者により、クレメンス集を補充するために追加されたものである。

このカノン法大全はカトリック教会の法として長年にわたり適用されてきたが、1917年に新たに「カノン法典 (Codex Iuris Canonici)」が制定され、これに代わった。さらに、この法典は1983年に大改正された[49]。

2) 中世カノン法の適用範囲

カノン法は本来キリスト教会の組織や活動を規律するものであり、私人間の法律関係には及ばないものであったが、若干の私法関係が、純粋の霊的な事件として、または霊的なものと結びつく事件として、カノン法の適用範囲に入った。そのなかでも、婚姻はサクラメントと解されたため、婚姻の成立と解消に関する事項がカノン法によって規律されたことが重要である。カノン法は婚姻締結にさいしローマ法的形式主義を排し、将来の婚姻予約 (sponsalia de futuro) および現在の婚姻予約 (sponsalia de praesenti) の合意だけで足りるとした。婚姻障害については多くの事由を認めた。身分的効力については、男女同権と相互の忠実義務を強調した。婚姻不解消の原則を堅持し、離婚をいっさい認めなかった[50]。これらの点、とくに婚姻不解消の原則は、近世から現代にかけてのキリスト教諸国が、そこからの解放をめざしたものではあるけれども、中世においては、女性の地位の向上と安定に資するところ大であった。

婚姻法とならんでカノン法が適用された領域として、動産遺言法がある。ゲルマン法は遺言による財産処分を知らなかったが、キリスト教会は信者の教会への動産の寄進を促進し、ここに動産遺言法が発達した[51]。

その他、宣誓によって強められた契約についての紛争も、カノン法の管轄に入った。

3） カノン法の近世私法理論への影響

カノン法は直接の管轄事項のほかに、その倫理的な側面によって、ヨーロッパ大陸の世俗法の発達に対し大きな影響を与えた。以下、その代表例をあげたい[52]。

（1） 時効取得　ローマ法では占有のはじめに正権原（iustus titulus）と善意（bona fides）があればよいとされたが、カノン法は占有の全期間の善意の存在を要求し、これが近世の世俗法に影響した[53]。このような善意の強調は、カノン法の特色の1つである。

（2） 諾成契約　ローマ法では「たんなる合意から訴権は発生せず（ex nudo pacto actio non oritur）」とされ、有効な契約の成立には原則として方式が必要とされたが、カノン法では約束違反は罪とされ、少なくとも宣誓によって強められた契約は、14世紀以来無方式でも有効とされた（「たんなる合意から訴権は発生する（ex nudo pacto actio oritur）」)。この法理は16世紀末より17世紀初めにかけて、世俗法のカウサ（causa）のある契約に適用され、今日にいたった[54]。

（3） 利息の禁止　カノン法学者は聖書より利息の禁止を導き出したが、教皇クレメンス5世は、1311年に利息を徴収する世俗の立法を無効と宣言した。この点では、近世法は取引の発達のため利息禁止の緩和を試みることになる。しかし、現代法における暴利禁止の精神は、カノン法にさかのぼるのである[55]。

（4） 売買における正当価格（iustum pretium）理論　前述のように、

ローマ皇帝の勅法のなかに「莫大な損害」制度は見られたが、ローマ法では売買の価格の決定は当事者の自由に委ねられていた。これに対し、スコラ神学者（とくにトーマス・アクィナス Thomas Aquinas, 1224-74）は契約における正義を説き、売買において当事者は正当な価格以上のものをとってはいけないことを強調した。この考え方は、近世に入り、グロチウス（Hugo Grotius, 1583-1645）やプーフェンドルフ（Samuel Pufendorf, 1632-94）など自然法学者に大きな影響を与えた[56]。

(5) 事情変更の原則　第1次大戦後、大陸法に大きな影響を与えた事情変更の原則（clausula rebus sic stantibus）もローマ法には直接の法源はなく、カノン法に端を発している[57]。これを注解学派が事情変更の原則に高め、近世に入ると、ひろく学説・立法により承認された。この原則も、契約における実質的正義の実現に外ならないが、取引の安全を害するため、近代法では否定され、第1次大戦後の社会的変動にさいして、再び陽の目を見た。

以上のように、カノン法上の多くの制度が、近世法の発展の過程のなかで世俗法にとり入れられ、その倫理化に貢献した。より一般的にいえば、大陸法諸国の多くは今日でもキリスト教の影響下にあるので、そのことが今日の法的問題に対して他の法系（ただし英米法系を除く）には見られない反応を及ぼしている（たとえば、離婚法の改正や堕胎罪廃止問題など）。

[46]　カノン法についての邦語文献としては、久保正幡「比較法における教会法の意義」比較法雑誌3巻1号（1955年）、阿南成一「教会法 ── その発展と法精神」尾高朝雄ほか編『法哲学講座第2巻』（有斐閣、1956年）所収、淵倫彦「教会法」『現代法学事典1』（日本評論社、1973年）231頁、同「カノン法」『中世史講座4』（学生社、1985年）所収、小野秀誠「私法におけるカノン法の適用(1)」商論56巻3号（1988年）〔同『利息制限法と公序良俗』（信山社、1999年）11頁以下〕などが一般的。本稿は、それらのほか、Wesenberg u. Wesener（注12）, S. 16 ff. に負っている〔その後、ホセ・ヨンパルト『教会法とは何だろうか』（成文堂、1997年）という好適な入門書が出版された〕。

第2部　西欧法の生成と展開

⑷⁷　この教令集についての本格的研究として、淵倫彦「グラーティアーヌス教令集における法源論の構造——古典カノン法研究」法協89巻10号12号（1972年）未完などがある。

⑷⁸　そのうち、「グラーチアヌス教令集」、「グレゴリウス9世教皇令集」、「普通追加教皇令集」からの抜粋が、『西洋法制史料選Ⅱ』305頁以下にある。

⑷⁹　現行法典の邦訳として、日本カトリック司教協議会教会行政法制委員会訳『カトリック新教会法典』（有斐閣、1992年）がある。

⑸⁰　グレゴリウス9世教皇令集中の婚姻の規定につき、『西洋法制史料選Ⅱ』320頁以下参照。なお婚姻の形式的有効要件として、1563年のトリエント公会議により「教会の面前での挙式」が義務づけられた。枝村茂「カトリック教会法における婚姻の形式的有効要件とその史的背景」宗教法学3号（1985年）、波多野敏「中世末期フランスにおける婚姻の成立」論叢121巻2号、122巻2号（1987年）参照。後者はこの分野での本格的論文である。

⑸¹　久保正幡「フランク時代の家産共同体と自由分権の発展」（同『西洋法制史研究』〔岩波書店、1952年〕所収）は、この問題に関する詳細な研究である。

⑸²　以下は、主としてWesenberg u. Wesener（注12）, S. 17 ff. による。この問題についての詳細な研究として、U. Wolter, Ius Canonicum in iure civile ; Studien zur Rechtsquellenlehre in der neueren Privatrechtsgeschichte, Köln u. Wien 1975がある。なお小野（注46）は主として本書に依拠した研究である。

⑸³　たとえば、プロイセン一般ラント法典（1部9編579条）、ドイツ民法（937条2項）、スイス民法（661条）など。これに対し、フランス民法（2269条）はローマ法主義をとる。わが民法（162条2項）も同様。なお最高裁判例は、占有の承継が主張された場合も、善意・無過失は最初の占有者の占有開始の時点で判定すれば足りるとするが（最判昭53・3・6民集32巻2号135頁）、学説の批判を浴びている。とくに藤原弘道・判批・民商80巻1号49頁以下（同『時効と占有』〔日本評論社、1985年〕141頁以下）参照。

⑸⁴　このテーマに関する最近の研究として、小野秀誠「契約の成立における方式と自由(1)」商論55巻3号（1987年）、岸上晴志「諾成契約における拘束力の原因——歴史的沿革を中心として(1)」中京法学24巻3・4号（1990年）など参照。

⑸⁵　詳しくは、小野秀誠「利息制限法理の史的展開」行政社会論集1巻1・2号（1988年）〔同『利息制限法と公序良俗』（前掲注46）60頁以下〕参照。

⑸⁶　Wolter（注52）, S. 113 ff. 大村（注8）法協104巻1号66頁以下〔同『公序良俗と契約正義』68頁以下〕参照。

(57) 勝本正晃『民法に於ける事情変更の原則』（有斐閣、復版 1971 年）139 頁以下に法源の引用がある〔事情変更の原則の学説史については、近時、中村肇「後発的事情変更の顧慮とその妥当性 —— clausula rebus sic stantibus 理論の展開を中心に」という本格的論文が富経 46 巻 2 号（2000 年）以下に連載中。カノン法については、同 404 頁以下参照〕。なお、事情変更の原則一般については、その他、五十嵐清『契約と事情変更』（有斐閣、1969 年）参照。

Ⅵ 〈書 評〉
R. C. カネヘム『裁判官・立法者・大学教授
──比較西洋法制史論』（ミネルヴァ書房、1990年）──

1 本書の著者カネヘム（R. C. Van Caenegem）はベルギーのヘント大学の法制史教授であり、ベルギーを中心としたヨーロッパ大陸法史の業績のほか、イギリスのコモン・ロー成立史に関する業績がある。これまで日本の学界では、松垣裕、小山貞夫、山下和夫、直江真一などもっぱらイギリス（法）史の専攻者により注目されてきた。

本書の内容は、一言でいえば、ヨーロッパ各国の法の発展にたいし、裁判官・立法者・大学教授がそれぞれどのような役割を果たしたかを注目することにより、主としてイギリス法と大陸法、さらには大陸法内部の相違点を明らかにしようとしたものである。本書はカネヘムが1984年より85年にかけてケンブリッジ大学の大学院で行った講義を基としており、そのことは本書を比較西洋法制史に関するやや高級な啓蒙書として性格づけている（したがって、専門的立場からの批判を免れるものではない。なお著者は最近英文の論文集 *Legal History ; A European Perspective, London, 1991.* を刊行している）。

本訳書の原著は、刊行当時よりわが国のイギリス（法）史学者に注目され、すでに3種のすぐれた書評が出ている（直江真一・法学52巻4号〔1988年〕、松垣裕・西洋史学151号〔1988年〕、芹沢英昭・国家学会雑誌102巻7・8号〔1989年〕）。私に残されているのは、大陸法を専攻する比較法学者としての立場からの評価と、訳業の評価だけと思われる。しかし、大陸法史の専門家でない私には前者はむりであるし、小山貞夫氏は本書の訳者として、わが国における最適任者であることは疑問の余地もないので、後者の結論も最初から明らかである。以下の書評は、私の勉強のために書いたもので

あり、そのようなものとして読んでいただければ幸いである。

2 まず、若干のコメントを加えながら、本書の内容をかんたんに要約する。本書は4章からなる。第1章は「コモン・ローは特異である」と題され、大陸法と異なる10の特色が例示される。それは、①「法」ということばの二義性、② 上訴制度は最近認められた、③ イギリス法は「縫い目のない織物」である、④ 排斥の準則（制定法の解釈にさいしては文理解釈に徹し、立法者の意思を考慮してはいけないという準則）、⑤ 成文憲法の不存在、⑥ 議会絶対主義（違憲審査権の不存在）、⑦ 刑事法の発展の偶然性、⑧ 刑事事件審理における訴追と評決（大陪審と小陪審）、⑨ 非法典化、⑩ 法学者は不可欠ではない、である。

この10という数にとくに理由があるわけでなく、いずれにせよ例示にすぎない。訳文を通読すれば、それなりの脈絡はあるが、体系的でないというまでもない。英米法と大陸法の区別の基準をどこに求めるかは、今日の比較法学者の好んで論ずるテーマである。本章の叙述は全体として、ツヴァイゲルトが法の様式の形成要因の第一にあげる「歴史的発展」について（ツヴァイゲルト〔真田芳憲訳〕「法圏論について」ヘーンリッヒ編『西ドイツ比較法学の諸問題』中大出版部、1988年所収参照）、憲法、刑事法、手続法に重点をおいて補強するという役目を果たしたものであるといえる。

第2章は「法の支配者」と題され、ここではヨーロッパ各国の法の発展に対し、裁判官・立法者・大学教授のいずれが主な役割を果たしたかを論ずる。この点に関する各国の相違の原因について、これまで①「国民精神」の故であるとか、② ローマ法は権威主義的であるのに対し、イギリス法は民主的であるとする説を、著者はいずれも否定し（イギリスはむしろ寡頭制であるとする）、③ それは政治史から説明されるとし、イギリス、ドイツ、フランス、イタリア、オランダの5国を対象として、それぞれ概説を試みている。

ここが本書の特色をもっともよく明らかにしている部分である。ただし、

Ⅵ 〈書評〉 R.C.カネヘム『裁判官・立法者・大学教授 ── 比較西洋法制史論』

　各国の法の発展の相違を、法の担い手に注目して論ずることはすでに若干の学者により試みられており、また今日ドイツや日本で大きな勢力となっている国制史中心のアプローチは、事実上政治史を視野に入れたものといえる。本書の特色は、その2つを結びつけた点にあるといえよう（ただし、この程度の概説で専門家が満足するかどうかは疑問である）。

　第3章では、このようなコモン・ローと大陸法がどこで歩みを異にしたかを追求する。著者によれば、両者は12世紀後半までは共通な発展をしていたが、13世紀に入ると、岐路が生じた。そして分岐したのは、イギリス人ではなくて、大陸人であるとする。

　法の発展に対し、どちらが本家で、どちらが分家であるかは、それほど大きな問題ではないが、本章での著者の見解は意表をつくものとして、注目に値する。私も著者の見解に賛成したくなる部分があるが、著者はローマ法のもつ潜在的能力を過少評価しているのではないかという疑問がある。

　さいごの第4章では、「判例法・制定法・書物に基づく法のうちどれが最良か」という問題が論じられている。ここでは、著者はこれまでの客観的歴史叙述から離れて（というよりはそれを前提として）、あえて著者の価値判断を示そうとした。この部分が、歴史学者であるこれまでの本書の書評者から冷遇されたのは、やむをえない。著者は、ここで表題の問題に対しストレートな答えをせず、さいごに、よき法の8つの基準をかかげるにとどめた。それは、① 瀆職することのない公平な裁判官、② 通常の市民の参加（公開の法廷と自由な裁判批判）、③ 裁判官の民主的新規補充、④ 有能で専門的な裁判官、⑤ 理解可能で認識可能な法、⑥ 近づきやすい裁判、⑦ 人道的裁判、⑧ 社会の広い承認に基づいた法制度、である。いずれももっともな提言ではあるが、本章では、著者の意図がいまひとつはっきりしない嫌いがある。

　3　本書は全体として、イギリス法と大陸法の相違の生じた原因を歴史的に明らかにしようとした著作である。この仕事は、両方の歴史に明るい

第 2 部　西欧法の生成と展開

著者にしてはじめて可能になったものである。わが国の西洋法史学者には、その専門がイギリス法史と大陸法史に初めから分化されているので、本書のような叙述は期待できない。日米間の貿易摩擦の一環として両者の間の法制度の違いが現実的な問題となり、他方イギリスの EC 加入により、イギリス法と大陸法の統合が加速化されつつある今日、両者の相違点のよってきた原因を明らかにすることは、わが国の法学教育のなかで大きな意味をもつ。訳者が翻訳した動機もそこにあると思われるが、その努力が実を結ぶことを期待したい。

4　さいごに訳業に対する評価について一言したい。冒頭に述べたように、小山貞夫氏はわが国におけイギリス法史研究の第一人者であり、多くの研究論文（そのなかには、カネヘムに触発されたものもある）を発表したほか、多くの専門書の翻訳をなし遂げており、本書翻訳の最適任者である。しかも、訳出に先立ち、1 年間にわたり、学部ゼミの教材として輪読しており、誤訳の生ずる可能性は最初から乏しい。訳者が大陸法史の専門家ではないために生じうる不適切な訳語も、ほとんど見当たらない（ただし、私もローマ法には暗いので、発見できなかったところがあるかもしれない）。

訳者の訳業の方針は、原文にあくまでも忠実であり、その一字一句もゆるがせにせず、日本語に訳出する点にあるといえる。私も基本的にはこの方針に賛成である。ただ、しいて異論を述べれば、このような啓蒙書については、もっと大胆な意訳を試みたほうが良かったのではないか。本書を訳文だけで読む読者にとって、理解の困難な文章が散見されるからである（たとえば、2 頁 4 行目、4 頁 1 行目など）。その他、再検討の余地のある訳語として、12 頁 8 行目の「準則」では意味が通ぜず、ここは「支配」とすべきではないか。また 58 頁 7 行目の「法律家」は「法学者」と訳さないと意味がよく通じない（田中英夫編『英米法辞典』の jurist を見よ）。なお 61 頁 7 行目の commentators については、日本の学界で「注解学派」という訳語が定着しているので、あえて「後期注釈学派」と訳す必要はなかったのではないか。

Ⅶ 〈書 評〉
広渡清吾著『法律からの自由と逃避』（日本評論社、1986年）

1 著者、広渡清吾氏は東大社研でドイツ法を専攻する中堅研究者であり、従来とりわけナチス法研究の第一人者として知られていた。著者は80年から82年にかけ、西ドイツにおけるナチス法研究の拠点であるギーセン大学に留学し、その成果の一部を「二人のハインリッヒ」として発表し（社会科学研究33巻5号）、注目を集めた。帰国後、「J・W・ヘーデマンとナチス私法学」と題する広大な構想をもつ論文が『社会科学研究』誌上に連載され（34巻4号より）、完結が待たれていたが、ヴァイマル期だけで十分な分量となったので、全体を再構成し、『法律からの自由と逃避——ヴァイマル共和制下の私法学』と題して出版されたのが本書である。

著者の狙いは、ヴァイマル期からナチス時代にかけて指導的私法学者の地位を維持したヘーデマンを舞台廻し役として、「20世紀のドイツ私法学の展開」を辿ってみようとするものである。そのさい「(私)法学者とその(私)法学的営為を、かれらが生きた歴史的、具体的諸状況におきもどし、内在的な理解を通じて諸状況との連関を明らかにし、それら(私)法学的営為の社会的な意味、政治的な機能を把握しようとする」点に重点がおかれる(7頁)。この狙いは十分に達せられ、わが法学界の近時の収穫となったことは疑う余地がない。

2 (1) 本書は本文、注だけで400頁に及び、さらに貴重で興味深い人名索引・人物略伝、参照文献一覧が76頁に達している。章別に忠実に要約をしようとすると、それだけで予定枚数をオーバーするおそれがあるので、ここでは著者の狙いに則して、その内容を要約したい。

ヘーデマンといえば、だれしも思い浮かべる作品に、1933年に発表さ

れた『一般条項への逃避』がある。これは、表題から分かるように、当時の判例・学説が一般条項へ逃避したことに対する警告の書である。ところが、第1次大戦前のヘーデマンは、（わが国ではあまり知られていないが）自由法論者の1人として、一般条項の支持者であった。そこで、ヴァイマル期になぜ一般条項の批判者となったのかが問題となる。さらに『一般条項への逃避』が刊行された時（執筆時ではない）は、すでにナチスが政権を掌握していた。ナチス支配下では、一般条項はナチス・イデオロギーの侵入口として活用され（濫用され）たが、ヘーデマンはいぜんとして指導的地位を失わず、一般条項を前面に押しだした民族法典編纂の責任者となった。

　一般条項論をめぐるヘーデマンの再度の転換について、単なるオポチュニストとして片付けることも可能であろう。しかし、著者はそれに満足せず、ヘーデマンの変節の基底にあるものとして、その「国家への志操」に着目した。このキー・ワードの発見が、本書をきわめてユニークなものとした（もっとも、同種の先行業績として、笹倉秀夫『近代ドイツの国家と法学』東大出版会、1979年がある）。さて、ヘーデマンの再度の転換のうち、本書ではヴァイマル期のそれに重点がおかれるが、著者は、当時の法学者の国家観を知るために、増額評価問題と裁判官的審査権問題を分析し、ヘーデマンの一貫した観念論的国家観が一般条項への批判をもたらしたことを明らかにした。以下、その辺の事情をもう少し詳しく紹介したい。

　(2)　自由法論者の1人として学界に登場したヘーデマンの一般条項論について、著者は1910年『19世紀における民法の進歩』第1巻と1913年『民法における生成と発展』に則して検討する。結論的には、前者では抑制的自由法論が見られるのに対し、後者では積極的自由法論が論ぜられ、BGBにおける一般条項の意義が強調される（もっとも、この部分は比較的手薄な感を否めない。将来本格的な伝記的研究を要するであろう。著者が序章としてあつかったのは、そのせいか？）。

　ところで、第1次大戦後、ドイツの自由法論にとって基盤変動が生じた。

Ⅶ 〈書評〉 広渡清吾著『法律からの自由と逃避』

　本来進歩的運動として発生した自由法論は、第2帝政よりヴァイマル共和制への転換に伴い、2派に分かれた。カントロヴィッツをはじめ、共和制を支持する論者は自由法論の主張を抑制した。これに対し、共和制、とくにその議会に対し不信をいだく論者は、裁判官の法律よりの自由を説くことによって、目的を達しようとした（ヴァイマル期の自由法論を利益法学と対比して分析した本書第1章は、本書においてもっともすぐれた部分であるが、ここでは詳説できない）。

　このような自由法論の基盤変動に対し、わがヘーデマンはどう対処したか。戦時中よりヴァイマル初期にかけて、ヘーデマンは自由法論と一般条項論について、基本的には戦前の考え方を維持した。戦時には「王たるにふさわしい条項」としての一般条項観が一層強調された。敗戦により深い喪失感にとらわれたヘーデマンは、裁判官的法形成よりも国家的立法を重視し、一般条項の濫用を戒めるようになり、さらに「新しい時代」への予感を持ったが、なお従来の線を維持したのである。

　(3)　このようなヘーデマンの一般条項論に転機をもたらしたのが、増額評価問題である。戦後の天文学的インフレに直面したドイツでは、金銭債権の増額評価が切実な問題となったが、当時の共和制政府はこれに対応できず、その代わりに、1923年11月28日の大審院判決が金銭債権の増額評価を認めた。その根拠となったのが、一般条項（民法242条）であった。さらに、この判決を否定する立法を考慮していた政府に対し、翌年1月8日大審院裁判官協会から「請願書」が出された。問題自体は増額評価立法の制定により解決の道を辿ることになるが、この判決はドイツの法学界に深刻な波紋を投じた。一般的にいえば、共和国政府・議会に対し批判的な学者（実証主義者も、自由法論者も、自然法学者も）は増額評価判決に賛成し、他方、ヴァイマル体制を支持する学者は本判決に反対した。自由法論者は増額判決を肯定しがちであるが、ベンディックスのように反対した実務家もいた。ヘーデマンも増額評価判決には懐疑的であり、信義則過剰に対し

て批判した。増額評価判決や大審院裁判官の「請願書」は、彼には国家の権威を損うものと見えた。ヴァイマル共和国にそれほど愛着のなかったヘーデマンにとっても、国家そのものへの挑戦は許せなかったのである。

（4）　ヴァイマル期のもう 1 つのシリアスな問題は、裁判官による違憲法令審査権をめぐる問題である。この点、ヴァイマル憲法には規定がなく、学説上は両論あり、大審院は 1925 年 11 月 4 日の判決で議会制定法に対する裁判官の審査権を承認した。この問題については、トーマとトリーペルに代表される公法学者を中心として議論が展開されていった。ここでもヴァイマル共和国の統治機構に信頼をよせる学者（トーマなど）は審査権の承認に批判的であり、これに対し、共和国に批判的で、法律による変革から「自由と財産」を擁護しようとする学者（トリーペルなど）は、裁判官的審査権を支持した。最終的には、国事裁判所に法令審査権を賦与するという線で立法化が企てられたが、結局挫折した。

この問題について、ヘーデマンもふれてはいるが、明確な評価はうかがえない。そこで、著者は、問題をもっとひろげて、「国家」と「社会化」に対するヘーデマンの態度を見ようとする。まず 1927 年『法学入門』によると、当時の進歩的法律家による司法批判に対し一定の理解を示すが、「裁判官の共和国への敵対性」という批判に対しては、そのような批判はあってはならないものとし、ここでも観念論的な国家観が見られる。他方、当時の議会主義に対しては、きわめて否定的である。さらに 30 年の『進歩』（2 巻上）では、ヴァイマル期の社会化について好意的に論じ、将来の政治的独裁者による実現を期待する。しかし、この独裁者として彼が描いたのは、「国家」そのものであり、いぜんとして観念論的な国家観が基礎にある。

（5）　本論のさいごに、「危機の時代における一般条項」が論ぜられる。1933 年の『一般条項への逃避』では、危機の時代を反映して、より政治的領域への射程の拡大と政治的視点の導入が見られ、一般条項の政治的操

作の危険性の指摘がなされる。そこにはナチス時代への予言が見られる。当時のヘーデマンの政治的所見を知るには、同書の「国家法における一般条項」の節が便利である。その典型例は授権法であるが、彼は「目的の定式」のある授権法は評価している。しかし、30年以降の大統領緊急令には、目的の定式化は見られず、33年授権法には一般条項すら見られない。ヘーデマンはけっして「新しい精神」を先導した人ではないが、同時にヴァイマル共和国を擁護しようともしなかった。したがって、新しい道をヘーデマンが若い人とともに歩んだとしても、それは「意外」なことではない。

さて、ナチス時代に入って、ヘーデマンの『一般条項への逃避』はどのような評価をうけたか。彼の一般条項の危険性の警告は、ヴァイマル期の多元的社会については妥当しても、いまや1つの民族に統一されたドイツではあてはまらないと批判され、一般条項は新しい法思想の流れこむ突入口となった。ヘーデマンの主張のうち、光の部分だけにスポットがあてられた。彼自身は39年『ドイツ経済法』において、一般条項の濫用の危険性のうち、「恣意」の部分を脱落させた。

要するに、「危機の時代における一般条項」の本質的特徴は、その「政治化」にある。著者によれば、この問題は、より本質的には、法律学における政治的性格の問題につらなるとされ、1936年の加古祐二郎の論文を引用して、大叙事詩はひとまず終結する。

(6) 以上で本論がおわり、末尾に「今後の課題」として、ナチス時代におけるヘーデマンの活躍のあらすじが叙述されている。それは、《民法典》そのものの《ナチス体制下の運命》という視点から語られるはずである。これまでの著者のナチス法研究から多くを学んだものの、ささやかな批判を試みた評者にとっては（本書394頁注1参照）、その完成が大いに待たれる。

3 本書は、わが国だけでなく、ドイツでもこれまでほとんど論ぜられ

ることのなかったヴァイマル期私法学の歴史についての、はじめての本格的な研究であり、そのことだけでも高い評価が与えられるべき業績である。

　方法論的にも、私法学理論について、学者の国家観や政治的所見にスポットをあて、従来論ぜられることの少なかった私法学と政治の関係を明らかにした。本書の扱った一般条項論は、私法理論のなかでは、もともと政治との関係が問題となりうる分野ではあるが、本書はヘーデマンを中心とし、多くの群像を登場させ、ヴァイマル期という具体的な場でそれを明らかにした点にメリットがある。

　さらに、ヘーデマンについていえば、その一般条項観の転換の理由を、一貫した観念論的国家主義者としての立場から統一的に説明しうるとした点は、本書のなかでももっとも独創的な部分であり、われわれはナチス時代における彼の活躍をこの段階で予測することができる（もっとも、観念論的国家観は、評者の世代に属する者にとっては自ら体験した世界観であるが、若い読者に対しては、もう少し立ち入った説明がほしいところである）。

　本書は、わが国で一般条項の機能を考える場合に、多くの示唆を与えてくれる。一般条項、とくに権利濫用の濫用の危険性に対する警告は、わが国でも多くの私法学者によってなされているが、それがどのような政治状況において実現するかについて、具体的に解明してくれたからである。

　しいて疑問の点をあげるとすれば、以下が問題となろう。まず、ヘーデマンを舞台廻し役にして、ヴァイマル私法学史を語ろうという著者の構想は、どれだけ成功したか。この期においてヘーデマンの果たした役割、とくに増額評価問題と裁判官的審査権問題（とりわけ後者）についての彼の発言をみると、この構想は、少なくとも本書のカバーするヴァイマル期では、若干無理があったのではないかと思われる。それと裏腹をなす印象であるが、ヴァイマル期の私法学を自由法論と利益法学を中心として全面的に論じている。この部分は内容的にいって本書のもっともすぐれた部分であるにもかかわらず、通読のさいに、わき道にそれるという感をもたないわけ

Ⅶ 〈書評〉 広渡清吾著『法律からの自由と逃避』

でもなかった。もっとも、評者の読み方、および要約の仕方にこそ問題があったと著者から反論されるかもしれない。

　なお、タイトルである『法律からの自由と逃避』のうち、「法律からの自由」はよく分かるが、「法律からの逃避」が何を意味するのか、いま1つはっきりしなかった。おそらく「法律から一般条項、さらには法外なもの（倫理等）への逃避」を意味すると思われるが、読者に宿題を課したというべきか。

　いずれにせよ、近来まれな本格的研究書であり、読者の感銘をさそうに十分である。1人でも多くの読者が本書を直接にひもとくことにより、評者と同じ体験を味わってほしい。

Ⅷ　ナチス民族法典の性格

1　はじめに
2　民族法典編纂小史
3　民族法典の構成と問題点
4　第1編の内容と特色
5　おわりに

1　はじめに

　故富田容甫氏の専攻した政治学と私の専攻する私法学との間にどのような関連があるのか、必ずしも明らかでない。本稿は、私法学に対する政治の影響が最も強く見られたナチスの舞台の上で、当時の私法学の総決算として計画された民族法典を素材として、両者の関係について若干の考察を行なおうとするものである。

　私はかつてナチス私法学の功罪について論じたさい、一応の結論として、ナチス私法学をドイツ民法典（BGB）の発展ととらえ、「存在したのは『ナチス時代の私法学』であって、『ナチス私法学』ではなかった」と論じた[1]。しかし、当時は資料の関係で民族法典について触れることができなかった。そこで、その後入手した若干の資料に基づいて[2]、前述のテーゼが民族法典についても妥当するか否かについて検討しようというのが、本稿の主な狙いである。予め結論を示せば、前述のテーゼは、多くの問題点を含みながらも、民族法典についてもなお妥当するといえる。

　なおナチス民族法典については、編纂がはじめられた時に第2次大戦が勃発したため、当時はわが国でほとんど紹介されず、戦後も長らく研究の空白が続いた。ようやく1979年に広渡清吾氏により「第3帝国におけるブルジョア法の『転換』」という視点から、考察の対象とされた。広渡氏

第2部　西欧法の生成と展開

は結論として、「総じてわれわれが民族法典においてみいだすのは、ナチズムのイデオロギー的原理の表明であり、とりわけまたこのような原理にもとづく政治の帰結としての現実の規範的裁可である」と論じている⁽³⁾。したがって、本稿はこの広渡論文の見解が一面的であることを論証しようという意図もあわせ持つものである。とはいえ、その後の広渡氏のナチス私法学研究の深化を見れば⁽⁴⁾、本稿はしょせんつかの間の生命を有するにすぎないことをお断りしたい。

(1) 五十嵐清『比較民法学の諸問題』（一粒社、1976年）18頁。
(2) 本稿で使用した主な資料は以下のとおりである。Hedemann, Das Volksgesetzbuch der Deutschen, Ein Bericht, München u. Berlin 1941（以下、Hedemann, Bericht として引用）; Volksgesetzbuch, Grundregel und Buch I, Entwurf und Erläuterungen, München u. Berlin 1942（以下 Entwurf として引用）; Hedemann, Das Volksgesetzbuch als Fundament Großdeutschen Rechtslebens, Berlin 1942（以下、Hedemann, Fundament として引用）; Hattenhauer, Das NS-Volksgesetzbuch, in : Festschrift für Rudolf Gmür, Bielefeld 1983. このうち前三者はすでに次注の広渡論文で使用されている。
(3) 広渡清吾「第3帝国におけるブルジョア法の『転換』」東京大学社会科学研究所編『ファシズム期の国家と社会5　ヨーロッパの法体制』（東京大学出版会、1979年、以下、広渡「転換」と略称）58頁。
(4) 広渡清吾「2人のハインリッヒ」社会科学研究33巻5号（1981年）、とくに116頁、同「J・W・ヘーデマンとナチス私法学」社会科学研究34巻4号（1982年）より連載、参照。

2　民族法典編纂小史

ここでは、ハッテンハウアー（Hattenhauer）の最近の研究に従って、民族法典の編纂史について略述したい⁽¹⁾。
ドイツでは、BGBに対する批判はすでにワイマル時代に見られたが⁽²⁾、そこではBGBに代わる新しい法典編纂（Kodifikation）は問題とされるこ

とはなかった。1933年にナチスが政権を掌握すると、ハインリッヒ・ランゲ (Heinrich Lange)、ハインリッヒ・シュトル (Heinrich Stoll[3])、ハンス・デレ (Hans Dölle) など若手民法学者により、BGBに対しより激しい批判がなされたが、彼等も当初は新しい法典編纂には反対であり、主として裁判官による法創造を期待した。

新しい私法典編纂の観念は1933年に設立された「ドイツ法アカデミー (Akademie für Deutsches Recht[4])」の中で生じた。ドイツ法アカデミーはナチスの法律部門の指導者ハンス・フランク (Hans Frank) によって創始されたものであり、多くの法学者をメンバーに加え、弱体化された議会の代用となることが期待されたが、当初から司法省とは緊張関係に立っていた。そのアカデミーにおいても、当初は一般的新法典の編纂は考慮の外におかれ、新しい法はやはり裁判官の解釈により作り出されるべきものとされた。もっとも、1934年1月末に開かれたアカデミー総会の席で、司法次官シュレーゲルベルガー (Schlegelberger) が「立法に対する現代の任務について (Vom Beruf unserer Zeit für Gesetzgebung)」と題する講演を行ない、その中でアカデミーの目標として新法典の創造について言及し、ヘーデマンもそれに続いて統一民法典の必要性について説いたが、当時はなおアカデミーの任務は立法作業にあるとは考えられていなかった。

1935年6月の第2回アカデミー年次総会において、ヘーデマンは「民法の全体構成 (Gesamtbau des bürgerlichen Rechts)」と題する講演を行ない、その中で「修正法 (Novelle)」ではなくて「法典 (Kodifikation)」の必要性を、いささか間接的な表現で述べた。これに対し、革新的法学のリーダーであったカール・シュミット (Carl Schmitt) は、修正法にも法典にも反対し、新しいタイプの立法方式として「指導原則 (Leitsätze)」の採用を主張した[5]。当時の司法省も法典編纂に消極的であった。しかし、法典化への前進も見られた。それを代表するのが、翌年の年次総会でのハインリッヒ・ランゲの記念講演「ドイツ私法学の状況と課題 (Lage und Aufgabe der deutschen Privatrechtswissenschaft)」であり、その中で彼はシュミットなどのキール学派を批判し、遠い目標としてではあるが、法典化の必要性を説いた(6)。

　さて 1937 年 1 月シュレーゲルベルガーはハイデルベルクで「民法典との訣別（Abschied vom BGB）」と題する有名な講演を行ない、民法典を廃止し、個別的立法に置き換えるという司法省の見解を明らかにした(7)。これに対し、アカデミー会員デレは、さしあたり個別的法律による改革は認めるものの、将来の問題としては法典の必要を主張し、さらに同年 10 月の第 4 回年次総会において、ヘーデマンも同趣旨の発言をした。そして、いまや民法の将来をめぐり学者の間で多くの討論がなされた。そのなかには、老パンデクテン学者マニーク（Manigk）のように BGB の擁護論も見られた(8)。

　司法省に対抗して、フランクは 1938 年アカデミーの組織の強化をはかり、さらに多くの大学教授を傘下に加えた。その結果、両者の間に競合が生じたが、同年に制定された婚姻法と遺言法にさいしては、両者間の協力が見られた(9)。

　以上のような推移を背景として、1939 年 5 月「ドイツ法会館」の落成式にさいし、フランクははじめて「民族法典」の制定の計画を明らかにし、これに対し司法大臣ギュルトナー（Gürtner）も賛意を表した（もっとも、ヒトラーは当初このプランに激怒したと伝えられている(10)）。アカデミーは早速仕事に着手した。フランクはランゲを総括報告者に任命し、両者はアカデミー会員に法典編纂についての諸方針を示した。

　民族法典編纂のため、アカデミー内に、主委員会のほか、9 個の委員会が設置された(11)。各委員会は一定の枠の下で自由に活動を開始した。ところが同年 9 月第 2 次大戦が勃発し、主委員会の初代委員長ランゲが出征したため、その代わりにヘーデマンが委員長に就任した。フランクもポーランド総督に任命され、アカデミーの仕事に専念できなくなった。しかし、

ヘーデマンはこの仕事に全力を注ぎ、1940年より41年にかけ、もっとも豊かな実りをもたらした。もちろん委員会ごとのばらばらな仕事に対し、批判も多かった。これに対し、ヘーデマンは1940年11月の第7回アカデミー年次総会において、仕事の困難性は認めながらも、民族法典編纂の現状と将来の展望について希望にみちた報告をすることができた（内容後述[12]）。

だがこれによって困難な問題が解決したわけではない。1941年のはじめには合計18ないし19の委員会や小委員会があり、200人にものぼるスタッフが従事した。このため、法典の量をいかにおさえるかが重要な問題となった。それとともに時間との斗いも緊急課題となった。ヘーデマンは、これらの問題の解決に指導性を発揮した。41年5月には若干の前進が見られ、草案の作成が目標とされた。しかし、難問も跡を絶たず、とくに商法・企業法・労働法の民族法典への編入をめぐって議論がなされた。

1942年には転機がおとずれた。同年夏フランクはヒトラーの法政策を批判したため、アカデミー総裁を解任され、そのポストは司法大臣ティーラック（Otto Thierack）が兼ねることとなった。ティーラックは民族法典の準備の継続については同意したが、それはナチス司法の建設という大事業に劣るべきものとした。彼は、同年11月末アカデミーの会議を召集し、労働と企業を法典に採用することに反対した。このため、ヘーデマンも退却戦を開始せざるをえなくなった。

ここで注目されるのは、42年10月に執筆され、11月末に司法大臣に提出されたとされるランゲ（Lange）の論文「民族法典の本質と形態（Wesen und Gestalt des Volksgesetzbuches）」である。彼はここでティーラックと類似した議論を展開し、ヘーデマンを激しく批判した。彼によれば、各委員会での仕事は十分進捗しているにもかかわらず、主委員会がそれを統合する任務を果たしていないとされた。もっとも、彼は他方では拙速主義を廃し、仕事の遅れているのは却って幸運だと述べている[13]。

第2部　西欧法の生成と展開

　ヘーデマンはこの批判に屈せず、委員長としての自己の能力を示すため、42年末にレーマン (Lehmann)、ジーベルト (Siebert) とともに、民族法典の基本原則と第1編の草案を注釈付きで公表した[14]（内容後述）。

　1943年のはじめティーラックはアカデミーの雑誌に「立法に対するドイツ法アカデミーの戦争課題」と題する論説を発表し、民族法典草案の意義は認めるものの、いまは立法の時期ではなく、司法改革の方が優先すると述べた。さしものヘーデマンも、それ以上の希望を持つことを断念した。

　同年開かれたアカデミーの第10回年次総会においても、なんら進展はなかった。翌44年夏に書かれたと思われる回状の中で、ヘーデマンは、戦後の再開を期して、仕事の停止を認めざるをえなかった。

(1)　以下本文は Hattenhauer, a. a. O.（前掲116頁注2参照）S. 255-279（以下、著者名のみで引用）の要約である。

(2)　ハッテンハウアーは代表的なものとして、Hedemann, Das bürgerliche Recht und die neue Zeit, 1919 をあげている（この講演については広渡「J・W・ヘーデマンとナチス私法学」社会科学研究35巻6号64頁以下（1984年）参照）。

(3)　両者につき、広渡「2人のハインリッヒ」前掲〔なおランゲにつき、W. Wolf, Vom alten zum neuen Privatrecht, Tübingen 1998〕参照。

(4)　ドイツ法アカデミーについても、簡単ながら、広渡「2人のハインリッヒ」前掲94頁以下参照。

(5)　Schmitt, Kodifikation oder Novelle? Über die Aufgabe und Methode der heutigen Gesetzgebung, Deutsche Juristen-Zeitung 1935, S. 919 ff. この提案は民族法典の「基本原則」として実現した。

(6)　広渡「2人のハインリッヒ」前掲86頁以下および108頁以下参照。

(7)　舟橋諄一訳著『民法典との訣別』（福岡大坪惇信堂、1944年）参照。

(8)　Manigk, Neubau des Privatrechts, 1938（本書については、吾妻光俊『ナチス民法学の精神』（岩波書店、1942年）57頁以下参照）

(9)　ちなみに、婚姻法制定にさいし、アカデミーの側は純粋な破綻主義の採用を主張したが、結果的には有責主義と破綻主義の折衷となった（ナチス離婚法につき、五十嵐「ドイツにおける離婚原因の変遷」比較法研究2号42頁以下

(1951年) 参照)。これに対し、遺言法制定にさいしては、アカデミーの協力はより大きな成果をあげたといわれる (Hattenhauer, S. 269.)。
⑽　Hattenhauer, S. 270.
⑾　当初の委員会の名称と委員長は以下のごとし。一般契約法 (Heuck)、損害賠償 (Nipperdey)、債務法 (Lehmann)、他人のための活動についての法 (Nikisch)、動産法 (Schmidt-Rimpler)、土地法 (Felgenträger)、抵当・土地債務法「(Blomeyer)、夫婦財産法 (Boehmer)、相続法 (Lange)、Hattenhauer, S. 271 f. ただし、その後改組されたようである。
⑿　Hedemann, Bericht（前掲116頁注2参照）がそれ。
⒀　ハッテンハウアーによれば、このランゲの論文は、アカデミー総裁の交替の機会に、主委員会の委員長の地位を奪回するために書かれたものとされている (Hattenhauer, S. 276 f.)。なお、この論文は広渡氏によっても紹介されているが、同氏は本論文を主としてキール学派を批判し、ランゲの立場の転化を示すものと捉えている（広渡「2人のハインリッヒ」前掲110頁以下参照）。
⒁　Entwurf（前掲116頁注2参照）がそれ。

3　民族法典の構成と問題点

　ここでは、主として1940年11月の第7回アカデミー年次総会におけるヘーデマンの報告⑴に従って、民族法典の全体的構想と若干の問題点について論ずることとしたい。

(1)　目　標
（ⅰ）イデーと枠　　ヘーデマンによれば、民族法典はナチスの法イデーの定着化をはかるものであることはいうまでもない。ことばとしても、私法典、民法典の代わりに、民族法典という美しい名前が選ばれた。しかし、法典の内容が民族構成員の私的領域に限定されるのは止むをえない、とされる。
（ⅱ）さしあたりの構想　　当初民族法典は、① 民族構成員 (Volksgenosse) の法的地位、② 家族、③ 相続法、④ 契約・責任秩序、⑤ 所有

と財貨、⑥ 結社法という6編からなることが構想されていた[2]。後には、第5編第6編の間に労働と企業についての2編が独立に規制されることになった[3]。さらに、前述のようにこの構想は司法大臣ティーラックの反対に遭遇した。

この構想をBGBに較べると、総則編が解体され、その一部は第1編として残り、他は他編に編入された点と、民商統一法典（さらに労働編も加わる）とされる点が大きな相違点である。しかし、比較法的に見て、民法総則編はむしろ孤立しており、民商統一法典としてすでにスイス民法典があり（さらに42年に成立するイタリア民法典は労働編をも含む）、上述の民族法典の構想を、とくにナチス的イデオロギーにより説明することは困難である。

(iii) 現行両民法典との関係[4]　1938年の独墺合併により、ナチス第3帝国はBGBのほか、オーストリア民法典（ABGB）を現行法典として有することとなったので、民族法典の制定は法の統一をも意味する。近世私法史学の建設者でもあるヘーデマンによれば、ABGBの方がより民族的であるとされる。両者から残るものが多いが、それは新精神によって照らされなければならない。それは個人主義より団体主義へ、義務観念の強調となる。しかし他方において、伝統に対する畏怖の観念も必要であるとされる。第1編を見ると、以上の点は実現されているといえる。

なお、ヘーデマンは、つづいて、戦時中に法典編纂を行なうことの意義（もちろんそれを肯定）とか、民族法典におちつくまでのいきさつ（前述）について論じているが、ここでは省略したい。

(2) 仕事の方法

(i) 言語　BGBの使用言語が専門的技術的すぎるという点に対し多くの批判があり、民族法典では民衆的なことばが使用されるべきである。しかし、他方において正確さも要求される。そこで結論として、法律は暖かくし、読者の関心を呼びさますだけではなく、何が法であるかを決定し、

最大の用意周到さと専門的能力をもって構成された地盤の上でそれをなさなければならない[5]。」とされる。

　基本原則と第1編の草案を見るかぎり、ことばの民衆性と専門性との調和について苦心のあとがうかがえる。しかし、先へ進んだ場合には、民衆性を犠牲にせざるをえないことを、ヘーデマンはここで見透していたのであろう。

　(ii)　範囲　　この点については、ヘーデマンは民族法典の範囲の拡大の必然性は認めるものの、あえて限定が必要と説いている。しかし、草案第1編を見ると、BGBでは約30条で規定されている領域が早くも80条に及んでおり、この公約は実現困難であったように思われる。

　(iii)　基本原則　　民族法典の様式上の特色は冒頭に「基本原則」を規定した点にある。それは、「民族共同生活の諸原則」、「法適用と法形成」、「民族法典の適用範囲」に関する25ヵ条の条文からなる。これは従来の総則とも前文とも、はたまた一般条項とも区別されるべきものとされるが、その内容と評価については、広渡氏の論文に譲りたい[6]。

　(iv)　全体の調和　　民族法典の編纂は委員会ごとに独立に行なわれているので、とくに全体との調和が必要である。

(3)　仕事の現状

　ここでヘーデマンは編纂作業の現状と問題点について、かなり詳細にリポートしている。その大部分は結局草案としても陽の目を見なかったのであるが、民族法典の性格を知るには重要な点が多い。そこで、私自身のコメントを加えながらやや詳細に紹介したい。

　(i)　新たなものへの転回　　ここでは、各論(といっても5編まで)ごとに主な改正点について触れている。

　(a)　人法　　第1編は全く新しいものである。冒頭に民族構成員の民族共同体における法的地位について規定した。その他、名誉の保護につき詳

細な規定を設けるほか、未成年者の能力の区分けを新しくした（詳細後述）。
　(b)　家族　　ナチス・イデオロギーによれば、妻は基本的に家事育児に従事すべきものとされるが、夫婦財産法の委員会では、女性の地位の変化に伴い、BGB の制度は維持されず、妻の職業活動の自由と夫の収入への参与を高める方向での改正が計画されている[7]。
　(c)　相続法　　ここでは法定相続人の範囲の制限が予定されている。BGB が法定相続人の範囲を限定しなかった点については、当時も現在も批判の絶えないところであるが、西ドイツでは現在でも改正が実現をみない[8]。
　(d)　所有権　　全体として、義務・団体被拘束性が強調されているが、具体的には、所有権留保の濫用に対する制限規定の新設が予定されたほか[9]、とくに土地法についてどう規定すべきかが問題とされている。
　(e)　契約類型　　20 を超える BGB の典型契約のうち、組合と共同関係 (Gemeinschaft) は第 6 編に、家屋賃貸借は土地法に編入し、残りを、① 財貨の譲渡（売買など）、② 財貨の占有移転（使用貸借など）、③ 他人のための活動、④ 金銭および信用供与行為、という 4 つのグループに分けることが提案されている。そのうち、とくに③が特筆され、それはさらに多くの類型（請負、事務処理、仲立など）に分けられるとされる。この契約類型の立法化は、現在西ドイツにおける債権法の改訂作業の一つの焦点である[10]。
　(f)　損害賠償法　　この分野では、すでに 40 年に小委員会の第 1 次作業報告が出版されているが[11]、そのうちヘーデマンはとくに衡平責任の拡大と危険責任の規定の挿入について言及している。後者については、特別法の諸規定を民族法典に統合するほか、さらに危険責任についての一般条項の提案をしている[12]。これまた第 2 次大戦後の論争の先取りを意味するものといえよう[13]。
　(ii)　精神的諸特徴　　ヘーデマンは民族法典の精神的特徴として以下の

4点をあげている。

　(a)　従来の経験の結実　　従来の判例法の成果をとり入れるべきであるとし、具体例として、契約法の部門では、事情変更の原則、裁判官による契約救助、方式違反の契約から生じた損害の賠償についての規定をあげている。これらはいずれも戦後立法化をめぐり議論がなされた問題である[14]。

　(b)　簡易化への努力　　ここでは、かってわが国でモデルとされたBGBの抵当権法は、もっと簡易化されるべきであり、所有者抵当は順位の留保で足りるとされたほか、夫婦財産制や所有者・占有者の保護の規定などの簡素化が提案されている。

　(c)　新たな基準の適用　　まず未成年の区分けがこの例とされる（後述）。つぎに、自筆証書遺言の要件の緩和があげられる。すでに1938年遺言法は、オーストリア民法（578条）にならい、自筆証書遺言における日付と場所の記載は、「おすすめしたいが（rätlich）、必要ではない」と規定した（21条2項）。ヘーデマンはこの規定を新しい基準（人間性と訓戒のことば）の適用例と解し、それを維持しようとした[15]。第3に、「良俗」概念について、すでに損害賠償法小委員会では国民の誤解を招くとし、代わりに「民族的共同生活の承認された原則に対する重大な違反」という公式の使用を提案しているが、ヘーデマンはこれを契約の基準としても認めるべきであるとしている[16]。しかし、この点はナチス的イデオロギーに支配された一例と評価されるべきであろう。

　(d)　法生活のダイナミックス　　法典編纂は往々にして後向きとなりがちだが、民族法典においては民族の法生活の前進のため、ダイナミックなものでなければならない。もっとも、ここでは抽象的なことばが述べられるだけである。

　(iii)　批判点[17]　　ヘーデマンはここで民族法典の編纂の過程で意見の分かれた問題を指摘している。それは法律構成に関するものと民族感情に

(a) 法律構成上の問題点　たとえば、遺産債務に対する相続人の責任については2つの草案が作られた。つぎに、法人の性格について、ナチスの下でも問題が生じた。さらに、物権変動の問題について、ブラント(Brandt)の論文が新たな波紋を生じさせた。

(b) 民族感情に関する問題点　この方がより困難である。ここでは、まず人格剥奪制度（後述）が再検討に値する。つぎに、配偶者相続権について、生涯の用益権とすべきか、処分可能の資本持分とすべきか。さらに、非嫡出子の法的地位の問題について見解が分かれている。土地法から例をとると、工業と農業の対立の一こまとしての大インミッションのあつかいをめぐって、意見が分かれている。また、契約の世界では、相手方より認識しえない精神病者の締結した契約の効力について、一応法案は用意してあるが、再検討が必要である。

　以上で論ぜられた問題の多くも、戦後改正の対象となった。

(iv) 全体的印象[18]　さいごに、ヘーデマンは民族法典の全体的印象について語って、報告を閉じた。それは抽象的な美辞麗句をつらねたものであるが、それぞれの帝国はそれを代表する法典をもったとし、民族法典の目指す価値として、① ヨーロッパにおける法の調整、② 四散した素材の確固たる集結、③ 時代の変遷に対する自覚的な独自性、④ 数百万のドイツ人の結合、をあげている。

　以上がヘーデマンの報告の大要である。少なくとも主観的には、ヘーデマンとアカデミーの会員の多くは民族法典の名の下に、けっしてナチス・イデオロギーを表現しようとしたのではなく、20世紀の中葉にふさわしい法典作りを目ざしたことはもはや明らかである。もっとも、以上は構想の段階で挫折したので、ともかくも草案の形で公表された第1編を検討することによって、以上の印象が当を得たものであるかどうか、明らかにしたい。

Ⅷ　ナチス民族法典の性格

(1) Hedemann, Das Volksgesetzbuch der Deutschen, Ein Bericht, 1941（以下、Hedemann, Bericht として引用）．
(2) Hedemann, Bericht, S. 5 ff.
(3) Hedemann, Das Volksgesetzbuch als Fundament Großdeutschen Rechtslebens, 1942（以下、Hedemann, Fundament として引用), S. 22 ff.
(4) Hedemann, Bericht, S. 10-14.
(5) Hedemann, Bericht, S. 26.
(6) 広渡「転換」52頁以下参照。
(7) Hedemann, Bericht, S. 38 ; Fundament, S. 16 ff. 剰余共同制の採用までは明言されていないが、57年男女同権法の線（男女同権の点で不徹底であった）とほぼ共通であったといいうるであろう。
(8) 東ドイツ民法典（1975年）では法定相続人は第3順位までとされている。ナチス時代の提案も同様である（山田晟「ドイツ民主共和国法概説下」（東京大学出版会、1982年）333頁以下参照）。
(9) Hedemann, Bericht, S. 39 f. これは1937年のレーマンの立法提案に基づくものと思われる。同提案については、長谷部茂吉「ドイツの『信用担保法草案』」法協57巻5号6号（1939年）および米倉明「流通過程における所有権留保」法協82巻2号261頁以下（1966年）［同『所有権留保の研究』（新青出版、1997年）所収］参照。所有権留保規制問題は、第2次大戦後の西ドイツでの焦点の一つとなったが、立法は実現していない（米倉・前掲論文（法協81巻5号、82巻1号2号）参照）。
(10) この問題について1940年に公表されたNikischの提案が、債権法改訂の鑑定書のなかで引用されている（Weyers, Werkvertrag, in : Gutachten und Vorschläge zur Überarbeitung des Schuldrechts, Bd. II, Köln 1981, S. 1130 f（消極的評価）; Musielak, Entgeltliche Geschäftsbesorgung, a. a. O., S. 1290.）。後者については、新井誠「ドイツ財産管理制度の一断面——ムジーラクの立法的提言を検討するための準備作業として」国学院法学21巻3号（1983年）〔『西ドイツ債務法改正鑑定意見の研究』（日本評論社、1988年）345頁以下〕参照〔1999年7月21日法により、民法675条以下に「事務処理契約」の規定が導入された〕。
(11) Nipperdey, Grundfragen der Reform des Schadenersatzrechts, München u. Berlin 1940（本書については、刊行当時の紹介として、川島武宜「ナチの不法行為法改正論」法協59巻4号（1941年）参照).「要するにナチのこの改正案は我々に目新しい殆ど何物をも含んでいない。」というのが、その評価である

(625頁)。

(12) Hedemann, Bericht, S. 42；Fundament, S. 18 ff. 一般条項案は後者に見られる（S. 20.）。

「① 生活経験によれば他人に対し特有の危険をもたらす企業を運営する者は、特別規定の存在しない場合でも、この危険の結果として生じた人的および物的損害に対し賠償しなければならない。

② 企業運営者は不可抗力に対しては責任を負わない。

③ 責任は、被害者および責任を負うべき者の利害ならびに経済全体を考慮して適当に限定されるべきである。」

(13) 債権法改訂に関し危険責任について鑑定書を書いたKötz も、一般条項の先駆者として、Nipperdey (a. a. O., S. 12 u. 16) をあげている。Kötz, Gefährdungshaftung, Gutachten u. Vorschläge, II, S. 1785.〔ケッツの鑑定書については、青野博之「西ドイツにおける危険責任論の動向と日本法への示唆」(『西ドイツ債務法改正鑑定意見の研究』前掲585頁以下) 参照〕ただし、ニッパーダイ編集の前掲書は、危険責任の部分を含んでいない（なお、戦後の問題状況につき、五十嵐清「ドイツにおける不法行為法の発展——危険責任を中心に」鈴木禄弥ほか編『概観ドイツ法』（東京大学出版会、1971年）所収参照）。

(14) このうち、事情変更の原則に関する立法提案については、私自身の個人的関心もあるので、訳出する (Hedemann, Bericht, S. 43.)。

「契約締結にさいし債務者にとり考慮に入れることを要しない諸事情の完全な変更によって、契約の履行がもはや期待可能でなくなったときは、債務者は契約を解除することができる。債務者は相当な補償を提供することにより解除を阻止することができる。」比較的大ざっぱな規定である（なお、契約救助をふくめ、戦後の問題状況については、五十嵐『契約と事情変更』（有斐閣、1969年）120頁以下〔なお、本稿あとがき〕参照）。

方式違反の問題は、ドイツでは契約締結上の過失の1場合として、判例により損害賠償が認められてきた。立法提案は、「契約の締結にさいし、その要式性を知り、かつ要式性について相手方に指示しないことについて責のある者は、それより生ずる損害を賠償する義務がある云々」とされていた (Hedemann, Bericht, S. 44.)。最近のメディクス (Medicus) の立法提案については、今西康人「ドイツ債権法——仮訳と解説(61)」法時56巻4号150頁（1984年）〔椿寿夫・右近健男編『ドイツ債権法総論』（日本評論社、1988年）119頁以下〕参照。

(15) Hedemann, Bericht, S. 45. なお、この規定は戦後もしばらく残ったが、西

ドイツでは1953年遺言法の規定をBGBに再統合したさい廃止され、専門的用語に代えられた（民法2247条2項5項）。東ドイツ民法385条も同旨。これに対し、オーストリア民法578条は昔のままの文言を維持。
(16) Nipperdey, a. a. O., S. 42 u. 90 ; Hedemann, Bericht, S. 45 f.
(17) Hedemann, Bericht, S. 46-50.
(18) Hedemann, Bericht, S. 50-53.

4　第1編の内容と特色

(1)　民族法典第1編の基本的構造

　民族法典草案第1編は「民族構成員」と題され、内容は、「民族構成員の人格」、「年令段階および成年」、「民族構成員の法的地位の剥奪」、「住所および居所」、「死亡および死亡宣告」という5章からなる。いわゆる「人法」の部分をまとめて冒頭に規定するのは、すでにスイス民法典に先例があり（ただし、そこには法人も含まれる）、もっと遡れば、インスティトゥティオーネス・システムの復活でもある。しかし民族法典第1編は、抽象的な「人」や「市民」の代わりに「民族構成員」ということばを使用し、「権利能力」の代わりに、「民族共同体における法的地位」を問題とし、しかも民族構成員の法的地位について広汎な剥奪制度を規定することにより、全体として「ナチズムのイデオロギー的原理の表明[1]」となっていることは、否定できない。それにもかかわらず、ここでもナチズムと無関係な規定が数多く採用されている。以下、その点に重点をおいて、各章ごとに考察したい[2]。

(2)　民族構成員の人格

　第1章は3節からなり、まず1節では民族共同体における法的地位が規定されている。それによれば、民族構成員は共同体に義務をつくすことによって法的地位が保障されることが基本であり（1条）、各構成員のなしう

ることが具体例をあげて説明されるとともに（2条）、一定の民事上の義務を負うべきこと（3条）、他方、法的地位の侵害に対する保護をうけうることが保障されている（4条）。第1章の注釈者レーマンによれば、BGBの総則編の権利能力等の概念はあまりにも抽象的で血が通わぬこと、人格権については規定が貧弱なことが批判の対象とされた。草案は全体として義務を強調するものとなっている。人格権については、具体的には2節以下に規定されているが、「一般的人格権は個人の法的地位において与えられる権利と義務の結合を明らかにすることができなかった」という理由で、規定されなかった。しかし、第4条で「名誉、自由、労働力、生命、健康……に対する侵害」が保護されることが明示され、しかもこれらの個別的人格権は制限列挙ではなく、将来の発展の余地を残すものと考えられている[3]。

　2・3節は個別的人格権の保護を規定する。うち2節は「名誉と労働力」、3節は「氏名、肖像、個人生活」を保護し、合計19条の規定からなる。BGBは氏名権について1カ条の規定を有するだけなので、飛躍的な強化が企てられている。まず名誉毀損については、「死者の思い出はその遺族により侵害者に対し守られうる」とされ（5条2項）、死者の名誉毀損を認めたことが注目される。名誉の回復手段は裁判官の判決によるが（6条）、それは、違法性の確認、名誉毀損行為の取消、判決の公表（2項）、差止（3項）、財産的損害の賠償（4項）のほか、「重大な場合には、裁判官は、侵害者に対し衡平な賠償として被害者の人的毀損についてもまた調整金を課することができる。」（5項）ことからなる。さいごの慰藉料規定の新設がBGBに対する「重要な改正[4]」であることはいうまでもない。

　名誉毀損的言論がなされた場合に、その主張の真実性の挙証責任を有する侵害者が立証に失敗したときは、裁判官は違法性の代わりに主張に「根拠なきこと（Haltlosigkeit）」の確認をすべきである（7条1項）。これも現行法に対する「著しい進歩[5]」と解される。

VIII　ナチス民族法典の性格

　名誉毀損行為が正当な利益の擁護のためになされるときは、刑法上は可罰性が阻却されるが、民事上では被害者の保護がより考えられなければならない。そこで草案はこの場合について、「名誉毀損的主張が動機、内容、形式によれば正当な目的に使える場合には」裁判官が侵害者または被害者のどちらかに真実性（または非真実性）についての立証責任を課することにより、妥当な解決をはかろうとした（8条）。苦心の作というべきであろう。他方、公益に関しない私事や過去のできごとを暴露された場合には、事実の真実性が証明されても損害賠償を負うべきものとされ（9条）、プライバシー的権利の保護もはかられている。信用毀損（BGB 824条）については、上述の規定で十分であるが、念のため独立の規定が用意されている（10条）。

　労働力の保護については、「その労働力の保護に値する活動またはその労働成果の利用において、他人により権限なくして侵害され、それにより収入または生計が危険にさらされた者」は、妨害排除、損害賠償または不作為を求めうるとされた（12条）。BGBには営業権の保護の規定はなく、判例は、施設を有し活動している営業の侵害だけを保護するにすぎないのに対し、この規定は営業権の保護を一層拡大しようとするものである[6]。なお、企業家の地位の保護についても、不正競業法との関連に留意しつつ、同様な一般条項が設けられた（13条）。

　3節では、氏名、肖像、個人生活が保護の対象となっている。もっとも、氏名については、その意義（15条）とか氏名の変更（16条）に関する規定などがおかれ、本来の氏名権については18条以下に規定がある。BGB 12条では、氏名使用権が他人によって不当に使用された場合に保護されたが、民族法典18条では、不当に利用された場合に保護され、商品名や広告目的で利用された場合にも保護が及ぶことになった。さらに、他人が同一ないし同様な氏名を使う場合に、区別の標識を付加することを要求しうるとされたほか（19条）、以上の保護は、仮名や紋章にも及ぶとされた（20条）。

第 2 部　西欧法の生成と展開

これらの規定が実現をみなかったため、戦後の西ドイツの判例は一般的人格権により氏名権の保護の拡大をはからざるをえなかった[7]。

　肖像権については、ドイツではすでに 1907 年美術著作権法（22-24 条）により保護されているが[8]、民族法典はこれをとり入れようとした。内容的には大差ないが、判例の認める演劇や映画における保護だけでなく、文学作品上の保護（モデル小説）も規定した点が注目される（21 条）。例外規定もほぼ同一であるが、「緊急な一般的な重要性」のあるときには同意は不要とする規定を冒頭にかかげた（22 条、濫用の危険がないわけではない）。

　さいごに、個人生活（プライバシー）の保護がはかられたことが注目に値する。23 条によれば、「なにびとも権限なしに民族構成員の手紙もしくは他の私的文書を公表したり、その他十分な理由なしにその個人生活を公衆の面前にさらし、または撮影もしくは不適当な探索によりわずらわすことは許されない」とされ、その違反に対して、被害者またはその近親者は損害賠償または不作為の請求ができるとされた。これらは当時の学説・判例[9]によって十分に保護されなかったものであり、委員会は「処女地へ大胆な第一歩を踏み出した」ことを自覚していた。もっとも、委員会ではかかるプライバシー権の限界も意識され、そのために「十分な理由なしに」侵害がなされることを要件としたのであった[10]。

　第 2 次大戦後、西ドイツではボン基本法 1 条 2 条の下で一般的人格権が認められ、以上の個別的人格権の多くは判例によって保護されている。その発展に対し民族法典の果たした役割については、西ドイツではほとんど無視されている[11]。私自身もこの事実に気付かず、戦後における人格権の高揚を、基本的にはナチス法学に対する反省の面で捉えた[12]。しかし、いまや両者の間の連続性を問題とせざるを得ないであろう[13]。

(3)　年令段階と成年

　第 2 章は「年令段階および成年（Altersstufen und Mündigkeit）」と題さ

132

Ⅷ ナチス民族法典の性格

れ、未成年者と禁治産者の法的地位がまとめて規定されている（合計31条）。この問題は本来ナチズムと関係なく、また内容的にいって現行法をそれほど変更するものではないので、かんたんにすませたい[14]。

　草案は、「権利能力」だけでなく、「行為能力」ということばも廃止し、その代わりにより広い概念である Mündigkeit ということばを採用した。それによれば、民族構成員は出生より国民学校入学または満7才までは Unmündigkeit とされ、従来の完全無能力と同様な地位が認められる（26条）。それより成年に達するか、または成年宣告を受けるまでが制限未成年（beschränkte Mündigkeit）とされる（27条）。完全な成年（volle Mündigkeit）に達するのは、従前どおり満21歳である（25条1項）。制限未成年者の行為能力の範囲は基本的には現行法に近いが（28-31条）、BGBにくらべ、注目に値する改正も見られる。まず制限未成年者のうち国民学校修了者（15歳？）については、労働生活に入った場合の独立性はBGB（113条）より広く認められ（32条）、また職業の選択ないし変更にさいし、法定代理人が合理的理由なしに同意を拒む場合には、後見裁判所が関与しうることとなった（34条）。この規定はオーストリア民法典（旧148条）の解決を採用したものであるが、同時にナチス思想の表れでもある[15]。さらに満18歳に達した未成年者は原則として自由に労働関係を創設、遂行し、賃銀を処分でき、これに対し、合理的理由がある場合に法定代理人による制限が可能とされ、現行法にくらべ原則と例外が逆転した（35条）。これは事実上の発展を考慮したものとされる[16]。また、同じく満18歳に達し独立に企業を営もうとする者についても、成年者と同一の地位が認められた（36条）。

　婚姻適令については、女の適令を18歳にひきあげたほか、Heirat macht mündig の法理を採用した（37・38条）。遺言能力も16歳より18歳に引き上げられた（39条）。損害賠償能力については、18歳未満の未成年者に制限が認められているが、ドイツ民法特有の衡平責任は負うべきものとされる（40条）。

第2部　西欧法の生成と展開

　草案第2節は18歳に達した未成年者についてBGB（3条以下）同様、成年宣告の制度を認めた（41-44条）。改正点は成年宣告の要件を明確化したこと、十分な理由なしに両親が同意を拒んだ場合に、裁判官がそれを代行できるとされたことである。これに対し、より注目に値するのは、オーストリア民法（旧172・173条-現173条）にならい、満21歳に達したが、心身の発達の不十分な子について、親権の延長を認めた点である（45条）。本来なら成年後（準）禁治産の宣告をすべき場合であるが、それより親権延長の方がベターとされたのである。

　以上のような、未成年者の行為能力についての草案の特色は、未成年者、とくに18歳以上の未成年者の独立性をできるかぎり高めようとした点にある。戦後は東西ドイツとも成年を18歳に引き下げることによって、問題を抜本的に解決した。

　3節は禁治産について規定している（46-54条）。その本質は、刑罰的要素を排し、医学的に条件づけられた保護措置と解される。現行法に対する改正点として、禁治産原因の拡大、禁治産宣告における裁判官の自由裁量の拡大（日本流の禁治産と準禁治産の区別も裁判官の裁量による）、禁治産簿の導入の3点があげられているが、その大部分はオーストリア民法に由来するものである。ただし、要件のなかに、「民族共同体における任務（義務）の遂行不能」とか「健全な民族感覚を著しく侵害する方法で」とかいう表現が見られ、濫用のおそれがないわけではない[16a]。

(4)　民族構成員の法的地位の剥奪[17]

　第1編でもっとも注目されるのは、民族構成員の法的地位の剥奪の制度である（第3章）。それによれば、刑事裁判官により「名誉喪失（ehrlos）」の宣告をうけた民族構成員は、以下の範囲で、民族共同体における法的地位を失う（55条）。剥奪されるのは、以下の10項目の地位（能力）である（56条）。① 官吏法による公職就任、② 特別法による労働・国防奉仕、③

Ⅷ ナチス民族法典の性格

企業家、経営指導者、農民、編集者などになること、④ 民族構成員の名誉職、後見人職、遺言または他の公証行為の証人としての関与、⑤ 婚姻締結（すでに婚姻中の者は離婚法の規定に従い離婚）、⑥ 親権の行使、⑦ 遺言の作成（違法行為後、剥奪前に作成された遺言は無効）、⑧ 相続人となること、⑨ ドイツの土地の取得、⑩ 団体・結社における人的権利の行使。以上のような制限の範囲外では、被宣告者といえども財産上の取引（たとえば動産売買や消費貸借）に参与する能力を有する（57条）。刑事裁判官は56条所定の効果を一部制限することも、また一定の期間に限ることもできる（58条）。被宣告者を民族構成員の生活に復帰させることが適当と思われる場合には、刑事裁判官は剥奪の取消、または効果の制限をすることができる。

　以上が草案の規定する民族構成員の法的地位の剥奪制度の大要である。ヘーデマンによれば、この制度は民事死の復活ではないが、ローマ法やゲルマン法以来の長い伝統を有し、ABGBにも当初規定があった（1867年廃止）。ドイツの現行法では、主として公法上に公民権喪失の規定があるほか、民法その他特別法上に規定が四散しているので、統合の必要がある。そのさい刑法典に規定すべきか民族法典に規定すべきかをめぐって意見が分かれたが、剥奪の効果を重視して民族法典が正当な場所とされた。さらに剥奪の要件を法定すべきであるという意見もあったが、委員会はこれを裁判官にゆだねるべきであるという結論に達した（濫用のおそれに留意しないわけではない）。剥奪の効果については、限界をはっきりさせるため、制限列挙主義を採用し、それ以外は自由とした。いずれにせよ、この制度の将来は刑法がどう改正されるかにかかっている[18]。

　ヘーデマンはじめ、委員会のメンバーの多くが、この制度の適用に対し、一定の歯止めをしようと努めたあとはうかがえないわけではない。しかし、広範囲に国民の権利能力を制限し、しかもその要件を刑法典ないし刑事裁判官の手にゆだねることにより、この制度が濫用されるであろうことは容易に推測しうる。ハッテンハウアーも、「この苛酷さは、条文の作成者た

第 2 部　西欧法の生成と展開

ちにまさに隠れた反対派としての栄誉をもたらすことはできなかった」と評している[19]。

(5) 住所と居所

第 4 章は「住所および居所」について規定するが、この部分は基本的には BGB と同一である（60-64 条）。委員会で議論されたのは、住所単数説か複数説かをめぐる問題であり、前説が有力であったが、明文化を見送り、実務に期待することとした。このため住所複数説を認める BGB 7 条 2 項のような規定は、設けないものとされた[20]。

(6) 死亡と死亡宣告

さいごに、第 5 章は「死亡および死亡宣告」について規定する（65-80 条）。死亡については BGB には規定がないが、民族法典では、死亡の効果（65 条）と埋葬方法（66 条）についての規定が設けられた。内容については、紹介に値するようなものはない。

死亡（失踪）宣告については、1939 年に特別法が制定されたばかりであるが[21]、委員会は本格的に再検討し、以下 3 点にわたり改正を行った。すなわち、第 1 に失踪についての個別的類型を廃止し、1 年より 5 年までの統一的期間を定めた（69 条）。第 2 に、上記の期間の確定をはじめ、裁判官の自由裁量の余地を拡大した。第 3 に、手続を非訟事件裁判官に集中し、申立主義を排した。なお 1939 年法にある手続規定は、手続法一般にゆずり廃止した[22]。

西ドイツでは、1951 年失踪[23]法が現行法であるが、39 年法に対する大幅な改正は見られない。つまり民族法典はその後の失踪法の発展に対しほとんど影響を与えないので、具体的な内容の紹介は省略したい。

以上で第 1 編全体の内容の紹介を終わることとしたい。はじめに述べたように、第 1 編はその基本的構造においてナチス・イデオロギーの表白と解されるが、規定の多くがそれと無関係であることも事実である。他面、

Ⅷ　ナチス民族法典の性格

多彩な人格権の保護や 18 歳以上の未成年者の独立性の強化を除くと、戦後の発展につながる規定も乏しい。その理由は、ここでとりあげられた制度の多くが、技術的なものであることに求められよう。その意味で、草案が第 1 編しか公表されなかったことは、民族法典にとって不幸なことといえる。

(1)　広渡「転換」58 頁。
(2)　以下、もっぱら Volksgesetzbuch, Grundregeln und Buch I, Entwurf und Erläuterungen, Vorgelegt von Hedemann, Lehmann u. Siebert, München u. Berlin 1942（以下、Entwurf として引用）による。なお、委員会には、前記 3 名のほか、大学教授として、Georg Eisser、Alfred Hueck、Karl Michaelis、Franz Wieacker が加わっていたほか、Georg Dahm も最初は討議に参加した。
(3)　Entwurf, S. 47-50.
(4)　Entwurf, S. 53.
(5)　Entwurf, S. 56.
(6)　Entwurf, S. 59-61.
(7)　BGHZ 30, 7. 五十嵐清・松田昌士「西ドイツにおける私生活の私法的保護」戒能・伊藤編『プライヴァシー研究』（日本評論社、1962 年）169 頁参照。
(8)　斉藤博『人格権法の研究』（一粒社、1979 年）69 頁以下参照。
(9)　当時の判例につき、斉藤・前掲 88 頁以下参照。
(10)　Entwurf, S. 68 f.
(11)　西ドイツにおける人格権についての代表的著作である Hubmann, Das Persönlichkeitsrecht, 2. Aufl., Köln, Graz 1967 の文献目録には、Volksgesetzbuch は掲載されていない。これに対し、フープマンら通説を批判する Schwerdtner, Das Persönlichkeitsrecht in der deutschen Zivilrechtsordnung, Berlin 1977, S. 102 は、民族法典を引用している。死者の人格権について、フープマンが「西欧的文化意識」で肯定しようとしたのに対し、ナチス民族法典も死者の人格権を認めているのではないか、と反論しているのである。
(12)　五十嵐『比較民法学の諸問題』（前掲）14 頁。なお、斉藤・前掲書も民族法典にふれていない。これに対し、広渡「転換」58 頁は、民族法典における「人格の保護」の著しい拡大に注目しているが、それについての論及は割愛された。
(13)　とくに一般的人格権を認める通説・判例に反対し、個別的人格権の拡張解釈によって同様な目的を達しうると主張した学者（第 1 章の注釈者である

第2部　西欧法の生成と展開

　　　　Lehmann のほか、Larenz, Reinhardt, Esser など ―― 五十嵐・松田・前掲 188
　　　　頁以下参照）に直接の連続性が見られる。なお東ドイツ民法典は、人格の尊重
　　　　を求める権利を認めている（7・327 条）。
- (14)　Entwurf, S. 70-97. この部分はジーベルトがコメントしている。
- (15)　Entwurf, S. 80 f.
- (16)　Entwurf, S. 81.
- (16a)　ドイツでは、日本にさきがけ、1992 年より、禁治産制度が廃止され、世話
　　　　（Betreuung）制度が導入された（新井誠『高齢社会の成年後見法』（有斐閣、
　　　　改訂版、1999 年）など参照）。
- (17)　かんたんながら、広渡「転換」63 頁注(16)参照。
- (18)　Entwurf, S. 98-106.
- (19)　Hattenhauer（116 頁注2参照), S. 278. なお、ハッテンハウアーは、別の箇所
　　　　で、名誉喪失者は労働する動物としてのみ生存を許されると評している（Hat-
　　　　tenhauer, Grundbegriffe des Bürgerlichen Rechts, München 1982, S. 16 f.）。
　　　　この制度に対する批判として、その他、Thoss, Das subjektive Recht in der
　　　　gliedschaftlichen Bindung, Frankfurt a. M. 1968, S. 126 ff. 参照。
- (20)　Entwurf, S. 109. なお、BGB 7 条 2 項は今日でも例外的規定と解されている。
　　　　Soergel-Fahse（11. Aufl.）§7 Rz 16 ; Münch Komm-Gitter（2. Aufl.）§7 Rd
　　　　Nr. 28.
- (21)　1939 年失踪法については、山田晟『ドイツ法概論（上巻)』（有斐閣、1949
　　　　年）41 頁以下参照。
- (22)　Eutwurf, S. 112 ff.
- (23)　1951 年失踪法の邦訳として、白川和雄「1951 年・ドイツ失踪法」法学新報
　　　　61 巻 11 号（1954 年）参照。

5　おわりに

　以上の考察で、ドイツ法アカデミーで編纂されていた民族法典には、一面ではナチス・イデオロギーの表白とみられる規定もあるが、他面では、むしろ多くの規定がそれと無関係であり、さらに第2次大戦後の発展を先取りするような規定も数多く構想されていた、という事実は不十分ながら明らかになったといえるだろう。もちろん、本稿で省略した「基本原則」

VIII ナチス民族法典の性格

の下で、広汎な自由裁量権を与えられた裁判官がナチス・イデオロギーに従って裁判をするかぎり、どんなにすぐれた規定が設けられても、それは画に書いた餅でしかないであろう。その意味で、民族法典に対する広渡氏の評価は基本的に正当なものである。しかし、ナチス時代に多くの私法学者を結集してなされた民族法典編纂の成果が、戦後の西ドイツ私法の発展に対し（場合によっては、東ドイツ民法の発展に対しても）かなり大きな影響を与えた事実も否定できない。彼等のやったことがすべてむだとなったわけではない（もっとも、どれだけ影響したかについての実証的研究は将来に残されているが）。ナチス時代の私法学者のいとなみに対する私自身の感想じみた評価については、旧稿を参照していただき[1]、ここでは同感するところが多いクレッシェル（Karl Kroeschell）のことばを引用することで本稿を閉じたい。

「このような経験から我々が学ぶべき教訓とは、おそらく第1には、学問が時代の諸潮流に密着しようとすべきではなく、むしろそれから距離を置かねばならないということであり、第2には、国家公民としての自由は究極的にはただ政治的にのみ擁護されうるのだということでありましょう[2]。」

(1) 五十嵐『比較民法学の諸問題』（前掲）20頁および51頁以下参照。
(2) クレッシェル（笹倉秀夫訳）「ナチズム下におけるドイツの法学」日独法学6号46頁（1982年）〔クレッシェル（石川武監訳）『ゲルマン法の虚像と実像』（創文社、1989年）372頁〕。

〔追記〕 脱稿後、Schubert, Der Entwurf eines Nichtehelichengesetzes vom Juli 1940 und seine Ablehnung durch Hitler, FamRZ 1984, 1 ff. に接した。それによれば、ドイツ司法省は1940年7月に非嫡出子法改正草案を作成した。その内容は、ワイマール期に非嫡出子の法的地位の改善のためになされた議論の成果の多くを成文化するとともに、ナチス的人種イデオロギーの表白でもあった。しかし、この草案はヒトラーの個人的反対のため陽の目を見るに至らなかった。それはドイツ法アカデミーの所産ではなかったが、同じ方向でなされた立法活動として言及に値すると思われる。なおこの草案（ただし38年草案）については、田

第2部　西欧法の生成と展開

村五郎『非嫡出子に対する親権の研究』(日本比較法研究所、1981年) 96頁注218、および321頁注312で言及されている。田村氏はベーマーに従いこの草案をドイツ法アカデミーの所産とするが、正確ではない (Schubert, a. a. O., S. 1 Anm. 1.)。

〔あとがき〕

　本稿は、北大法学部の同僚であった富田容甫氏 (政治学者) の追悼号 (北大法学論集36巻1・2号、1985年) に発表された、一連の私のナチス法研究の一つである。本研究にとって不可欠な文献である「ドイツ法アカデミー」委員会の議事録がその後公刊されたので (Akademie für Deutsches Recht 1933-1945, Protokolle der Ausschüsse. Hrsg. v. Schubert et al. ab 1986 Berlin)、本来なら、それに基づき再構成すべきであるが、その余裕がなく、旧稿のまま収録した。ここでは、その後入手した文献により、2点について補充したい。

　まず、行為基礎論 (事情変更の原則) (本書128頁注14参照) については、Zirker, Vertrag und Geschäftsgrundlage in der Zeit des Nationalsozialismus, Würzburg 1996. が公刊された。この研究 (Diss., Würzburg) によれば、ナチス時代に行為基礎論についてかなりの議論がなされたことが明らかである。したがって、拙著『契約と事情変更』のなかで、「ナチス私法学は行為基礎論を特別にとりあげはしなかった」(102頁) と書いたのは、誤りである。他方著者によれば、ナチス時代における行為基礎論の客観化はとくにナチス的ではなく、ワイマル期の発展であるとし (S. 298)、私見を擁護している。なお、今回のドイツ債務法現代化法の成立により、ドイツもようやく事情変更の原則について明文の規定をもつこととなった (民法313条)。

　つぎに名誉の保護について、Brezina, Ehre und Ehrenschutz im nationalsozialistischen Recht, Augsburg 1987. は、刑事・民事にまたがる研究であり、民族法典の名誉保護規定について、BGBに対する一定の進歩を認める。しかし結論としては、ナチス時代の名誉保護については、ナチス的立法政策が全面に出たのに対し、個人の名誉の保護は重要な任務とされなかったとする (S. 211)。本文の私の評価はやはり甘かった、と反省させられる。

IX 亡命ドイツ法学者のアメリカ法への影響
—— Marcus Lutter, Ernst C. Stiefel, Michael H. Hoeflich (hrsg.), Der Einfluß deutscher Emigranten auf die Rechtsentwicklung in den USA und in Deutschland, Tübingen : Mohr 1993 の紹介を中心に

　　　　　「たえず悪を欲して、しかもたえず善を行なう……」
　　　　　　　　　　　　（ゲーテ『ファウスト』より〔山下肇訳〕）

1　はじめに
2　個人別検討
3　おわりに

1　はじめに

　ナチスに追われてアメリカに亡命した多くのドイツ法学者が、第2次世界大戦中および戦後のアメリカの法と法学の発達に対してどのような影響を与えたか、という問題についての研究ノートを公表しようとするものである。そこでまず、どうしてこのようなテーマについて関心をもったか、について説明したい。
　私のナチス法の研究とドイツ比較法の歴史の研究の接点として生まれたものである。かってナチス私法学の功罪について論じた論稿のなかで、戦後の西ドイツにおける比較法の発展に対する亡命法学者の活躍に気付き、それを「ナチスのけがの功名」と評した（五十嵐「ファシズムと法学者」同『比較民法学の諸問題』〔一粒社、第2刷1984年〕14頁）。その後1968年にアメリカを旅行し、多くの比較法学者に会うことができたが、とりわけ本稿に

第 2 部　西欧法の生成と展開

登場する二人の代表的比較法学者 Max Rheinstein と Rudolf B. Schlesinger から強い感銘を受けた（五十嵐「アメリカにおける比較法の研究および教育の現状について」同『比較法学の歴史と理論』〔一粒社、1977 年〕〔以下『歴史と理論』と略称〕所収参照）。さらに 69 年より 70 年にかけてドイツのマックス・プランク比較私法研究所で主としてドイツ比較法学の歴史の研究に従事したが、ナチス時代については、もっぱらユダヤ系比較法学者がどこでどのような活躍をしたかが中心となった（『歴史と理論』75 頁以下）。

　この問題については、その後、資料が増加している。前述の研究において利用した Göppinger, Juristen jüdischer Abstammung im ›Dritten Reich‹ ; Entrechnung und Verfolgung には、面目一新した第 2 版がでた（2., völlig neubearbeitete Aufl., Beck 1990）。さらにアメリカに亡命したドイツ法律家に的をしぼったものとして、Ernst C. Stiefel und Frank Mecklenburg, Deutsche Juristen im amerikanischen Exil (1933-1950), Mohr 1991 が刊行されている。しかしこれまでは、ドイツ亡命法学者がアメリカ法の発展に対しどのような影響を与えたかという問題について、十分な研究がなされていなかった。そこで 1991 年ボンでこの問題をめぐってシンポジウムが開かれ、なお生存している 6 名の亡命法学者をふくめ、多くの法学者がアメリカとドイツから集まり、亡命法学者がアメリカとドイツにおける法発展にどのような影響を与えたかを論じた。その成果が 93 年になって、Marcus Lutter, Ernst C. Stiefel, Michael H. Hoeflich によって編集されて公刊された。これから紹介しようとする Der Einfluß deutscher Emigranten auf die Rechtsentwicklung in den USA und in Deutschland, Mohr 1993 がそれである。

　本書では、合計 23 名にのぼる亡命ドイツ法学者について、原則としてアメリカとドイツの双方の学者により、それぞれアメリカまたはドイツまたは両者の法の発展に対する影響が論ぜられている。ただし、本書では体系的な配慮は一切なされず、執筆者の ABC 順に掲載され、本格的な総括

もない。初めての試みとしては止むをえないであろう。本稿は本書を紹介しようとするものであるが、私の専門の関係で比較法、国際私法、私法が中心となる。また、亡命法学者のアメリカ法に対する影響に重点をおくが、副次的にドイツ法への影響、さらには当然のことながら本書で論じられていない日本法への影響についてもふれたい。なお、本書の書評として、Ugo Mattei, Why the Wind Changed : Intellectual Leadership in Western Law, 42 Am. J. Comp. L. 195 (1994) があるが、これは書評 (コメント) の名のもとでもっぱら自説を展開したものである。

2　個人別検討

本稿では、対象となっ亡命法学者について一人ずつ検討する。順序はその活動の中心的領域が、① 比較法、② 国際私法、③ 契約法、④ 経済法、⑤ 家族法、⑥ 訴訟法、⑨ 法史学の順とする。本書には、法哲学や社会科学一般の領域でより話題性のある学者 (たとえば、Hans Kelsen、Otto Kirchheimer、Hermann Kantorowicz、Franz Neumann) もとりあげられているが、本稿では論ずる余裕がなかった。また紙数の関係で、結局 10 名の学者をとりあげたにすぎない。なお、多くの亡命法学者の略歴については、私の旧稿 (とくに『歴史と理論』) でふれているが、本稿でも改めて簡単に紹介する (ただし、データについては万全ではないことをお断りしたい)。

1）　Ernst Freund (1864-1932)

E. Freund は、本書であつかわれるアメリカで活躍したユダヤ系ドイツ法学者のなかで、唯一の例外である。彼はすでに 19 世紀にアメリカにわたり、ナチスの政権掌握のまえに死亡しているが、アメリカにおける立法学と行政法学の建設者であり、さらに法学教育と改革立法に対して重要な役割を演じたので、とくにとりあげられたものと思われる。Freund につ

第2部　西欧法の生成と展開

いては、John C. Reitz, The Influence of Ernst Freund on American Law（pp. 423-435）がアメリカ法への影響について論じている。

〔略歴〕
1864年　アメリカで生まれる。ドイツで成長。ベルリンとハイデルベルクで法学を学ぶ。
1884年　アメリカへ移住（アメリカ市民権を失いたくないのが理由と思われる）。
1884-85年　コロンビア大学で学ぶ。
1886-94年　弁護士。
1892年　コロンビア大学で公法を教える。
1894年　シカゴ大学政治学部講師。ローマ法と法理学を教える。
1902年　シカゴ大学法学部創立メンバー、正教授。
1932年　死亡。

さてReitzによれば、Freundは前述のように、アメリカにおける立法学と行政法学のパイオニアであるだけでなく、行政法の教育のパイオニアでもあり、アメリカの最高裁判決に対しても間接的な影響を与えた（ゾーニング合憲事件）が、今日のアメリカでは知名度の乏しい学者である。その理由として、Reitzは、コモン・ローの世界では、学者ではなく、裁判官がヒーローであることのほか、彼が当時のアメリカで受け入れられなかった点として、つぎの3点をあげている。① Freundはドイツ法的色彩が希薄な学者であるが、それでも分析・表現の方法が抽象的である。② 法学教育において自由教育をすすめ、法律外の課目の選択を認めた（今日なら大いに歓迎されたのだが）。③ 憲法の行政法に対する支配を批判した（これに対し、現在ではアメリカでも行政法の独自性が認められている）。ということで、Reitzによれば、Freundはもっと想起されるべき学者であり、再発見に値するという結論になる（p. 435、なお頁数は断りのないかぎり本書の頁数）。〔Freundについて、その後、Carrington（Duke大学教授）も同様の評価をしている。Carrington, Der Einfluß kontinentalen Rechts auf Juristen und Rechtskultur der USA 1776-1933, JZ 1995, 536 f.〕

IX 亡命ドイツ法学者のアメリカ法への影響

2) Ernst Rabel (1874-1955)

Rabel は亡命前のドイツでカイザー・ヴィルヘルム比較私法研究所所長であり、比較法の指導者としてもっとも権威をもった学者であった。アメリカへ亡命した学者のなかでは、彼ほど有名な学者はいなかった。ところが、彼の落ち着いたミシガン大学では、Rabel が何者であるか知る人がいなかったというのは、有名な逸話である (S. 191)。

〔略歴〕 詳しくは、五十嵐「ラーベル」伊藤正己編『法学者 人と作品』(日本評論社、1985年) 79頁以下参照。
1874年 ウィーンで生まれる。
1902年 ライプチッヒ大学で教授資格取得、同大学ローマ法講師。
1906年 バーゼル大学正教授。以後、キール、ゲッチンゲンを経て、
1916年 ミュンヘン大学教授。比較法研究所開設。
1926年 カイザー・ヴィルヘルム(現マックス・プランク)比較私法研究所所長、ベルリン大学教授。
1939年 アメリカへ亡命。ミシガン大学で国際私法の研究に従事。
1955年 スイスで死亡。

Rabel について、本書では以下の3論稿が論じている。まずアメリカの側から、David S. Clark (タルサ大学教授), The Influence of Ernst Rabel on American Law, (pp. 107-126) が、Rabel のアメリカ法への影響について論じたほか、ドイツからは、Rabel の弟子で、国際私法の大家である Kegel による Ernst Rabel, Kurzreferat (S. 277-279) という短文が寄せられた。その他、独米合作の Bernhard Großfeld (ミュンスター大学教授) und Peter Winship (Southern Methodist 大学教授) による Die Rechtsgelehrte in der Fremde (S. 183 ff.) のなかでもふれられている (S. 189 ff.)。

ここでは Clark の論稿を中心に紹介したい。彼は、Rabel のアメリカ法への影響について、① 比較法、② 国際私法、③ 商法の3分野にわけて論じている。Rabel がアメリカでした仕事の大半は国際私法に関するものであったが、彼はなんといっても当時のドイツだけでなく、ヨーロッパにおける比較法の指導者であったので、まずアメリカの比較法への影響の問

145

題をとりあげる。

　(1)　比較法　　Rabel が現代ドイツ比較法学の建設者であることはいうまでもない。彼の比較法方法論の特色は機能的方法にある（『歴史と理論』56 頁以下）。Rabel の英語の著書を代表するのは、国際私法に関する大著（後述）であるが、それも機能的方法で貫かれている。しかし、そのアメリカへの影響については評価が難しい。Clark は、その理由として以下の 3 点をあげている。① より若い Schlesinger や Rheinstein も機能的方法を用いており、それらとの区別が困難である。もっとも Rheinstein は Rabel の弟子であり、さらに現在のアメリカの代表的比較法学者 Glendon は Rheinstein の弟子なので、一連の発展系列が存する。② アメリカを代表した比較法学者 Roscoe Pound（1870-1964）も、機能的方法を用いた。③ さらに機能的比較法は今日のアメリカの支配的学説なので、その起源はいくつかあり、それをひとつにしぼることは困難である。

　国際私法を除くと、Rabel の英語の著作は少ない。1949 年にルイジアナ州立大学で一連の大陸法の講義をしたが、それはまとまった本にならなかった。今日のアメリカでは Rabel を引用する文献はほとんどない（唯一の例外が Schlesinger である）。

　Rabel のアメリカ比較法への寄与は、その組織化にある。Rabel が作った比較法研究所は、アメリカでも多くの学者により、比較法研究のモデルと考えられた（ただし、アメリカでは今日でも理想的な比較法研究所はみられない）。また 1952 年に刊行された比較法雑誌 American Journal of Comparative Law は、Rabel の雑誌に倣ったものであり、当初の 14 人の編集者のうち、4 名が亡命者であった。

　(2)　国際私法　　Rabel は、亡命前にすでに現代国際私法の建設者として知られ、とくに 1931 年に発表された「法性決定の問題」はわが国に対しても大きな影響を与えた。亡命後は、主としてミシガン大学で国際私法の研究と著作に従事し、その成果は The Conflict of Laws : A Comparative Study, 4 vols. U. of Mich. P. 1945-58 として公刊された。本書は、Rabel の長年の比較法研究の成果であり、第1巻の出版当時数多くのいずれも好意的な書評をえた。2巻以後は書評の数は減ったが、なおポジティブなものが多く、3巻までは Rabel の死後に第2版が刊行された (1958-64)。数多い評価のなかでも、弟子の一人 Zweigert は Rabel を国際私法学の第3の学派の創始者とし、Savigny と Story にならぶ地位を占めると予言したが (Zweigert, Die dritte Schule im IPR, in : Festschrift f. Raape, 1948, S. 35 ff.)、現実はそうはならず、今日のアメリカでは、この分野でも Rabel を引用する文献はほとんど見当たらない。

その理由は種々考えられるが、Yntema によれば、一般的理由として、① アメリカの国際私法では、いぜんとして州際私法が中心であること、② Beale の既得権説と、それに基づく衝突法リステイトメントの影響が強いこと、があげられる。さらに Rheinstein によれば、その後アメリカではリステイトメントの欠陥が明らかになり、種々の理論が提唱されたが、Rabel の理論は裁判所が必要とするようなレディ・メイドの新体系をもたないため、他の競争者に対し不利であったとされる。しかし Clark よれば、Rabel の仕事は戦後のアメリカ国際私法学の主流に吸収され、第2リステイトメントへの影響は明らかであり、国際私法に対する Rabel のビジョンは、いぜんとして適切なものであるとされる (pp. 118-123)。

ちなみに Rabel の法性決定論は、わが国の国際私法学者に対し大きな影響を与えた（もっともそれが Rabel 説の正確な理解にもとづくものかは疑問である、とする見解もある。斉藤彰「国際私法における性質決定理論の再構成(1)」関法43巻4号154頁以下〔1993年〕参照）が、The Conflict of Laws も刊行当初はわが学界に大きな刺激を与えた（とくに折茂豊『国際私法（各論）』〔有斐閣、1959年〕）。しかし、今日では本書を引用する教科書は少なくなった。やはり年代が古くなったからであろう。

(3) 商法　　Rabel がアメリカ商法に及ぼした影響は、より少ない。し

かし、Clark は、彼とアメリカ・リアリズム法学の代表者の1人である、Karl N. Llewellyn (1893-1962) との結びつきを強調し、Llewellyn の起草した U. C. C. と Rabel が中心となって起草したハーグ売買統一法との間の共通性を指摘している (pp. 123-126)。これに対し、同じテーマにより詳細にふれている Großfeld と Whinship は、U. C. C. の作成に際し、Llewellyn は Rabel の提案に従わなかったことを指摘し、その理由として、両者の性格の相違をあげている。(S. 199. なお Llewellyn については、1993年生誕百年を記念して、ゆかりの地ライプチッヒで国際シンポジウムが開かれ、その成果は、Drobnig und M. Rehbinder (hrsg.), Rechtsrealismus, multikulturelle Gesellschaft und Handelsrecht ; Karl N. Llewellyn und seine Bedeutung heute, Duncker 1994 として出版されている〔その後半が商法に関する。また Llewellyn のドイツ好きについては、Carrington, a. a. O., S. 537 参照。なお Rabel に対する新しい評伝として、David J. Gerber, Sculpting the Agenda of Comparative Law : Ernst Rabel and the Facade of Language, in : A. Riles (ed.), Rethinking the Masters of Comparative Law, Oxford & Portland 2001.〕)

3) Max Rheinstein (1899-1977)

戦後の世界の比較法の指導者の一人であった Rheinstein は、後出の Kessler と同様、亡命前に Rabel の指導するカイザー・ヴィルヘルム比較私法研究所で英米法を専攻したため、亡命先のアメリカでもっとも適応力のあった学者として、大いに活躍した。

〔略歴〕 本書では、Wolfgang Freiherr v. Marschall, Max Rheinstein (S. 333 ff.) が詳しい。

1899年 ライン地方の Bad Kreuznach で生まれる。父の死後、ミュンヘンで成長する。第1次世界大戦に従軍。ミュンヘン大学で法学を学ぶ。そこで Max Weber の講義を聞くほか、生涯の師 Rabel と知り合う。

1926年 Rabel に従ってベルリンへ移転。カイザー・ヴィルヘルム比較私法研究所の研究員および図書館員として活躍。

1931年 教授資格取得。論文は Die Struktur des vertraglichen Schuldverhält-

IX 亡命ドイツ法学者のアメリカ法への影響

nisses im anglo-amerikanischen Recht, 1932. ベルリン大学講師。
1933 年　ロックフェラー奨学生として渡米。コロンビア・ハーバード両大学で研究。
1935 年　シカゴ大学から招聘される。assistant prof., associate prof. を経て、42 年、Max-Pam 比較法教授となる。
1961 年　フルブライト交換教授として来日。各地でセミナーや講演。
1968 年　シカゴ大学定年退職。その後も、学者として活躍を続ける。
1977 年　死亡。

Rheinstein については、その経歴とドイツにおける影響に重点をおいた Wolfgang Freiherr v. Marschall (Rheinstein の弟弟子である v. Caemmerer の弟子。本シンポジウム当時ボン大学教授), Max Rheinstein (S. 333-341) のほか、Rheinstein の愛弟子である Mary Ann Glendon (ハーバード大学比較法教授), The Influence of Max Rheinstein on American Law (pp. 171-181) が、アメリカへの影響について論じている。以下は後者の紹介である。

Glendon は、まず影響を測定する方法を問題とする。たとえば、文献における引用の頻度などは問題とすべきではない。彼はなによりも学者であり、影響を及ぼしたとしても、それは付随的なものである。

とはいっても、通常の意味で、彼の影響がもっとも強いのは、離婚法の改正に対してである。Rheinstein は、わが国でももっとも徹底した破綻主義者として知られる。アメリカでは 60 年代までなお多くの州で有責主義が支配していた。60 年代後半から 70 年代にかけて、多くの州で破綻主義を採用したが、それには Rheinstein の影響が明らかである。さらに彼の功績として、economics of divorce の問題の重要性を指摘したことがあげられる。

Rheinstein にとっては、離婚も法社会学の対象であったが、アメリカの法社会学の発展に及ぼした彼の影響も大きい。ここでも、影響は個人よりも、グループによるものが大きい。法社会学のパイオニアは Max Weber であるが、Rheinstein は、Pound や Llewellyn とともに、アメリカにおけ

149

第 2 部　西欧法の生成と展開

る法社会学の研究を発展させた。1950 年代より 60 年代にかけて、Rheinstein や Llewellyn の活躍したシカゴ・ロースクールは学際的研究の中心であった（それが今日の「法と経済学」につながる）。さらに、アメリカにおける法社会学の発展に対する Rheinstein の功績のひとつは、難解な Weber の法社会学の書物を英語に翻訳したことにある。M. Weber, Law in Economy and Society, transl. by M. Rheinstein and Shils, Harvard U. P. 1954 がそれ（本書では、J. H. Langbein, The Influence of the German Emigrés on American Law, p. 324 も同旨。なお、この翻訳は多くの日本人にとっても原書より分かりやすいと評された）。

　ではアメリカの比較法に対する影響はどうか。Glendon によっても、その評価は困難であるとされる。その理由は、アメリカでは比較法はいぜん未発達であるからである。Rheinstein がシカゴ・ロースクールで実施した外国法プログラム（『歴史と理論』134 頁参照）も、アメリカ人よりはヨーロッパ人に評価されている（p. 178）。なお Rheinstein の比較法理論をまとめた著書は、Einführung in die Rechtsvergleichung, 2. Aufl., hrsg. von Borries, München, Beck 1987 として、ドイツ語で出版されたため、アメリカへの影響は乏しい。しかし、Rheinstein の比較法は、弟子の Glendon を通じて、今日のアメリカに大きな影響力を及ぼしつつあるというべきであろう。とくに、Glendon が他の 2 人の比較法学者と共同で執筆した比較法教材 M. A. Glendon, M. W. Gordon & Ch. Osakwe, Comparative Legal Traditions : Text, Materials and Cases on the Civil and Common Law Traditions, 2nd ed. St. Paul : West Pub. 1994 は、従来のアメリカの比較法教材にくらべ、より大陸法的アプローチをした比較法の教科書であり、Rheinstein の比較法の永続的影響の現れというべきであろう。

　なお Rheinstein は、戦後アメリカとドイツの交流につとめたが、戦争犯罪裁判を批判したり、非ナチ化の緩和をはかったりし、ドイツの復興に及ぼした功績は大きい（pp. 179, 337）。他方、Rheinstein は、1961 年フル

ブライト交換教授として来日し、3ヵ月あまり滞在し、各地でセミナーや講演を行い、わが国の学者や実務家に大きな刺激を与えた（そのうち、司法研修所で行われたセミナーの記録として『比較法離婚法の研究』〔司法研修所、1962年〕がある）。シカゴのRheinsteinのもとで留学した学者・実務家もおり、比較法、家族法、法社会学の3部門にわたって、わが国へも影響を与えた学者のひとりである（ネクロロジーとして、法社会学者石村善助によるものが法時50巻6号180頁〔1978年〕にある）。

4） Rudolf B. Schlesinger (1909-1996)

Rudolf B. Schlesingerは、アメリカを代表する比較法学者であり、もっとも成功した亡命ドイツ法学者のひとりである。本書には、アメリカ法への影響について、Friedrich K. Juenger（カリフォルニア大学Davisロースクール教授〔2001年死去、49 Am. J. Comp. L. No. 1, v (2001) 参照〕）、Schlesinger's Influence on the Development of American Law (pp. 255-265) があり、またドイツ法への影響について、Hein Kötz（マックス・プランク比較私法研究所所長）、Rudolf B. Schlesinger (S. 301-308) があるほか、Schlesinger自身の回顧録 Recollection of a Migrant Lawyer (pp. 487-491) がある。以下の略歴はそれを総合して作成した〔Mattei後掲により補正〕。

〔略歴〕
1909年　ミュンヘンで生まれ、育つ。父は弁護士でアメリカ市民権をもち、Schlesingerもアメリカ市民権を保有した。
1933年　ミュンヘン大学で法学博士を取得。テーマは不正競争法1条の一般条項の具体化。
　　　　以後、ナチスの支配下で銀行のSyndikus（法律顧問）の業務に従事。
1939年　「水晶の夜」事件ののち、アメリカへ渡る。
　　　　コロンビア・ロースクールで学ぶ。ロー・レビューの編集者となる。
1942年　ロースクール卒業。ニューヨーク最高裁所長Irving Lehmanのロー・クラークとなる。
　　　　その後、ニューヨークの大ローファームのパートナーとなる（なお『歴史と理論』84頁注29)では「裁判官を経て」とあるが、訂正する）。

第2部　西欧法の生成と展開

  1948年　コーネル大学教授となり、比較法を教える。
  1976年　サンフランシスコのHastings College of the Lawへ移る（1995年まで）。
  1996年　サンフランシスコで死亡。

　Schlesinger はアメリカ市民権を保持していたため、アメリカへの移住は亡命でなく、移住後は人もうらやむ輝かしい経歴を経て、比較法の教授となった。ここでは、主としてJuengerによって、アメリカ法への影響をとりあげたい。

　(1)　法学教育　　Schlesingerは何よりも教育を愛した。その効果は、学生の評価に明らかである。また多くの教え子が今日法学教授として活躍している。とりわけ彼の比較法教育への寄与は大きい。彼が比較法の講義を始めた頃（1951年）、アメリカでは97ロースクールのうち、26スクールで比較法を教えていたにすぎなかった。彼は早くも1950年にアメリカで初めての比較法教材、Comparative Law: Cases, Text, Materialsを公刊したが、52年当時12ロースクールで採用された。この教材は、アメリカ特有のケース・メソッド用のものであり（ただし、Schlesinger自身は、大陸法的方法も十分考慮しているとする。p. 489)、その後長らく、Arthur T. von Mehren, The Civil Law System: Cases and Materials for the Comparative Study of Law, 1957とともに、アメリカ比較法教育界を二分した。しかし、von Mehrenの教材は1977年に第2版を出したにとどまったのに対し、Schlesingerの教材は版を重ね、1988年に3名の協力者を得て、第5版が公刊されている（R. B. Schlesinger, H. W. Baade, M. R. Damaska & P. E. Herzog, Comparative Law: Cases, Text, Materials, 5th ed. Mineola, NY: Foundation Pr. 1988. おそらく現在はGlendon et al., Comparative Legal Traditionsが最大のライバルと思われる。なおKötzによれば、Schlesingerの教材は、ドイツにおいても比較法の教科書として好適であるとされる。S. 306〔本書は、Schlesingerの死後、新たな編集者（Schlesinger, Baade, Herzogのほか、E. M. Wise）を加えて、1998

IX 亡命ドイツ法学者のアメリカ法への影響

年に第6版を出している])。さて、アメリカでは、1948年当時、比較法教授はわずか18名にすぎなかったが、62年には51名になり、さらに90年には400名を越えた。このような比較法教育の発展に対するSchlesingerの影響は、きわめて大きいというべきである。

(2) 出版　Schlesingerの出版活動の中心は、前述の比較法教材であるが、本書は教育への寄与だけでなく、比較法研究に対しても寄与している。さらに本書の実務家への貢献も大きい。本書は外国法のpleadingと証明の問題を扱っているが、これは国際私法上の重要な問題である。さらに本書は第2版以来フィクショナルな対話による国際民事訴訟法の叙述を含んでおり、本書中もっとも有名な部分である (5th ed. pp. 337-525)。

他の出版物としては、契約の成立について、各国から比較法学者をあつめて、機能的比較により共通の核心を求めた、いわゆるコーネル・プロジェクトの所産であるR. B. Schlesinger (ed.), Formation of Contracts : A Study of the Common Core of Legal Systems, 2 vols. Dobbs Ferry, NY : Oceana Pub. 1968が有名であり、出版当時多くの好意的書評がなされた (日本では、木下毅・〔1970-1〕アメリカ法27)。Kötzによれば、今日もこの研究に匹敵するものはないが、Schlesingerのとりあげたテーマが、契約法のなかでは比較的技術的なものであり、理論的実務的に重要でない点が惜しまれる (S. 305)。

(3) 公務　Schlesingerの生活の中心は教育と研究にあったが、法律実務や大学内外の行政にも積極的に関与した。とくに国際化に対応し、Cornell International Legal Studies Programを創設し、運営し、内外の多くの学生を教育した功績が大きい。その他、数多くの渉外事件について相談に応じた。

(4) 立法　Schlesingerは、ニューヨーク州法律改正委員会のアドバイザーとして、同州の多くの立法に関与した。とくに、UCCのニューヨーク州への採用にさいし、大きな役割を果たした。さらにその将来にお

ける改正についても関心を示した。その他、国際民事手続法の立法に対しても、重要な貢献をした。

　以上、主としてJuengerに依拠して、Schlesingerのアメリカ法への影響についてのべたが、Juenger (Schlesingerの直接の教え子ではないが、大きな影響を受けた一人) は、「彼の寄与はアメリカ法へ永続的な印影を残した」と結論している (p.265)。Kötzによれば、当然のことながら、ドイツ法への影響も大きい。しかし、日本への影響となると、他の亡命ドイツ法学者にくらべ、著しく少ないといわざるをえない。来日経験もなく (あるいは乏しく)、日本人留学生もほとんどSchlesingerを訪れなかった。留学生はアメリカ法を学びにアメリカへ行くのだから、これも当然であるが、私としては残念である。〔その後の評価として、Buxbaum, Rudolf B. Schlesinger — A Tribute, 43 Am. J. Comp. L. 317 (1995) があるほか、死後のネクロロジーとして、Buxbaum & Mattei, 45 Am. J. Comp. L. 1 (1997)；Barcelo III, RIDC 1997, 709がある。さらにMattei, The Comparative Jurisprudence of Schlesinger and Sacco : A Study in Legal Influence, in : Riles (ed.), Rethinking the Masters of Comparative Law, 2001, 238 は、Schlesingerとイタリアの比較法学者Saccoを比較したものだが、Schlesingerのアメリカ一般法学への影響は、ヨーロッパ比較法学への影響にくらべると乏しいとする。p. 256.〕

5)　**Albert A. Ehrenzweig** (1906-1974)

　Ehrenzweigは、戦後いち早く我妻栄と親交を結んだため、亡命法学者のなかでは、わが国で知名度の高い学者の一人であるが、アメリカでの活躍の中心は国際私法の分野であった。本書では、Ehrenzweigについては、Vera Bolgár, Albert A. Ehrenzweig — Kurt H. Nadelmann — Stefan A. Riesenfeld (pp. 95-105)；Friedrich Kessler, Gedanken bei der Lektüre von Albert A. Ehrenzweigs psychoanalytische Rechtswissenschaft (S. 281-

285）; Mathias Reimann, Albert A. Ehrenzweig and the American Conflict of Laws ― A Major Player with a Minor Influence (pp. 397-421) の 3 論稿がとりあげているが、ここでは、Ehrenzweig の国際私法学説がアメリカ法へどのような影響を与えたか、を詳論した Reimann（ミシガン大学教授）の論稿を中心に紹介する。

〔略歴〕
1906年　オーストリア Herzogenburg で生まれる。父 Albert Ehrenzweig（1875-1955）は有名な保険法学者。
1937年　ウィーン大学講師。
1938年　スイス、イギリスを経て、アメリカへ亡命。
シカゴ大学およびコロンビア大学でアメリカ法を学ぶ（シカゴでは、Kessler に教わる）。その後、弁護士業に従事。
1948年　カリフォルニア大学バークレー・ロースクール教授となる。
1974年　定年後まもなくバークレーで死去。夫人も後を追って自殺。

Reimann によれば、Ehrenzweig は、ドイツ系亡命法学者のなかでもっとも目立った活躍をした学者である。彼はヨーロッパ生まれのリアリストとして、アメリカの国際私法の領域で、4 半世紀にわたって反概念主義のために戦った。彼はオリジナルな寄与において major player であったが、永続的な意義ということになると、マイナーな影響を残したに止まったというのが、Reimann の結論であるが、以下それをいささか詳しく紹介したい。

(1) オリジナルな寄与　　Ehrenzweig は、国際私法の分野におけるあらゆる概念主義に対し、リアリスト・アプローチで戦った。それは、Beale の既得権説とそれによる衝突法第 1 リステイトメントに対してだけではなく、戦後の第 2 リステイトメントの最密接関連地説や Currie の統治利益説に対しても、実務を反映していないとして批判した。これに対し、Cavers の「優先の原理」理論や、Leflar の「より良き法」アプローチ説については、いずれも実務上の真のルールであるとして、親近感を示した

(なおアメリカ国際私法の新理論については、松岡博『国際私法における法選択規則構造論』〔有斐閣、1987年〕など参照)。

では Ehrenzweig の国際私法理論の要素はなにか。Reimann は、以下の3つをあげる。

① 法廷地法アプローチ　Ehrenzweig の国際私法理論として、まず想起されるのは法廷地法的アプローチである。彼によれば、従来の裁判実務がそうであったのである。アメリカにおいても、その後、抽象的概念主義が支配するようになった。しかし彼にとっては、法廷地法説は、適切な管轄規則と結びつくことによって、基礎的なルールである。

② 道徳的与件と地域的与件　与件 (data) 理論は、Ehrenzweig 理論の原則の例外として位置づけられる〔data 理論については、佐野寛「国際私法におけるデータ理論について」岡法45巻1号 (1995) 参照〕。道徳的 (moral) 与件とは、たとえばネグリジェンス事件における合理性の判断がそれにあたるが、その点につき本来外国法を適用すべき場合にも、裁判官は自国法の基準で判断すべきであるとされる。これに対し、地域的 (local) 与件とは、交通規則におけるスピード制限などをいうが、これについては裁判官は事実として適用すべきであるとされる。

③ 州際私法と国際私法　アメリカの国際私法は州際私法を中心として発達したが、Ehrenzweig は両者の区別の必要性を説き、本来の国際私法の教科書 (A. Ehrenzweig, Private International Law, 3 vols. Leyden : Sijthoff 1967-1977〔第2巻以後は、E. Jayme との共著〕) の刊行を始めたが、未完のうちに終わった。

以上の業績は、アメリカの国際私法学界に対するオリジナルでメジャーな寄与である。

(2) 永続的意義　これについては、マイナーな影響を及ぼしたにすぎないというのが、Reimann の結論である。彼によれば、まずアメリカの国際私法では概念主義が勝利した。伝統的理論のルネサンスが見られ、第

2リステイトメントが普及し、Currieの利益分析アプローチも利用されている。これに対し、Ehrenzweig理論の運命についていえば、彼の法廷地説は、無視はされないが、少数説として位置づけられている。与件理論はアメリカではほとんど無視されている。州際私法と国際私法の区別も、成果が乏しい。

(3) ありうる説明　Ehrenzweigはメジャーなplayerだったのに、なぜマイナーな影響を及ぼしたにすぎなかったのか。その理由を明らかにすることは、Reimannにとっても困難である。一応以下の2つの理由が考えられる。① 国際私法においても、やはり概念は必要であるが、Ehrenzweigはそれを無視した。② Ehrenzweigの理論にはジレンマがある。彼は一方では、リアリズムの立場で法廷地法説を主張した点で、あまりにもアメリカ的である。他方では、州際私法と国際私法の区別を強調した点で、あまりにもヨーロッパ的であった。

結論として、Reimannによれば、Ehrenzweigの国際私法理論は大陸法の理論とアメリカ法の理論との架橋者として位置づけられる。

最後に、Ehrenzweigの学説の日本への影響について言及したい。前述のように、わが国の法学界では、Ehrenzweigは、我妻栄をつうじて、革新的不法行為法の研究者として有名である（我妻「"Negligence without Fault"」末川還暦『民事法の諸問題』1953年〔同『民法研究Ⅵ』所収〕参照）。しかし、もちろんわが国の国際私法学者も注目し、池原季雄、山田鐐一のような指導的国際私法学者がEhrenzweigのもとで学んだ（その成果として、Ehrenzweig, S. Ikehara & N. Jansen, American-Japanese Private International Law, Oceana Pub. 1964がある）。だが、彼の法廷地法説がわが国の学界で承認されたわけではない（Ehrenzweigの国際私法理論に対する詳細な批判的論文として、丸岡政雄「エーレンツヴァイクの法廷地法主義理論」岡大法経17巻4号、18巻1・3号〔1968-69年〕〔同『アメリカ抵触法革命』（木鐸社、1997年）所収〕参照）。わずかに、池原「わが国際私法における本国法主義」法協79巻6号

(1963 年)を、Ehrenzweig的アプローチを採用して成功した例とすることができよう。

6) Friedrich Kessler (1901-1998)

Kessler はユダヤ人ではないが、夫人 (19世紀末の国際私法学者 Franz Kahn の一族) がユダヤ系であるのと、ナチスに対する反対者であったので、1934年アメリカへ亡命し、以後契約法の第一人者として活躍した。本書では、もっとも注目された学者であり、以下の4論稿が捧げられている。Herbert Bernstein (Duke 大学教授), Friedrich Kessler's American Contract Scholarship and its Political Subtext (pp. 85-93); Christian Joerges (ブレーメン大学教授), Geschichte als Nicht-Geschichte: Unterschiede und Ungleichzeitigkeiten zwischen Friedrich Kessler und der deutschen Rechtswissenschaft (S. 221-253. なお本稿には、英語版がある。Ch. Joerges, History as Non-History: Points of Divergence and Time Lags Between Friedrich Kessler and German Jurisprudence, 42 Am. J. Comp. L. 163〔1994〕); Johannes Köndgen (スイス・サンガレン大学教授), Friedrich Kessler — ein Grenzgänger zwischen den Disziplinen (S. 287-299); Otto Sandrock (ミュンスター大学教授), Friedrich Kessler und das anglo-amerikanische Vertragsrecht: Lehren für das internationale Vertragsrecht (S. 475-486). 執筆者は、いずれ劣らぬドイツの私法学者である〔なおネクロロジーとして、Markus Lutter, JZ 1998, 669 がある (山田卓生教授のご教示による)〕。

〔略歴〕 以下は、主として Sandrock, Friedrich Kessler 80 Jahre, JZ 1981, 638 f. および Stiefel u. Mecklenburg, aaO, S. 59 f. による。

1901 年 南ドイツの Hechingen で生まれる。父は Stuttgart 高等裁判所の Gerichtsrat。

1919-22 年 チュービンゲン、ミュンヘン、マールブルクで法学を学ぶ。

1926 年 カイザー・ヴィルヘルム比較私法研究所の研究員。

1928 年 博士号取得。

1931 年 教授資格取得。論文は、Die Fahrlässigkeit im nord-amerikanischen

IX 亡命ドイツ法学者のアメリカ法への影響

- Deliktsrecht, 1932. ベルリン商科大学講師。
- 1934年 アメリカへ亡命。イェール・ロースクールで学ぶ。
- 1938年 イェール大学 assistant professor。同年、シカゴ大学 associate professor となる。
- 1942年 full professor となる。
- 1947年 A. Corbin の後継者として、イェール大学教授となる。
- 1970年 イェール大学定年（後継者は G. Gilmore）。同年、バークレーの客員教授となる（1979年まで）。
- 1995年 イェール・ロースクールより祝賀論文集を捧げられる（104 Yale Law Journal 2129）。
- 1998年1月 サンフランシスコで死亡。

上述の略歴でわかるように、Kessler はもともとアメリカ法専攻者であり、もっとも早くアメリカに適応し、成功した亡命学者である（1938年に遅れて亡命してきた Ehrenzweig をシカゴで教えている）。もっとも彼はドイツでは不法行為法を専攻していたが、アメリカでは契約法を専攻し、「法のこの分野の完全な改造に決定的な役割を果たした」といわれる（Bernstein, p. 87. なお以下は、Bernsteinのほか、イェール大学で Kessler に師事し、以後40年近く親交のある Sandrock の論稿による）。

アメリカ契約法は、それまで S. Williston と契約法第1リステイトメントによって支配されていたが、それは契約自由の原則の上にたっていた。これに対し、A. Corbin がリアリズム法学の立場から批判したが、Kessler はその後継者であり、契約自由の原則を基礎とするものの、それは経済的強者による弱者の支配を意味し、したがってその制限の必要性を説いた（なお Joerges は、Kessler の契約理論のルーツをワイマル期の法学に求め、それと K. Larenz に代表されるナチス契約法理論との比較を試みているが、残念ながら私にはよく理解できない）。

Kessler のアメリカ契約法への具体的影響は、以下の3分野の論文にもっとも鮮やかに見られる。その第1は、1943年に発表された附合契約に関する論文、Contract of Adhesion — Some Thoughts about Freedom of Contract, 43 Colum. L. Rev. 629 (1943) であり、これはその後のアメリカの判例に大きな影響をあたえた。第2が、フランチャイズにおける垂直的統合を論じた長大論文、Automobile Dealer Franchises: Vertical Integration by Contract, 66 Yale L.J. 113 (1957) である。さらに同様なテーマで、Stern との共著、Competition, Contract and Vertical Integration, 69 Yale L.J. 1 (1959) があり、いずれも実務に大きな影響を与えた。第3が、「契約締結上の過失」に関する E. Fine との共著、Culpa in contrahendo, Bargaining in Good Faith and Freedom of Contract: A Comparative Study, 77 Harv. L. Rev. 401 (1964) である。これらの論文（とくに第1と第3）がアメリカの実務に与えた影響については、本シンポジウム後に公刊された、J. Klapisch, Der Einfluß der deutschen und österreichischen Emigranten auf Contract of Adhesion and Bargaining in Good Faith im US-amerikanischen Recht, Baden-Baden: Nomos 1991, Diss., Bonn が詳しい（それによれば、第1論文はアメリカの判例に多大な影響を与えたのに対し、第3論文はかならずしもそうではなかったことが明らかにされている。なお著者は、本書の編集者のひとり、M. Lutter の弟子。バークレーで直接 Kessler の指導もうけている）。さらに Kessler のアメリカ契約法への貢献としては、1953年に刊行された画期的なケース・ブック Contracts; Cases and Material の存在を逸するわけにはいかない（本書は1988年に、G. Gilmore、A. T. Kronman との共著として、第3版が Little, Brown 社より出版されている）。

なお、バークレーで Kessler の指導も受けて教授資格論文 Selbstbindung ohne Vertrag: Zur Haftung aus geschäftsbezogenem Handeln, Mohr 1981 を完成させた Köndgen は、Kessler を法学と社会学、経済学とを結びつけた学際的法学者と評価するが、そのような社会学的契約理論のアメリカへの影響については、疑問を呈している（S. 295 f.）。

IX 亡命ドイツ法学者のアメリカ法への影響

7) Heinrich Kronstein (1897-1972)

Kronstein は、経済法の分野で、アメリカ法とドイツ法の両者に大きな影響を与えた学者である。本書では、アメリカ法への影響について、David J. Gerber (イリノイ工科大学シカゴ・ケント法学校教授), Heinrich Kronstein and the Development of United States Antitrust Law (pp. 155-169) が、またドイツ法への影響については、Eckhard Rehbinder (フランクフルト大学教授), Heinrich Kronstein: Sein Einfluß auf das deutsche Rechtsdenken und die Fortentwicklung des deutschen Rechts (S. 383-396) が収録されている。以下は、主として前者による。

〔略歴〕 Rehbinder, S. 383 ff. による。
1897 年　カールスルーエで生まれる。
1919-21 年　ハイデルベルクとボンで法学と経済学をまなぶ。
　　　　　　ボンとベルリンで Martin Wolff の助手となり、博士号取得。
1926 年　短期間裁判官をやった後、マンハイムで弁護士として活躍。
　　　　　この間、教授資格を取得しようとして、挫折した。
1935 年　アメリカへ亡命。翌年より 39 年までコロンビア・ロースクールで学ぶ。
1940 年　ワシントンのジョージタウン・ロースクールで SJD 取得。
1941 年　司法省反トラスト部に務める (45 年まで)。同時にジョージタウン・ロースクールで adjunct professor として教える。
1945 年　同ロースクールの full-time professor となる。
1951-55 年　フランクフルト大学 Honorarprofessor となる。
1956 年　同大学正教授、外国・国際経済法研究所所長となる (Hallstein の後継者、67 年まで)。同時にジョージタウン大学ローセンターで教える。
1972 年　ベルンで死亡。

亡命前の Kronstein にとって、1923 年のカルテル令に関心をもったことと、Franz Böhm と Walter Eucken に代表されるフライブルク学派 (自由主義を基礎とし、競争状態を維持する国家の義務を認める) と密接な関係をもったことが、亡命後の活躍に大きな影響を与えた。亡命後はカトリック教に改宗し、カトリック的自然法を信奉した。Kronstein の思想は、① 法は価値に拘束される、② 自由の濫用は制限されるべきである、の 2 点にまと

161

第 2 部　西欧法の生成と展開

められる。

　さて Kronstein が司法省に務めた当時のアメリカでは、ヨーロッパにならってシャーマン法を緩めようとする傾向が見られたが、彼はそのような方向に反対し、ヨーロッパ・モデル（統制モデル）をヒトラーの支配を導くものとして批判した。また彼は学術的著作を通じてだけではなく、反トラスト法や政治のリーダーとの個人的接触を通じて、影響を及ぼした。これにより、40 年代にヨーロッパ・モデルにしたがって反トラスト法を弱めようとする試みは、挫折した。これが Kronstein のアメリカ独禁法に及ぼした直接の影響である。

　さらに 50 年代から 60 年代にかけて、Kronstein はアメリカ独禁法の代表的学者として著作活動に従事した。それは人間の価値を重視し、ヨーロッパにおける反トラスト法の発展にたいし、つねに批判的であった。しかし、このようなアプローチはもっともバランスのとれた比較法的分析とはいえない、というのが Gerber の結論である（S. 169）。

　なお、Kronstein の弟子のひとりであり、そのドイツ法への影響について論じた E. Rehbinder も、彼の国際経済法の著書を 19 世紀的であって、21 世紀を展望するものではないと批判するが（S. 392）、ドイツの株式会社法と企業法の改革への寄与は否定できないとする。さらに Kronstein が大西洋の架橋者として、独米両国間の法学交流に努めた功績は不朽である。現にこの交流計画を利用して、フランクフルトよりジョージタウン大学へ留学した者のなかに、E. Rehbinder のほか、K. Biedenkopf, Ch. Joerges, U. Loewenheim, N. Horn, E-J. Mestmäcker, F. Nicklisch, N. Reich など、現在ドイツの経済法の担い手の多くが含まれている（S. 396）。

8）　Brigitte M. Bodenheimer（1912-1981）

　Brigitte M. Bodenheimer は、本書に登場する唯一の女性であり、同じく本書で論ぜられている Edgar Bodenheimer（1908-1991, W. C. Durham,

IX 亡命ドイツ法学者のアメリカ法への影響

Jr., Edgar Bodenheimer: Conservator of Civilized Legal Culture, pp. 127-143) の夫人である。彼女は、アメリカの家族立法の改革に大きな貢献をした。以下は、H. D. Krause（ドイツ生まれで、戦後アメリカへ移住した法学者のひとり。現イリノイ大学教授、家族法学者として知られる）による American Family Law and Brigitte Marianne Bodenheimer (pp. 309-320) の紹介である。

〔略歴〕

1912 年　法史学者 Ernst Levy の娘として、ベルリンで生まれる。
1933 年　博士論文完成直前にドイツを去る。ハイデルベルグ大学は翌年博士号授与。
　　　　　アメリカでは、コロンビア大学、ワシントン大学ロースクールで学ぶ。
1936 年　同ロースクール卒業。E. Bodenheimer と結婚。
　　　　　以後 25 年間、3 人の子を育てるかたわら、ワシントンやユタで種々の法律的業務を行う。
1962 年　ユタ大学講師。
1964 年　同助教授。
1966 年　夫とともにカリフォルニア州へ移る。
1971 年　カリフォルニア大学 Davis 分校講師。
1972 年　同教授。
1979 年　定年退官。
1981 年　死去。

B. Bodenheimer は、60 年代初期より、少年法や離婚法に関与し、Rheinstein とは違い、容易な離婚に反対した。彼女の家族立法への関与の第 1 は、子の監護権についての州法の違いから生ずる子の奪いあいを防ぐための統一法、Uniform Child Custody Jurisdiction Act (1968) (UCCJA) の制定に対し指導的な役割を果たした点であり、これにより子と最も密接な関連のある州が管轄権をもつこととなった。しかし、この統一法を採用しない州が多いため、UCCJA の実効性が少なかったので、連邦議会は 1980 年に、親による子の奪取防止法 (Parental Kidnapping Prevention Act of 1980) を制定したが、これも Bodenheimer の考えに依拠するもので

第 2 部　西欧法の生成と展開

あった（前後の問題状況については、海老沢美広「子の州際的奪い去りと監護裁判――アメリカ法管見」ジュリ 843 号〔1985 年〕が詳しい）。さらに問題は国際間に発展する。国際間の子の誘拐についてのハーグ条約の制定にさいして、彼女はアメリカ代表委員として活躍し、1979 年の草案を成立させた。この条約は翌 80 年に採択されたが（南敏文「ヘーグ国際私法会議第 14 回期の概要」民事月報 38 巻 2 号〔1983 年〕参照）、彼女の死後、アメリカ上院は 1985 年この条約を批准し、1988 年にはその履行のための法律が制定され、さらにこの条約は 1991 年に発効した。アメリカ国務省における国際私法についての legal adviser であり、彼女とハーグ会議をともにした Peter Pfund は、Krause の問いに対して、彼女は、「社会的責任と活動についてのドイツ的ユダヤ的民主的な伝統を具現した」と語ったといわれる（p. 320）。

9）　Stefan A. Riesenfeld（1908-1999）

多方面で精力的に活躍している Riesenfeld については、本書では残念ながら独立にはとりあげられず、アメリカの側からは、Vera Bolgár（ハンガリー生まれ、ミシガン大学教授）が Ehrenzweig, Nadelmann とともに、ドイツの側からは、Rolf Stürner（フライブルグ大学教授）がこれも Nadelmann とともにとりあげているにすぎない。そこでここでは、Riesenfeld の 75 才を記念して出版された Ius inter Nationes : Festschrift für Stefan Riesenfeld, hrsg. v. Jayme et al., Karlsruhe : Müller 1983 所収の Gerhard Kegel（ケルン大学教授、ドイツを代表する国際私法学者）, Stefan Riesenfeld（XI-XIII）によって補充する。

〔略歴〕
1908 年　ブレスラウで法学教授の子として生まれる（父は第 1 次大戦で戦死）。ミュンヘン、ベルリン、ブレスラウで法学を学ぶ。
1931 年　博士号取得。指導教授は、Schmidt-Rimpler。
1933 年　イタリア（ミラノ）へ行き、そこでも翌年博士号（国際法と刑法）取得。
1935 年　アメリカへ亡命。バークレーで学ぶ。

164

IX 亡命ドイツ法学者のアメリカ法への影響

1937 年　LL. B. 取得。
1938 年　ミネソタ大学で教える。
　　　　戦時中はアメリカ海軍でエンジニアとして活躍。
1952 年　カリフォルニア大学バークレー・ロースクール教授。
1975 年　定年退官。その後も研究・教育活動を続ける。
1999 年　死亡。

　Riesenfeld は、Ehrenzweig とともに、バークレーを代表する学者として活躍した。その専攻領域は、国際法、比較法、債権法、破産法、社会保障法と多方面にわたっているが、どの分野でも一流の業績を残している。講義や著作活動のほか、いくつかの立法に関与した。そのなかでも、新しい連邦破産法（Bankruptcy Reform Act of 1978）への関与が有名であるが、その他、ミネソタ、カリフォルニア、ハワイの訴訟法や社会立法の制定に大きな役割を果たした（とくにハワイ社会保険法の制定）。また、国際司法裁判所などに係属された国際的紛争について、アメリカを代表して活躍した。彼はアメリカでは「極めて実際的で有能な現代的法律家」と評されている（p. 105）。

　Riesenfeld は、ドイツの破産法の改正に対して、アメリカ法の立場から大きな影響を与えた。破産法は、英米法のほうが大陸法より進んでいる分野であるが、Riesenfeld は、Nadelmann とともに、まず国際破産法の分野でのドイツの判例の変更に対して貢献した。さらにドイツ破産法の改正案は、アメリカ法を継受するものであるが、これに対しても Riesenfeld の影響は大きい。また、Riesenfeld がイニシアティブをとって、ケルン・バークレー間に法学交流が実施されたが（1956-64 年）、この計画が独米法学交流に及ぼす影響は計りしれないものがある。ちなみに、「彼はドグマティーカーでも、法哲学者でもなく、リアリストだ」というのが、Kegel の評価である（XVII）。

〔1999 年の死亡にさいしては、米独両国からネクロロジーを送られた。Buxbaum, 47 Am. J. Comp. L. 1 (1999)；Drobnig, RabelsZ 63 (1999), 405〕

10) **Stephan Kuttner** (1907-1996)

　さいごに、基礎法学を代表して世界的カノン法学者 Kuttner をとりあげたい。彼については、本書では、ドイツから K. W. Nörr（チュービンゲン大学教授、法史学者），Stephan Kuttner — Wissenschaft im Zeichen dreier Kulturen (S. 343-359) が、アメリカから Kenneth Pennington（シラキューズ大学教授），Stephan Kuttner (pp. 361-364) が収録されているが、後者はかんたんであり、前者は Kuttner のアメリカへの影響についても詳論しているので、両者を総合的に紹介する。

　〔略歴〕
　1907年　ボンで生まれる。
　1929年　ベルリン大学助手。
　1933年　ローマ・ヴァチカン図書館で研究。
　　　　　カトリック教へ改宗。
　1940年　アメリカへ亡命。ワシントンのアメリカ・カトリック大学客員教授。
　1942年　同大学正教授。
　1964年　イェール大学教授。
　1969年　バークレーへ移る。
　　　　　定年後も同所で活躍。
　1996年　死亡（小川浩三教授のご教示による）。

　Kuttner は、アメリカへ亡命する以前に、すでに中世カノン法研究者としてヨーロッパでは知られていたが、当時のアメリカでは、カノン法史はだれも研究・教育していなかった。したがって、彼はまずカノン法史を学問的レベルに高める必要があった。そのために専門誌 Traditio を発刊した。彼の仕事として、もっとも重要なものは、1955年にワシントンに Institute of Research and Study in Medieval Canon Law を創設したことであり、この研究所はすぐに中世カノン法史研究の中心となった。彼はここで中世カノン法のすべての註釈書の出版を企てた。なおこの研究所は Kuttner の移籍にともないワシントンからニューヘブンへ、さらに1970年にバークレーへ移転した（現在はドイツのミュンヘンへ移転）。彼はアメリ

IX 亡命ドイツ法学者のアメリカ法への影響

カで多くの弟子を養成し、かれらから2度にわたって祝賀論文集を献呈されている (p. 362 note 2)。

なお本書では、法史学者として、いまひとり David Daube (1909-1999) が、教え子のひとり Alan Watson (ジョージア・ロースクールのローマ法教授) によってとりあげられているが (pp. 549-551)、Daube は主としてイギリスに亡命し、ようやく1970年にバークレーの教授となったので、本稿では省略する。しかし、Watson によると、彼自身をふくめて、Daube の教え子や孫弟子の多くがアメリカで活躍しているとのことである〔長文のネクロロジーとして A. Rodger, David Daube, ZRG (Rom. Abt.) 118 (2001), XIV-LII〕。近時アメリカでもローマ法や大陸法史の研究が盛んになりつつあるが、それに対する二人の亡命法史学者の貢献を無視できない。

3 おわりに

1) 本稿は、ドイツの亡命法学者がアメリカ法の発達に対してどのような影響を与えたかを問題とするものであるが、考えてみれば、影響度の測定は困難な問題である。この点で、K. W. Nörr は亡命法学者の影響史を書くには、つぎの3段階を明らかにすることが必要であるとしている。すなわち、第1に、亡命者のワイマル期における出自を明らかにし、さらに当時の業績を調べること、第2に、アメリカでの法律に関する活躍と業績を知るほか、そこでの文化変容 (Akkulturation) の事実を確かめること、そしてはじめて第3に、ドイツ法への影響を論ずべきであるとされる (S. 348)。この点からすると、本書所収の論稿の多くはかならずしも十分なものではなく、今後さらに一層の研究を期待するほかない。

2) しかし、本書でとりあげられた範囲でも、いくつか有益な結論が見出される。まず、全体として亡命法学者がどれだけアメリカ法に影響を与えたかを測定することは、たしかに現状として困難である。一般論として、

第 2 部　西欧法の生成と展開

もともと概念的理論的なドイツ法学とプラグマティックなアメリカ法学との差はいぜんとして大きく、両者の接近はありえても、収斂はいまのところ考えられない（もっとも、イギリス法と大陸法との間には共通のヨーロッパ文化があるので、収斂の可能性が強い。最近では、Basil Markesinis (ed.), The Gradual Convergence: Foreign Ideas, Foreign Influences, and English Law On the Eve of the 21st Century, Oxford: Clarendon Pr. 1994 が、両者はゆっくりと収斂の方向に向かっているとする（pp. 30-32）。これに対し、アメリカ法文化は、ヨーロッパのそれとは異なるのではないか、という問題がある。これに関する最近の文献として、Reinhard Zimmermann (hrsg.), Amerikanische Rechtskultur und europäisches Privatrecht, Mohr 1995 が注目される〔とりわけ本書所収の Zimmermann, Law Reviews — Ein Streifzug durch eine fremde Welt は、アメリカの法律雑誌を例にとって、アメリカはヨーロッパと異なる法文化を持つと主張し、興味深い。S. 87ff.〕)。

3）　明らかに影響を与えたのは、これまでアメリカで未発達だった法分野である。とくに比較法と法史学では、亡命法学者の活躍がなかったら、今日の繁栄は考えられない〔もっともアメリカ比較法学界の新世代を代表する V. G. Curran などは、比較法における共通性を強調した Schlesinger などユダヤ系学者の学説を、ホロコースト体験によるものと批判し、今後は文化の相違に注目すべしと主張している。Curran, Cultural Immersion, Difference and Categories in U. S. Comparative Law, 46 Am. J. Comp. L. 43 (1998)〕。さかのぼれば、Freund の行政法学への影響もそのひとつである。

4）　法律実務への影響は案外多い。具体的には、Kronstein, B. Bodenheimer, Riesenfeld などは実際の立法に寄与した。その他の法律実務への関与も大きい。それも Freund 以来の伝統であるが、それがどういう理由によるのか、個人的資質の問題か、それ以外の理由があるのか、はっきりしない。

5）　法学方法論についていえば（本稿では省略したが）、亡命法学者のなか

には、亡命前に自由法学や利益法学の影響を受けていた者が多い。アメリカにも社会学的法学やリアリズム法学の伝統があり、影響ということになると、どちらであるか区別することが困難である。

6）　最後に測定困難な要素であるが、人的面での影響が大きいと思われる。Glendon をはじめとし、亡命法学者の弟子の多くが現在アメリカで活躍している。さらにかれらの尽力で多くのドイツ法学者がアメリカに留学し、帰国後、アメリカ法の研究を続けている。他方、ドイツ生まれの相当数の法学者が亡命法学者の庇護のもとでアメリカで大学教授として（とくに比較法の分野で）活躍している（執筆者のなかでは、Baade〔テキサス大学・ロースクール教授〕、Bernstein、Juenger、Krause など）。したがって長期的にみれば、アメリカ法とドイツ法（より一般的にいえば、英米法と大陸法）間の相互影響はますます強くなると予言することができそうである。

第3部　社会主義法系の消滅

X 社会体制の相違と比較法
―― バルテルスの新著を中心として ――

1 はじめに
2 バルテルスの所説
  1) 概念と概観
  2) 方法、対象、評価
3 問題点と評価

1 はじめに

　資本主義法と社会主義法のように、社会体制を異にする国の間で比較法は可能か、可能とするならばどのような方法によるのか、またそれは有用か、といった問題をはじめて提起したのは、1961年のレーバー (Dietrich A. Loeber) の論文「異なる経済秩序をもつ諸国間の比較法」である[1]。この論文において、彼は社会体制を異にする国の間でも機能的比較方法を用いれば比較は可能、かつ有用であると論じて世界の学界に大きな刺戟を与えた[2]。この論文を契機として、東西両陣営の比較法学者や社会主義法専門家により、社会体制の相違と比較法について激しい議論が続いている。レーバー自身、1969年には『高権的に形成された契約』と題する著書において、具体的にソビエトの計画契約とドイツの強制契約を比較し、両制度の機能の相違性を結論として導いている[3]。その他、この問題についてはこれまで数多くの著書・論文が発表されているが、従来の研究を集大成し、現在の問題状況を明らかにし、将来の展望を試みる研究はまだ見られなかった。バルテルス (Hans-Joachim Bartels) の新著、『(異)体制間の比較法の方法と対象』(1982年) はまさにこの要望をみたすものである[4]。

　他方、わが国でもレーバーの論文が引き金となって、私を含め若干の学

第3部　社会主義法系の消滅

者により資本主義法と社会主義法の比較の方法論上の問題が論ぜられた[5]。とくに1967年6月札幌で開かれた比較法学会総会において「資本主義法と社会主義法」がシンポジウムのテーマとしてとりあげられ、2日間にわたってはげしい討論がなされた[6]。しかし、その後とくに注目すべき発展は見られない[7]。私自身も、残念ながらその後の外国での発展を十分にフォローしていない。そこで、本稿は安易な方法ではあるが、バルテルスの新著を紹介することによって、これまでの発展を整理し、現在の問題点を明らかにし、わが国での問題提起者の1人としてのアフター・ケアの責を果たしたい。以上が本稿執筆の動機である[8]。

(1) Loeber, Rechtsvergleichung zwischen Ländern mit verschiedener Wirtschaftsordnung, Rabels Z 26 (1961), 201 ff.
(2) かんたんな紹介として、五十嵐清『比較法入門』(日本評論社、改訂版、1972年) 141頁以下参照。
(3) Loeber, Der hoheitlich gestaltete Vertrag, Berlin, Tübingen 1969. 紹介、五十嵐「東西契約法の比較 ── D・A・レーバーの所説について」スラヴ研究20号 (1975年) 参照。
(4) Bartels, Methode und Gegenstand intersystemarer Rechtsvergleichung, Tübingen 1982, XVII, 221S. DM48. Diss., Hamburg. なおバルテルスは1952年の生れ、ハンブルグのマックス・プランク比較私法研究所の助手をつとめたあと、現在はハンブルグのCDU関係の仕事をしている。
(5) 五十嵐「資本主義法と社会主義法 ── その比較方法論上の問題点」法律時報1967年5月号 (五十嵐『比較法入門』136頁以下に収録)、大木雅夫「ソビエト法とブルジョア法の比較的可能性について」立教法学10号 (1968年) など。
(6) 「資本主義法と社会主義法」比較法研究29号 (1968年)。この学会に対する今日の時点での評価につき、小森田秋夫「戦後日本におけるソビエト法研究(7)(8)」法律時報1980年4、5月号参照。
(7) その間の最も注目すべき業績として、松下輝雄「各国公務員法制の比較法的考察」ジュリスト449、450、452号 (1970年)、同『ソビエト法入門』(東大出版会、1972年) 177頁以下所収がある。
(8) 本稿は、1983年11月17日開催の北海道大学法学会での私の報告を基としている。当日出席され、貴重な意見を述べられた方に感謝したい。

X 社会体制の相違と比較法 ── バルテルスの新著を中心として ──

2 バルテルスの所説

以下バルテルスの所説を紹介する。本書は2章からなり、第1章は「概念と概観」と題され、第2章は「方法、対象、評価」について論じている。それぞれの章は3節からなる。そこで、この紹介も章節ごとに行ないたい。忠実な紹介を旨とするが、〔 〕または注の中で私のコメントも加えた。

1) 概念と概観
(1) 異なる社会秩序の法の特徴

第1節では、主としてことばの問題が論ぜられている。著者は、マルクス主義的法把握を紹介した後、従来（異）体制間比較にさいし用いられてきた「社会主義法」の概念も「資本主義法」の概念もいずれも不適当であるとする。著者によれば、現在の社会主義諸国は多様な法制度を発展させており、しかもその多くはそれぞれの国民性に由来するとされる。社会主義法系の様式決定要素として重要とされるイデオロギーのちがいも、決して絶対的なものではない。したがって社会主義法という概念は大ざっぱすぎる。他方、資本主義法という概念もあいまいである。レーバーは、資本主義法を非社会主義法から第3世界の法を除いたものと解しているが[1]、それらの国もきわめて多様であり、今日では社会主義国との区別が困難な場合も多い。資本主義法ということばが経済を中心としているのも問題であり、要するに体制間比較のための用語としては、社会主義法も資本主義法も、いずれも不適当である。

そこで、著者はそれに代わるべきものとして、価値中立的な用語として、「社会主義諸国家の法」と「西欧工業諸国家の法」を使用することを提案している。〔この点は、本書の出発点であり、著者の基本的態度の現われとして注目されなければならない。また「社会主義法」「資本主義法」と

いうことばの妥当性については、私も疑問をもたないわけではない[2]。しかし、以上のような問題点を理解した上で、「社会主義法」「資本主義法」ということばを使用することは許されるであろう。〕

(1) Loeber, Rabels Z 26, 210.
(2) 五十嵐『比較法入門』153頁以下、同「資本主義法と社会主義法——総論」比較法研究29号7頁以下参照。

(2) マルクス主義法理論における体制間比較法

第2節は、マルクス主義法学者の側からの体制間比較法の可能性と有用性についての見解の発展、およびそれに対する著者の批判からなる。しかし、その多くはわが国の学界にすでに紹介ずみであるので、かんたんにすませたい。

発展の第1段階は「拒絶」の段階である。著者はチェコのクナップ (Viktor Knapp) をその代表者としてあげている。彼によれば、法はその社会・経済的内容と分離しえないので、異なる体制に基づく法の比較は本来不可能である。比較としてなしうることは、両者を対照させ、社会主義法の優位を明らかにすることだけである[1]。この種の見解に対し、著者が批判するのは当然である[2]。

しかし、マルクス主義法理論においても、1960年代半ばから変化が生じ、体制間比較法の「承認」の段階に入る。それを代表するのが、ソビエトの比較法学者ジーフス (Zivs) である。もっとも、彼は体制間比較法の可能性を認めるものの、両者の差異を強調し、対照的比較法に止っている[3]。これに対し、他の学者はより実用的な比較法の可能性を追及し、東ドイツのポッシュ (Posch) とペーテフ (Petev) にいたっては、国際取引法の分野での東西間の統一法の可能性が説かれた[4]。とはいっても、マルクス主義法学者は、タンク (André Tunc) に代表される収斂理論[5]には批判的であった。

X 社会体制の相違と比較法 ── バルテルスの新著を中心として ──

つぎに、著者は現代マルクス主義法学者における体制間比較法について概観する。そこには２つの見解が見られる。ソ連と東ドイツにおける保守的見解とハンガリーに代表されるリベラルな見解である。

まずソ連では、いぜんとして旧来のドグマが維持され、体制間比較法は両者の基本的相違点を発見し、社会主義法の優位を明らかにすべきであるとされる。しかし、最近はここでもリベラルな態度が見られ、指導的比較法学者であるクドリャフツェフ (Kudrjavcev) とトゥマーノフ (Tumanov) は、体制間比較法の実際的効用を説いている。東ドイツでも、ザイフェルト (Wolfgang Seiffert) は、両者の基本的相違と社会主義法の優位を説くものの、技術的な面ではパラレルな現象の存在を認めている。

これに対し、よりリベラルな見解を代表するのが、ハンガリーのサボー (Imre Szabó) である。彼は比較法を、① 法秩序全体の比較、② 個々の法領域の比較、③ 個々の法制度の比較の３者にわける。①と② (いわゆるマクロ比較法) においては、体制間の原則的相違が結論として導かれているが、③ (ミクロ比較法) では体制内比較との差異は少ないと主張している[6]。

以上のような現代社会主義比較法学者のうち、著者は、ソ連・東ドイツの見解をするどく批判し、一方で社会主義法の優位を認めながら、他方で法の統一などの実際的効用を追及することはできないと主張している。これに対し、著者はリベラルな動向には好意的であり、とくに社会主義法の優位を最初から前提とせず、それは研究の結果はじめて明らかになるべきものであるとするサボー等の立場を評価している。かくして、著者は東西両陣営の比較法の歩みよりを期待しているが、収斂の可能性はさしあたり考えられないとする[7]。

(1) Knapp, Verträge im tschechoslowakischen Recht, Rabels Z 27 (1962), 495 ff.（五十嵐『比較法入門』149頁以下参照）。
(2) なお、クナップ自身、後に当初の見解を変更したようである。Knapp, Quelques problèmes méthodologiques dans la science du droit comparé (1968),

in : Zweigert u. Puttfarken (hrsg.), Rechtsvergleichung, Darmstadt 1978, S. 348 Notes 4 参照。ちなみに私は 1969 年 9 月レーゲンスブルクで開催された西ドイツ比較法学会でクナップの発言を聞く機会があったが、それは「拒絶」とは程遠いものであった。
(3) 畑中和夫「エス・エリ・ジーフス『比較法の方法について』」立命館法学 54 号（1964 年)、かんたんには、五十嵐『比較法入門』143 頁以下参照。
(4) Posch u. Petev, Vergleichung in der Rechtslehre, Staat und Recht, 1966, 86 f. 五十嵐・前掲 144 頁参照。
(5) Tunc, La possibilité de comparer le contrat dans des systèmes juridiques à structures économiques différentes, Rabels Z 27 (1962), 493.
(6) 数多いサボーの論稿のうち、本文と関係深いものは、Szabó, Theoretical Questions of Comparative Law, in : Szabó and Péteri (ed.), A Socialist Approach to Comparative Law, Budapest 1977 である。その他、1974 年の比較法アカデミー総会での総括報告である。Les buts et les méthodes de la comparaison du droit, in : Rapports généraux au IXe Congrès international de droit comparé 1974, Bruxelles 1977 において、サボーは、社会主義法の優位を示すという社会主義比較法の第 1 段階はすでに終わり、いまは「異法系の比較において一切の価値判断は排除されている」と述べている。p. 168.
(7) ソ連と東欧諸国、とくにハンガリーとの間に自由化の程度について差があることは、一般論としては妥当すると思われるが、最近はソ連の比較法学者もかなりリベラルになっており、1983 年 11 月札幌を訪問した日本法専門家バトゥレンコ (Vladislav Baturenko) によれば、現代ソ連における資本主義法研究の指導者トゥマーノフはサボーの見解に近いとのことである。

(3) 西側の法理論における体制間比較法

　西側の比較法学においても、体制間比較法は長らく未発達であったが、今日では異なる社会体制間の比較法の可能性については一般に承認されている。
　まずその歴史的発展を概観すると、当初は体制間比較法において形式的観察方法が支配し、とくに英米の比較法学者、たとえば、ローソン (F. H. Lawson)、フリードマン (Wolfgang Friedmann)、エーレンツヴァイク (Albert Ehrenzweig)、ラインシュタイン (Max Rheinstein) らは、社会主義法

X 社会体制の相違と比較法 ── バルテルスの新著を中心として ──

は大陸法と同一であると解した。西ドイツではブラーガ（Sevold Braga）が同一の見解を示した。しかし、著者はもちろんこのような形式的方法を否定し、代わりに体制間比較における機能的方法の必要性を説く[1]。もっとも、著者の方法論である社会的・機能的方法は第4節で詳しく論ぜられ、本節では、他の学者の方法をドグマ的方法として批判的に叙述している。以下、順次紹介する。

(i) 記述的方法　外国の法制度を記述するだけでは比較法ではない。また2つの国の法制度の異同をただ対照させるだけでは、比較法の独自の方法とはいえない。比較のためには、具体的な実質問題（Sachprobleme）が出発点として必要である。

(ii) 歴史的方法　社会主義法系の研究にさいしても歴史的方法は重要である（たとえば、ソビエトの検察官制度は帝政時代にさかのぼる）。しかし、それは外国法のよりよき理解のための資料にとどまり、比較法の独自の方法ではない。

(iii) 概念的・ドグマ的方法　この方法は、異なる法秩序の個々の法制度を対比し、問題の解決を理論的に整理し、共通性の探求に努めることをいう。しかし、この方法は構成的な共通性または非共通性を示すにとどまる。たとえば、両者の民法における売買契約の比較は高度の構成上の共通点を明らかにするが、これに対し経済法の分野では、売買契約の理論的位置づけが両陣営の間で基本的に異なっている。それ故、機能性を考慮しなければ、概念的・ドグマ的方法は、さきの形式的観察方法と変わらないこととなる。

(iv) 類型論的方法　この方法は、一つの法秩序の若干の本質的特徴に還元される法制度を、他の法秩序の相応するモデル（類型）と比較し、一致または近似の程度を明らかにすることをいう。著者によれば、この方法は、類型の形成にあたって法制度の社会・経済的機能を考慮しないと、不十分であるとされる。

(v) 法的・機能的方法　　この方法は、同一の法的機能を果す法制度の探求をいう。たとえば、東西両ドイツにおける法的保護の制度を比較するにあたって、国家の裁判所だけでなく、非国家的紛争解決機関も対象としなければならないとされる。この方法は、法の判断に重要な意味をもつ法制度の限界と協力について重要な認識を伝えるが、法的機能のみを比較の対象とするため、社会学的局面を無視することとなる。

　要するに以上の5つの方法は、体制間比較法の方法として、いずれも十分でない。法社会学を取り入れることによって、はじめて必要な体制中立的な比較の基礎が創り出されるのである。

　(1)　著者はここでは Berman, The Comparison of Soviet and American Law, 34 Ind. L.J. 567（1959）を引用している。

2）　方法、対象、評価

　第1章で、体制間比較法について、東西の学説の発展を批判的に跡づけた後、著者は第2章では主として自説を展開している。そこで、以下やや立ち入って紹介することにする。

(1) 方　　法

　著者によれば、体制間比較法においては、比較の第3項（tertium comparationis）を法社会学の助けを借りて発見することが重要であり、そのための方法論として著者が提唱するのは、社会的・機能的方法である。この方法は、法を社会的要素と関連させ、法規定を一定の社会的原因の結果として分析する。そして、法制度全体または個々の法制度を経済・社会秩序の全体関連に組み入れる。そのためには、法社会学を比較法の補助とするだけでは足りず、比較法自身を法社会学的に行なうことが必要であり、それによってはじめて個々の法制度から解放された、比較の第3項を見出すことができる、というのが著者の基本的構想である。

　このような方法論に対し、バルツ（Manfred Balz）は批判的である。①

X 社会体制の相違と比較法 —— バルテルスの新著を中心として ——

この方法は比較されるべき現象の類似性を前提としている。② 法社会学も法学同様体制中立的ではないと。これに対し著者は、① 出発点の類似性は結論の類似性ではない、また出発点の類似性は必要である、② 社会学は体制中立的である、と反論している。また著者は、体制間比較において、社会的・機能的方法のみが用いられるべきものではなく、他の方法も必要であるとする。

では、法社会学の助けを借りて、比較の第3項をどうやって見出すのか。これについて著者は3つの学説をとりあげている。

(i) 制度の比較　法制度（たとえば契約）を比較の出発点とする見解である。著者によれば、これはレーバーの立場であるとされる。たしかに、レーバーは1969年の著書では、「高権的に形成された契約」を比較の第3項としている[1]。しかし著者によれば、比較法の出発点は法制度であってはならず、純粋に機能的なものでなければならないとされる。

(ii) 組織理論 (Organisationstheorie)　トーマス・ライザー (Thomas Raiser) は、組織社会学の助けを借りて、対立する社会・経済秩序にとって中立的な企業概念を作り出し、それを東西間の比較の基礎とすることを提唱している[2]。しかし著者によれば、この理論は主として形式的構造要素に向けられ、経済組織のダイナミズムを考慮していないとされる。

(iii) システム理論　パーソンス (Talcott Parsons) によって基礎づけられ、ルーマン (Niklas Luhmann) によって発展せしめられたシステム理論[3]こそ、著者の採用する方法論である。しかし、私自身この方面に暗いので、ここでは本書に現われているかぎりにおいて著者の説を要約するにとどめたい。

ルーマンによれば、システム論において、法は「社会システムの、規範的な行動予期の整合的一般化に依拠せる構造」と定義される[4]。そこでの法の機能は、相対立する諸利益の統合に求められる。これに対し、マルクス主義者のシステム論は利益の調和を目指しているが、これは現実的では

第3部　社会主義法系の消滅

なく、社会主義社会においても多くの利益が対立している。最近は、マルクス主義者の中でも、対立する利益の統合の必要性を説く者が出てきた (Arlt, Kazimirčuk)。

著者は、ここで主としてロッター (Frank Rotter) の研究に依拠して[5]、経済企業の組織と活動に関する東西間の比較の問題についてシステム論のもつ意味を解明している。この問題については、本来機能的・政治的課題と機能的・経済的課題とが区別されるべきだが、社会主義国においては両課題は統一されているのに対し、自由経済システムの下では両課題は分離されており、Gesellschaftsvertrag によって両者の統合がなされる。したがって、両体制の差は明らかである。だが機能的比較法にとっては、同じ実質問題が提出されるか否かが重要である。一方で自由経済における株式会社の構造・機能を分析し、他方で社会主義国の国営企業を分析すると、後者にも結合の問題はあり、したがって両者にとって同一の実質問題があるといわなければならない。

本節のさいごにおいて、著者は、トーマス・ライザーの説を再び批判し、システム論のみが、体制間比較のための第3項を提供しうることを重ねて強調している。

(1) レーバーが、「高権的に形成された契約」として、ソビエトの計画契約と西ドイツの強制契約を比較の対象とした点については、機能的に類似する法制度を比較の対象とすべきではなかったという批判がすでに存する。五十嵐・前掲スラヴ研究20号196頁参照。しかし、レーバーは単に「契約」を比較したのではなく、「高権的に形成された契約」を出発点とした点で、それなりの機能性を考慮したともいえる。
(2) Thomas Raiser, Das Unternehmen als Organisation, Berlin 1969, S. 130-132. ただし本書は本来体制間比較法をめざしたものではない。
(3) 著者の引用するルーマンの論文のうち、村上淳一・六本佳平訳『法社会学』（岩波書店、1977年）、土方昭監訳『法と社会システム —— 社会学的啓蒙』（新泉社、1983年）の邦訳がある。
(4) ルーマン『法社会学』117-118頁。

X 社会体制の相違と比較法 ── バルテルスの新著を中心として ──

(5) Rotter, Zur Funktion der juristischen Person in der Bundesrepublik und in der DDR, Karlsruhe 1968. なおロッターには方法論に関する論文として、Dogmatische und soziologische Rechtsvergleichung, OER (Osteuropa Recht) 16 (1970), 81 があるが、そこでも社会学的比較法としてパーソンズやルーマンが主として引用されている。

(2) 比較の対象

異体制間の比較法が可能であるとしても、そこからつねに有意義な結論が出てくるわけではなく、比較の対象の問題も重要である。本節ではそのうちの若干の問題が論ぜられる。

(i) 限定された比較可能性か無制限の比較可能性か？ レーバーやツヴァイゲルト (Konrad Zweigert)／ケッツ (Hein Kötz) は比較可能な対象に限界があるとするが、著者は、社会的・機能的方法によれば、比較可能性については制限がないとする。

(ii) 研究対象の確立　ここでは3つの問題がとりあげられる。第1が、マクロ比較法かミクロ比較法かという問題である。前者は法秩序全体を比較の対象とするのに対し、後者は個々の法制度を比較の対象とする。この点では、西側の学者の間で見解がわかれ、ウシャコウ (Alexander Uschakow) は異体制間においてもミクロな比較を優先すべきであると主張するのに対し[1]、ライヒェル (H.-Ch. Reichel) は体制間比較におけるミクロ比較法を拒否し、それはマクロ比較法 (Systemvergleich) でなければならないとする[2]。しかし、著者は両説とも批判する。個々の制度は全体との関連で理解されなければならず、また法秩序全体も個々の制度の理解なしには解明しえない。それゆえ、体制間比較法にとっては、マクロ比較法もミクロ比較法もいずれも重要である。ただし、マクロ比較法の場合には、法からあまりにも遠ざかるおそれがある。

つぎに体制間比較法において、体制関連的法制度と体制中立的法制度を区別すべきかが問題となる。この点では、レーバーの学説が基礎的であり、

彼は両者を区別した(3)。この説は、ツヴァイゲルト／ケッツによって継承された。しかし、著者はこの区別は適当ではないとする。現実には多くの法制度（たとえばレーバーが体制中立的とする家族法、交通法、外国貿易法、刑法、民訴法）をどちらかに分類することは困難である。

　この点に関する著者の主張は必ずしも説得的ではなく、両者の区別はいぜん有用性をもつように思われるが、著者はシステム論の立場から自説の正当化を試みている。要するにシステム論によれば、すべての法制度は社会システムにとって必要な機能を果たさなければならないので、それはつねに体制関連的であり、また法の序列も関係がないとされる。しかし比較法学者にとっては、さらに評価の問題が重要であるとされ、この問題がさいごに論ぜられる。

(1) Uschakow, Auf der Suche nach einem wissenschaftlichen Standort für das Ostrecht, OE (Osteuropa) 24 (1974), 378.
(2) Reichel, Über Aufgaben und Ziele der Ostrechtsforschung, OE 23 (1973), 628 f.
(3) 簡単ながら、五十嵐『比較法入門』142頁参照。

(3) 評 価 問 題

　比較法においては、ただ諸法制度の間の一致点と相違点を明らかにするだけではなく、どちらがよりすぐれているか評価しなければならないというのは、ツヴァイゲルトの強調するところである(1)。本書最終節では、このような評価的比較法は体制間比較においても可能であるか、という問題が扱われる。そのさい、著者は「評価の比較 (Vergleichung der Wertungen) と、「評価的比較 (wertende Vergleichung)」を区別して論じている。

　(i) 評価の比較　　法は立法者や実務者の評価活動の所産であるので、比較法は各法秩序の評価を比較の対象としなければならない。とくに異なる体制間の比較にさいしては、各体制の法的解釈が担っている評価を明らかにし、比較すること、すなわちその相違点と一致点を吟味することが重

X 社会体制の相違と比較法 ── バルテルスの新著を中心として ──

要である。それはまた自国法の理解のために必要である。

ところで、法と評価の関係では、形式的な法は不変でも、評価が変わることが多い。この点では体制の相違は必ずしも絶対的ではない。コメコンを例にとると、そこでは国際取引契約において売主の解除権は本来計画経済遂行のために制限されていた。しかし各国の仲裁裁判所は解除権の制限を緩和する判断を続け、コメコンの規程改正となった。さらに従来認められなかった損害賠償法も導入された。

体制間比較法においては、そうでない場合にくらべ、評価に差のあることが多い。しかし、著者によれば評価の差の存在は決して体制間比較法にとって特有の問題ではない。その例として離婚法が考えられる。

(ii) 評価的比較法　体制間比較においても評価的比較法は可能かという問題をはじめて本格的に論じたツヴァイゲルト／プットファルケン (H.-J. Puttfarken) は、そこにおいて非評価的比較法と評価的比較法の区別の必要性を説いているが[2]、著者はこの区別の重要性を否定する。ツヴァイゲルトらは、この区別の前提として、評価的比較法のみが機能的であると考えているが、著者によれば、それは本来すべての比較法が機能的でなければならないとするツヴァイゲルトの見解と矛盾する。非評価的比較法も機能的である。たしかに体制間に同一の実質問題が存在しないときに、非評価的比較法の存在意義があるが、しかし著者はこの場合も構造・機能分析は可能であるとする。

評価的比較法のつぎの問題は、体制間比較において、評価的比較法は制限されるべきであるとするテーゼをめぐるものである。この点で、マルクス主義比較法学者は評価的比較法を否定している。評価はあらかじめ決まっているからである。これに対し、西側の比較法学者も評価的比較法が排除される場合を認めている。区別の基準としては、社会の組織的平面に関する実質問題か個人の法的地位を規制する実質問題かによるとされる（前者は評価的比較法を排除する）。

第3部　社会主義法系の消滅

　評価的比較法の第3の（そして著者がもっとも詳論している）問題は、体制間比較法における評価の基準と関連点に関するものである。まず評価の基準については、西ドイツの Ostrecht 研究者[3]の間で使用されている① 体制内在的批判と② 比較による批判（Komparative Kritik）に言及する[4]。①は社会主義諸国において支配的な価値秩序に従って評価することであり、これにより社会主義法の現実を明らかにすることができる。しかし、それだけでは比較法とはいえない。②は体制に無関係な価値基準を選ぶものであり、具体的には本来のマルクス主義に依拠したり、または非社会主義社会体制の評価基準による。しかし、著者によれば、前者には比較法の契機はなく、後者はイデオロギー批判となり、得るところは少ないとされる。③ 第3の基準はツヴァイゲルトの提唱する「よりよき解決の探求」である。この立場からの評価にさいしては、比較の目的が決定的な影響を与える。実際的目的のための比較法においては、評価の基準は目的により制限され、原則として類似の社会体制の法が選ばれる。これに対し、学問的理論的目的のための比較法においては、より自由な立場からの評価が可能となる（したがって異体制の解決をよりよきものとして評価できる）。〔著者自身も③の立場を支持しているようであるが、はっきりしない。それに③の場合、何が「よりよき解決か」が問題となるはずだが、それにもふれられていない。もっとも、以下の叙述はそれに関係している。〕

　つぎに、体制間比較法における評価にさいし顧慮されるべき諸観点が明らかにされる。それは、① 法技術的評価と② 内容的評価にわかれる。① 法技術的評価は、異体制間に共通の解決が存在し、しかしそれへの方法が相違する場合に問題となる。そのさい、どちらがよりよい法技術的解決かを判断するための要素は複雑であり、困難に遭遇する。とくに社会主義国の情報不足がネックになっている。著者はここで具体例として東西両ドイツの損害賠償法をとりあげ、法技術的評価を行ない、東ドイツ民法典（1975年）の解決を BGB より、よりよきものとして評価する（もっともそれ

X 社会体制の相違と比較法 —— バルテルスの新著を中心として ——

は要するに新しいからであり、体制の問題ではないとする)。

② 内容的評価が問題となっているのは、体制間で解決が異なる場合であるが、そのさい、まず社会主義国の解決方法(評価)の解明に困難な問題が多い(その例として、東ドイツにおける農業生産協同組合の成員の脱退権をあげる)。しかし、この問題は比較法一般について妥当するものである。さて、体制間比較法においても、結論の相違は批判的評価を挫折させるものではない。しかし相違点が大きすぎて両体制間の評価の対立となる場合には、評価的比較法は不可能となる。そこで領域ごとの考察が必要となる。ここでは私法をとりあげる。そのうち民法の分野では、評価的比較法は十分に可能である。これに対し経済法の領域では場合による。経済企業や、生産手段への所有権の法的帰属のような、両体制の経済構造における相違が決定的な分野では、評価的比較は不可能である。これに対し、経済法のもっとも複雑な領域である契約法の分野では、体制の基本的相違にもかかわらず、類似性が見られ、評価的比較法を可能とする。

評価的比較法の第4の問題点として、著者はさいごに、評価的比較法が制限されるのは、体制間比較法に特殊な問題かにふれ、必ずしもそうでないとして、イスラム婚姻法を例にあげている。

(1) Zweigert, Die kritische Wertung in der Rechtsvergleichung, in : Law and International Trade, Festschrift für C. M. Schmitthoff, Frankfurt a. M. 1973. かんたんには、ツヴァイゲルト／ケッツ(大木雅夫訳)『比較法概論原論上』(東大出版会、1974年) 74 頁以下参照。
(2) Zweigert/Puttfarken, Zur Vergleichbarkeit analoger Rechtsinstitute in verschiedenen Gesellschaftsordnungen, in : Zweigert/Puttfarken (hrsg.), Rechtsvergleichung, Darmstadt 1978, S. 403. なおこの論文はもと1973年英文で発表されている。松下輝雄「法制度の異質性と比較可能性 —— 社会主義法の類型的特質」野田先生古稀記念『東西法文化の比較と交流』(有斐閣、1983年)所収は、英文論稿の要約と比較からなるものである。
(3) 西ドイツのOstrecht研究の現状については、五十嵐清「ドイツにおけるOstrechtsforschungの発展と現状」同『比較法学の歴史と理論』(一粒社、

1977年）所収参照。
(4) この分類は、Luchterhandt, Gegenstand, Ziele und Methoden der Ostrechtswissenschaft, OER 22（1976), 106 に依拠している。

3　問題点と評価

　本書は、社会体制の相違と比較法の問題を論じた論文としては、最新のもっとも詳細な研究である。この問題はすでに20年以上にわたって各国で論ぜられているので、今日の時点で従来の成果をまとめ、今後の展望を試みることはきわめて有意義である。若年の著者によって書かれた博士論文であるが、明快な叙述とあいまって一応目的を達したものといえよう。
　しかし、もちろん疑問点や問題点も多い。まず果して世界的規模で学説の流れをフォローしたか否か疑わしい。著者が主として利用した文献は東西ドイツの学者によって書かれたものであり（その点はほぼ十分といえるが）、西ドイツ以外の資本主義国の比較法学者の研究成果が十分に生かされていないし、さらにソ連や東欧諸国については（ことばの問題もあり）きわめて不十分であり、とくにソ連の学界の現状が伝えられていないうらみがある。それにもかかわらず、学説の発展と現状に関する著者の認識は基本的に支持しうるように思われる。
　つぎに本書におけるメリットは、システム論を体制間比較法の方法論として導入し、比較の基礎として不可欠な「比較の第3項」を明らかにした点にある。もっとも最近の比較法社会学者のなかには、ルーマンのシステム論の影響をうける者が多く[1]、これも著者の創見というわけにはいかない。それに著者はシステム論により、体制間比較法の可能性について理論的基礎を明らかにしたにとどまり、具体的な体制間比較法におけるシステム論の意義が必ずしも明らかでない。さらにそれが従来の機能的比較法（著者の見解はこれに近いと思われるが）やマルクス主義法学のアプローチ[2]と

X 社会体制の相違と比較法 ── バルテルスの新著を中心として ──

の違いがどこにあるのか、これまた私にとっては理解しえないところである。この点は著者の今後に期待したい。

　いずれにせよ、本書は比較法における法社会学の必要性をもっとも強調するものと評価できる(3)。そこで、本書の方法論を体制間比較法以外の場合にも応用できるかが最後の問題として残る。著者はイスラム法についてその可能性を示唆しているが、われわれにとっては、日本法と西欧法、あるいは最近のようやく緒についた日本法と発展途上国法の比較にさいし、本書の方法論が利用できるかが問題である。ここでは社会体制の相違よりは、むしろ法文化の相違が問題となっている。しかし、システム論の導入はともかく、本書で論ぜられた問題点の多くは、われわれが比較法に従事するさい、つねに留意しなければならないところである。

(1) 本稿で引用した Rotter のほか、Gessner, Soziologische Überlegungen zu einer Theorie der angewandten Rechtsvergleichung, Rabels Z 36 (1972), 229 ; Banakas, Some Thoughts on Method of Comparative Law, Archiv f. Rechts- u. Sozialphilosophie, 67 (1981), 289 など参照。
(2) この点で、わが国のマルクス主義法学者のとるアプローチとされる「歴史的・構造的アプローチ」（小森田・前掲参照）との差が問題となろう。
(3) 比較法と法社会学との関係については、五十嵐清「比較法と法社会学の関係についての覚書」野田先生古稀記念『東西法文化の比較と交流』（前掲）所収、および同『民法と比較法』（一粒社、1984 年）181 頁以下参照。

XI 社会主義法系は存在したか？

—— John Quigley, Socialist Law and the Civil Law Tradition, 37 Am. J. Comp. L. 781 (1989) の紹介を中心に

1 はじめに
2 Quigley の所説の紹介
3 おわりに
  引用文献一覧表

1 はじめに

　最近のソ連および東欧の変動は著しいものがあり、社会主義の将来について懐疑的な見解をもっていた者にとっても、予想をはるかに上回るテンポで、社会主義体制の崩壊が眼前に展開しつつある。社会主義法研究者にとっては、その存在意義が問われている。私自身は社会主義法の専攻者ではないが、比較法学者として、またとくに1960年代より北大スラブ研究施設（現センター）の研究員を兼ねたため、社会主義法についても関心をもたざるをえなかった。私は、社会主義国の法学者やわが国の多くの社会主義法研究者が主張した、社会主義法を資本主義法より上位の法体系であるとする見解にはくみしなかったが、社会主義法系が、資本主義法系と対立する独自の法系として位置づけられるべきことについては疑問をもたなかった[1]。そして、これは最近までの西欧比較法学者の通説的見解であった。これに対し、従来も少数ながら社会主義法系の独自性を否定し、それはいぜん大陸法系の一環であると主張する説が見られた。私はこれまでこの種の見解を軽視してきたが[2]、事態がこうなってみると、かれらの先見性について再評価しなければならない。そこで、本稿はこの種の見解のう

ち、最近発表されたQuigleyの論稿[3]を紹介することを通じて、私自身この問題を再考しようとするものである。さしあたりの結論をいえば、Quigleyの論証にもかかわらず、将来はともかく、少なくとも一時期、社会主義法系が独自の法系として存在したという事実は否定できないように思われる。

(1) この機会に私と社会主義法との関わり合いについて一言しておきたい。私は比較法学者として発足した当初、社会主義法の意義を高く評価していた（五十嵐1953におけるSchnitzer 1945やArminjon 1950に対する批判〔五十嵐1972、197 and 205〕を見よ）。1955年のドイツ留学以来、社会主義法を資本主義法より上位にあるとする見解には疑問をもったが、社会主義法から学ぶべきところがあることは承認していた（五十嵐1957、35）。そして、そのことを夫婦財産制の比較法的研究をつうじて明らかにしようとした（五十嵐1959、同1963〔いずれも五十嵐1976に所収〕）。方法論的には、Loeber 1961の提唱する機能的方法論に影響され、その方法を用いれば資本主義法と社会主義法のように社会体制を異にする国の間の法の比較は可能であり、またそれは望ましいことを論じた（五十嵐1972、136）。さて私の法系論はDavidやZweigertの影響を強く受けたものであり、そのことは当然社会主義法系を独立の法系として位置づけるものであった（五十嵐1972、77；同1977、162）。かんたんながら、この立場から、拙著『法学入門』（1979年）においても、「社会主義法の発展」について言及した（220以下）。

(2) たとえば、Bartels 1982は、社会主義法を大陸法と同一と解する英米の比較法学者として、F. H. Lawson、W. Friedmann、A. Ehrenzweig、M. Rheinsteinをあげ、かれらの方法を体制間比較における形式的観察方法として批判しているが、本書についての私の書評においても、その部分は異論なく紹介されている（五十嵐1984、10〔本書180頁〕）。なお以上の4人のうちRheinstein以外については、Quigleyも、自説の先駆者として引用している（後述、なおRheinsteinについては、Bartelsの引用するEinführung in die Rechtsvergleichung, München 1974, 79 fでは、問題点を指摘するだけで自説の展開はない）。Bartelsはさらに、同じ見解をもつドイツの学者として、S. Braga, Das sowjetische Zivilrecht und das Europäische Privatrecht, Jahrbuch des Ostrechts 1 (1960), 69-84をあげている。Bartels 1982, 64 f.

(3) John Quigley, Socialist Law and the Civil Law Tradition, 37 Am. J. Comp.

L. 781 (1989). なお Quigley は 1940 年生まれ、ハーヴァード大学で学んだほか、モスクワ大学にも留学している。現在はオハイオ州立大学教授、ソビエト法と刑事法を専攻している（北海道大学吉田邦彦教授のご教示による）。

2 Quigley の所説の紹介

以下、Quigley の所説をできるかぎり忠実に紹介することにするが、Quigley の引用文献中で手元にないものも、原則としてそのまま引用する。ただし、大陸法の学者の著作で著者が英訳を利用しているものは、原文を引用した。なお私の全体的感想はさいごの Ⅵ および「おわりに」で述べるが、個々の問題についてのコメントは、〔　〕内および注で述べる。

これまで社会主義革命は大陸法の国々で生じ、コモン・ロー諸国には生じていない。現在多くの西欧および社会主義国の比較法学者は社会主義法の独自性を認めているが（独自説 separationist thesis）、これを否定する学説もある。しかし、後者のこれまでの独自説に対する批判は十分ではない。本稿は、とくに 1980 年代後半の社会主義法の発展を考慮しながら、独自説の批判を試みようとするものである（781。Quigley 論文の頁数。以下同じ。なおⅠⅡAなどの符号も原文どおりである）。

Ⅰ　西欧学者の説く独自説

　著者（Quigley）が、ソビエト法ないし社会主義法系の独自性を認める学者としてまずあげるのは、David 1950 および 1964 である（五十嵐 1972、87 以下参照）。これに同調する学者として、John Hazard (1969, 523)、John Merryman (1985, 1 and 4)、Marc Ancel (1984, 16)、Christopher Osakwe (1982, 268 f)、Michael Bogdan (1978)、L. -J. Constantinesco (1983, 158) があげられる (781-782)。〔代表的な西欧比較法学者が含まれているが、著者はドイツ語が不得意のようであり、ドイツ系の比較法学者、とくに K. Zweigert がここに

第3部　社会主義法系の消滅

登場しないのは残念である。〕

　これらの見解に対し、Wolfgang Friedmann（1959, 9）はソビエト法のなかに基本的に新しい概念や法律関係を見出さず、F. H. Lawson（1954, 780-784）と Albert Ehrenzweig（1970, 1006）も、そのなかに大陸法系から独立させるに十分な新奇性を見出さない。Lawson（1977, 13）はソビエト法を多くの重要な点で大陸法系の一員と特徴づけている。またイタリアの比較法学者 M. G. Losano（1978, 117 f.）も社会主義法を大陸法の亜種としている（782）。〔以上のうち、Ehrenzweig を除くと、他の学者はただそう述べているだけで、理由を詳述していない。Ehrenzweig は、Hazard 1969 の書評のなかで、Hazard が社会主義法の特色としてあげている諸点は、現在の大陸法のなかにも見出されるという観点から批判しており、Quigley の本稿のモデルとなっている。〕

　さて著者は、独自説論者が社会主義法を大陸法と区別する特徴としてあげる以下の6点について、批判している〔この部分の紹介が本稿の中心部分である〕。

A．法の将来における死滅

　共産主義社会では法は死滅するので、社会主義法は過渡期的性格を有するにすぎない、とする点を社会主義法の特徴とする説であり、著者はこの説の提唱者として David（1964, 27）、Hazard（1969, 524 f）、Ancel（1984, 14）およびソビエトの学者をあげている。しかし、ソ連においても60年代以降はこの説は強調されていない。もっとも、60年代のはじめ、司法過程への素人の登用など、法死滅説の若干のインパクトが見られたが、それだけでは社会主義法を大陸法の伝統から離れさせるにいたらない（784-785）。〔法死滅説は社会主義国でもユートピア論であり、今日では社会主義法の特徴として論ずるに値しないように思われる。〕

B．支配的政党の役割

　これは単独政党の支配を社会主義法の特徴とする説であるが、その論者

XI 社会主義法系は存在したか？

として、著者は David (1964, 27)、Osakwe (1982, 278)、Hazard (1969, 523 f) をあげている。とくに Hazard は、非社会主義圏にも権威国家があるではないかという主張にたいし、社会主義国では一党支配が生産財の国有と結びついている点を相違点としている。これに対し著者は以下のように批判する。支配的政党が経済をコントロールした例として、マルコス政権下のフィリピンがある。また社会主義諸国でも、最近は単独政党の支配が揺るぎだした（たとえば、1989年のソ連の議会選挙やポーランドの連帯をみよ）。他方、大陸法諸国のなかで、ドイツ、イタリアはじめファシズム政権の支配下にあった国や、現在もラテン・アメリカやアフリカで単独政党の支配下にある大陸法系の国が多いが、それゆえにそれらの国が大陸法から離脱したことはない (785-786)。〔著者の批判にもかかわらず、Hazard のテーゼは、根拠があるように思われる。現実のソ連型社会主義では、たしかに一党支配と国有化・計画経済が密接に結びついており、それなしには社会主義法は考えられない。したがって現在展開している一党支配の崩壊は社会主義そのものの崩壊へつながっている。〕

C．公法による私法の吸収

この説のポイントは政治的経済的教義にある (Zweigert 1961, 53)[(4)]。この説によれば、国家の経済における役割が私法を公法に吸収し、そのため社会主義法を大陸法から離脱させたのである。著者はこの説の提唱者として、David (1964, 27)、Hazard (1969, 523)、Osakwe (1982, 40)、Bogdan (1978) をあげている。とくに Hazard は、社会主義国家と福祉国家の法体系の枠組みを特徴づける経済的要素を、両者の第一の相違点とし、それは社会とその制度のあらゆる要素が、完全に国有化された計画経済の作用のなかに組み入れられる程度により明らかになるとした（同上）。

これに対し著者は、「社会主義法の特色として国家の経済に対する役割に焦点を合わせることは、私法の私的性質を強調しすぎることになろう。」と批判する (787)。私法も公的機能につかえるからである。他方、

大陸法においても今日は私法と公法の区別はあいまいになっている（Merryman 1985, 94 f；Glendon 1982, 115 f）。この点ですでに Lawson は、「すべての経済は混合経済であり、ソビエトの経済も例外ではない」と批判している（Lawson 1954, 782）。さらに従来の独自論者の分析は、80 年代の経済改革の前に書かれているが、この改革により、著しい経済活動が私的または協同組合的コントロールに服するようになった。社会主義法において私法的規制の数が少ないことは確かだが、しかしその領域では大陸法と同一である。国営企業間および国営企業と私人間も大陸法の伝統の上にたつ私法規範により規制されている（たとえば、ソ連の民事立法の基礎〔1961 年〕をみよ）。結論として、経済的事項に関する社会主義国家の役割も、古典的私法と呼んできた本質的に大陸法的な構造を変えなかったとする Ehrenzweig の所説（Ehrenzweig 1970, 1006）が引用されている。

〔著者の批判にもかかわらず、この点は、Bと結びついて、やはり社会主義法を大陸法または資本主義法と区別する基本的なメルクマールであったと思われる。もっともこの点は、社会主義国の学者により、イデオロギー的立場から過度に強調されすぎたきらいはあるが、西欧の比較法学者も基本的には支持していた。80 年代後半になり、ソ連のペレストロイカや東欧の民主化が進むにつれ、この議論が成り立たなくなるのは当然である。この点で、社会主義法と資本主義法が将来接近すると説いた収斂説（たとえば、Tunc 1961）は先見の明を誇ってよいであろう[5]。〕

D．法の宗教的性格

社会主義法の擬似宗教的性格（pseudo-religious character）については、著者は Osakwe の説を引用し、それは「究極性への請求、規範的なものへの深い関連性、誠実とコミットメントの要求、異端と背教の恐怖、儀式と神話、一団の神学者と伝道師、そして全体として人生に意味、重要性、目的を与えるような人生の解釈をするというその役割」のなかに見出されるとする（Osakwe 1985, 685）。具体的に Osakwe は、ソ連憲法（1977 年）39 条 2 項（「市民による権利と自由の行使は、社会と国家の利益および他の市民の権利

XI 社会主義法系は存在したか？

を損うものであってはならない。」(6)、60条（働く義務）および66条（親の子に対する養育・教育義務および子の親に対する配慮・扶助義務）をその例としてあげているが、これに対し著者は同じような規定は大陸法上いたるところに見られると批判している (789-790)。

Osakweはさらにソビエト刑法における宗教的要素を、「刑法をとおして新たなソ連人の創造を画策する意図」のなかに見出し、その例として、一定の犯罪を報告する義務など8つの義務をあげている (Osakwe 1985, 688)。しかし著者によれば、そのような義務も大陸法諸国でどこにも見られるとされる (791)。さらにOsakweは、ソビエト不法行為法における以下の3視点、すなわち、① 懲罰的損害賠償の除外、② 名誉毀損を除き、物質的損害だけ補償、③ 名誉毀損の救済として、取消と謝罪だけ規定、のなかに宗教的要素を見出し、これらの規定を「金銭は鎮痛剤として用いられるべきでない」という哲学の反映と性格づけている (Osakwe 1985, 689 f)。しかし著者によれば、この点では社会主義国でも足並はみだれており、他方、大陸法諸国はコモン・ロー諸国より一般的に損害賠償を制限している。社会主義不法行為法の一般的性格（過失責任主義）は大陸法にとり典型的なものである (791)(7)。

〔Osakweが社会主義法の宗教的性格という言葉で表現したかったのは、その具体例との関係では、けっきょく法の教育的親権者的役割ということになる。とすれば、それは少なくともソ連や中国の法の特色の一つに数えられるであろう。それを大陸法と変わらないとする著者の批判は、今日の大陸法にはあてはまらない（ただし啓蒙期の法典〔とくにプロイセン一般ラント法典〕にはパターナリズムが顕著に見られた）。しかし、この特色は社会主義法としてのものか、あるいはロシア人や中国人の法文化に由来するものか必ずしも明らかでない(8)。ただ、もともと英米法には大陸法と比較してパターナリズムの傾向が乏しいので、著者がこの点を大陸法と社会主義法に共通の性格と解したことは納得できることである。〕

E．裁判所の役割

　Osakwe によれば、社会主義国における裁判所の役割は大陸法のそれとは異なり、そこでは国家制定法をより機械的に適用している（Osakwe 1982, 273）。しかし著者によれば、この点でも大陸法と社会主義法の間に差はない。むしろ社会主義国の最高裁判所は、具体的事件と関係なしにいわゆる「指導的説明」を発することができる点で、大陸法諸国よりも広い権限を有している[9]。とくにソ連の最高裁判所は指導的説明により重要なルールを作り出してきた。また、社会主義国の裁判所も、大陸法諸国の裁判所と同様、必要な場合には制定法の欠缺を埋めている。さらに違憲法令審査権制度も 1970 年までにソ連を除く多くの東欧社会主義国で認められている（791-793）。

　〔要するにここでは、社会主義国における裁判所の役割が大陸法諸国に較べ限られているという主張に対し、著者は両者の間に差はないか、または場合により社会主義国の裁判所の方がより広い権限をもっていると反論している。しかし、一般的にいえば、社会主義法における裁判所の役割は今日の大陸法諸国に較べはるかに限られたものであるといえるであろう。そのことは、つぎの論点との関係でより明らかになる。〕

F．特権主義（Prerogativism）

　ここで著者はまず Zweigert と Kötz を引用する。かれらは、社会主義法を大陸法と区別する主要な特徴として、「マルクス主義は、国家による干渉を免れた自由領域を個々の市民に保障することによって政治に限界を画することができるのが法だ、とする見解と戦っている」という事実をあげている（Zweigert u. Kötz 1984, 339）[10]。同じく松下輝雄は、社会主義的適法性は法治国家や「法の支配」の概念と異なると指摘している。かれによれば、政治の必要は法規範に優先するとされ、その例として、違法な投機行為に対し遡及的に死刑を適用した 1961 年のソ連最高会議幹部会令をあげている（松下 1972）[11]。さらに Osakwe は、同じ特徴を特権主義とよ

XI 社会主義法系は存在したか？

んでいる。かれによれば、特権主義とは、当事者の必要を国家の必要の強化に合わせるために規範を侵害することを意味する。もっとも、この合法的非合法性はソ連に著しく、他の社会主義国のなかではそれほどでない国もある (Osakwe 1985, 679)。Osakwe はソ連の刑事訴訟法から具体例として以下の４点をあげている。① KGB (国家保安委員会) がすべての犯罪を調査する権限を有している。② KGB の取調べの対象となった容疑者は公判以前に弁護士を依頼する権利を有しない。③ 一定の軽罪については弁護士を依頼する権利は手続きの後の段階ではじめて認められる。④ 共産党員は党を除名されないかぎり訴追されない (Osakwe 1985, 882-887)。

以上の４点に対し著者は、① KGB の権限は制限されている、② そのような規定は存しない、③ 他の多くの国でも同様である、④ そのような立法はなく、実務上は訴追当局の通報により党員を除名しており、60 年代には裁判所が党に同意を求めることをしなくなった、と反論するほか、この領域において両者をはっきり区別することは危険であるとする。たしかに社会主義国では西欧諸国に較べると個人の人権の保護は足りないが、60 年代には改革が進み、両者の差は緩和された。ソ連においても法の支配と政治権力の追求との関係は以前から問題となっており、とくに 80 年代後半になると、法治国家が強調されるようになったとして、19 回党大会におけるゴルバチョフの演説をその例としてあげている (793-796)。

〔「法の支配」の有無が西欧法と社会主義法を区別する主要な特色であることは、上記のほか、David も 1961 年の論文で強調している (五十嵐 1972, 91-92 参照〔ただし本書 37 頁を見よ〕)。著者は専門の刑事訴訟法の分野で具体的な反論をしている。どちらが正しいか私に判定する能力はないが、過去の情報公開が進むにつれ、著者に不利な証拠が増える可能性はある。いずれにせよ、ソ連を中心とした社会主義諸国に「法の支配」が欠如していた事実は否定できないであろう。ただしこの点も、社会主義法に理論的に必然的にともなう欠陥なのか、あるいはロシア人の法文化とより関係する欠点なのか、私としても迷うところである。〕

第3部　社会主義法系の消滅

Ⅱ　社会主義学者の説く独自説

著者はここで社会主義国の法学者の説く独自説を紹介しているが、この点については、私もしばしば紹介しているので[12]、かんたんにすませたい。

多くの社会主義国の法学者も、理由は異なるが、独自説を採用している。かれらは、社会主義法と大陸法の違いよりも、大陸法と英米法を一緒にして、それと社会主義法の違いに関心を示している。かれらの議論は、社会主義国は資本主義国と異なる社会・経済的基礎をもち、それゆえに社会主義法は大陸法や英米法と異なるという点にある (796)。

ソビエトの法学者は、1920年代では、当時のソビエト法を西欧スタイルの法と捉えていたが、30年代半ばになり、社会主義経済が進展するにつれ、ソビエト法を社会主義法と呼んだ。第2次大戦後に成立した東欧社会主義国では、法学者により、社会主義法が資本主義法より優れた法であることが強調された。社会主義国の独自論者は、西欧の論者と同様、マクロ・レベルを強調している。かれらも、かれらの法体系が大陸法に淵源することは認めるが、社会主義法は大陸法系より離脱したと説く。とくにハンガリーの指導的比較法学者 Imre Szabó は、大陸法系と英米法系は法の同一類型が異なる外観を呈するだけであり、それは法のブルジョア的類型として、類型としての社会主義法と同一のレベルに立つとする。要するにかれは、史的唯物論に立ち、法を上部構造の一つととらえ、その形式・内容は社会・経済的要素により規定されるとし、法を奴隷・封建・資本制・社会主義社会の法の4類型に分けるのである (Szabó 1975, 72 f ; 1977, 9 f)。同じくハンガリーの指導的法学者 Gyula Eörsi も、法の社会・経済的基礎を重視するが、他方、かれは法制度の相対的独自性を認めている (Eörsi 1973, 198 and 205)。さらに社会主義国の法学者のなかには、法系と法類型を区別し、大陸法と英米法は法系の区別であるのに対し、社会主義法とブルジョア法は法類型の区別であると主張する者がいる (たとえば、Péteri

1984, 343）（796-800）。

III 独自説の妥当性

　以上、これまで著者は西欧と東欧の比較法学者の説く独自説を批判的に紹介してきたが、ここでは全体として独自説の妥当根拠を問題とする。

　独自論者はマクロ比較法とミクロ比較法を区別し、法系間の区別は前者についてだけ意味をもつとする。しかし、かれらが「技術的」とするものは法の基礎概念を含んでいる。たとえば、裁判の糾問的スタイル、法典への信頼、法の大陸法的範疇への分類、犯罪の審理方法、推定と挙証責任のルールは、大陸法的伝統の中心的特徴をなすものであるが、いずれも社会主義国で使用されている。「社会経済的基礎の相違は、法の機能にとって重要であるが、社会主義法が大陸法系のなかにとどまるかという問題にとっては重要でない。」(801)。この違いは、法類型と法系とを区別する社会主義国の法学者によっても承認されている。その例として、相続法があげられる。両者の間に機能上の違いはあるが、社会主義国の相続法は大陸法のそれとまったく類似している。多くの社会主義国では、社会主義化されたあとも、長らく大陸法系の民法典が施行されていた。社会主義国の法学者のなかにも、社会主義法の大陸法的伝統の維持をより認める者が出てきた。ユーゴの Borislav Blagojevic は、社会主義法の多くの領域で大陸法の伝統が維持されているという事実を否定したり、隠したりする理由はないと述べている（Blagojevic 1968）。さらにポーランドのロマニスト Witold Wolodkiewicz は、ローマ法上の法準則や制度が大陸法をこえて社会主義法にまで伝えられているとして、所有権概念や、不法行為責任と契約責任に共通な債権総論を、その例としてあげている（Wolodkiewicz 1982 and 1987）。最近はソ連の学者も、このような説に同調している（Tille and Shvekov 1978, 125 f ; Ioffe 1987, 46 ; Chkhikvadze 1987, 90）(800-803)[13]。

　かくして「社会主義法系と西欧大陸法系の間には、個々の点では著しい相違があるにもかかわらず、法の基礎領域においては大きな類似性が見出

される」(803)。Hazardは、この点から両者の共通点と相違点を指摘している (Hazard 1981)。「しかしソビエト法または社会主義法をグローバルな視点から見るならば、これらの相違は、大陸法伝統の一部としての社会主義法のアイデンティティーを消すことはない」(804)。アメリカ法とイギリス法との間にも大きな相違点がある（民事事件における陪審の関与、治安判事裁判所における素人の登用、違憲法令審査権）が、両者はコモン・ロー世界に属する。もし独自論者が、コモン・ロー国のなかで社会主義革命により、現在の社会主義国のような法を採用するため、コモン・ローを捨てた国の存在を指摘できれば、独自説は補強されうるが、どんなコモン・ロー国も完全な社会主義秩序を確立していない[14]。イギリスやタンザニアなどは、社会主義への試験的な歩みをしたが、コモン・ローからは離脱しなかった。グレナダでは1979年より83年まで社会主義政権が続いたが、コモン・ローは放棄されなかった。コモン・ロー諸国でも、高度の国家的統制経済が行われることがありうるが、そのときでも裁判所はstare decisisの原理を使用するほか、他のコモン・ローの特色も残すであろう。他方、大陸法的社会主義国の国営セクションでも、裁判所は創造的な役割を果たすであろう (803-805)。

Ⅳ 独自説のネガティブな諸結果

ここでは独自説がどのようなネガティブな結果をもたらすかを論じている。

著者によれば、西欧学者の独自説は社会主義法の諸特徴を誇張し、社会主義国においても法が正常に機能している点を軽視している。アメリカ法がイギリス起源なしには理解されえないと同様に、社会主義法は、その大陸法的伝統ときりはなしては理解されえない。さらに独自説は、社会主義的要素を切りはなすことにより、大陸法の理解を妨げている。というのは、現在の大陸法国においても、経済に対する国家の干渉は必要であり、この点で社会主義法に学ぶべきところが多いにもかかわらず、独自論は社会主

XI 社会主義法系は存在したか？

義法を考慮しないからである[15]（805-806）。

ところで、社会主義国の法学者が社会主義法を大陸法の一部と見ない理由の一つは、西欧比較法学者の以下のような学説が受け入れがたいからである。それは、① 西欧比較法学のアプローチにおける法の一般原則の発見の追求（この点は史的唯物論と矛盾する）、② 法の統一をもとめる西欧比較法の傾向、③ 比較法における主要西欧工業国の歴史的優位、の3点である。しかし、これらの障害にもかかわらず、最近は社会主義国の法学者のなかにも、資本主義法との比較の必要性を説く者が増えてきたとして、著者は Péteri (1984)、Maria Borucka-Arctowa (1973)、Samuel Zivs (1964)、Blagojevic (1968)、Szabó (1977) をあげているが、そのことについては私もこれまで指摘しているので、ここでは紹介を省略することにしたい (806-808)[16]。

V 結　論

かくして著者は結論として以下のように述べているが、それはこれまでの繰り返しにすぎない。

「社会主義法は、それを大陸法系の他の法体系から区別する特徴を含んでいる。しかし、これらの相違点は、社会主義法を大陸法の伝統から離脱させるにいたらなかった。離脱したという結論を引きだすことは、社会主義法の大陸法への歴史的結合と、社会主義法における大陸法的ルール、方法、制度、訴訟手続の継続的重要性を見落とすことになる。」(808)

VI Quigley 論文の問題点

(1) Quigley 論文は、法系論をとりあげていながら、法系分類の基準について、明確な立場を示していない（もっとも、このことは英米の比較法学者一般についていえることで、逆に大陸の比較法学者に対し法系論がどんな意味をもつのか反論することが可能であろう）。しかし David の分類基準にしたがえば、著者は技術的要素を重視し、イデオロギー的要素を軽視ししているといわざるをえず、したがって著者の見解は、大陸法系の多くの比較法学者に対

第3部　社会主義法系の消滅

し説得力に欠けるところがある（これに対し、英米の法学者からみると、著者の見解は素直に受け容れられる可能性が多い。この点は、私としても反省しなければならない）。

　(2)　著者は80年代後半の社会主義法の発展を考慮しているが、まさにそのときにソ連のペレストロイカや東欧の民主化が始まり、それ以前とは問題状況が大きく変わったのである。したがって、従来社会主義法系の独自性を主張していた多くの西欧比較法学者も、この時期以後は自説の維持を躊躇した可能性がある[17]。それゆえ、このようなテーマをとりあげる場合には、各文献の発表時期が問題となる。著者は、多くの文献を発表年の前後を顧慮せず引用しているが、もっとその点について神経質になるべきでなかったか。

　(3)　いろいろ問題はあるが、私としては、著者の批判にもかかわらず、少なくとも一定期間社会主義法ないし社会主義法系が存在したという事実を否定することはできないように思われる。

　　(4)　本論文の邦訳として、ツヴァイゲルト（真田芳憲訳）「法圏論について」ヘーンリッヒ編（桑田三郎編訳）『西ドイツ比較法学の諸問題』〔中央大学出版部、1988年〕所収がある（引用個所は89頁）。
　　(5)　タンクの収斂説の要約については、五十嵐 1972、148 f 参照。なおタンク教授が1991年9月末に北大を訪問されたさい、30年前の予言があたったと思うかどうか尋ねたところ、現在の成り行きは予想外であったという答えが返ってきた。
　　(6)　宮沢俊義編『世界憲法集第4版』〔岩波文庫、1983年〕296頁参照（藤田勇訳）。なお、他の条文についても同書を参照。
　　(7)　不法行為のところでは、私もOsakweの所説に賛成できない。たしかにソ連の法学者は、人格の商業化はマルクス主義に反すると主張していたが、同じことは、19世紀末ドイツ民法典編纂にさいし問題となり、立法者は人格の商業化に反対して慰謝料を制限した。しかし、第2次大戦後の西ドイツでは、この制約を突き破って広く慰謝料を認めるにいたっている。ソ連でも最近は慰謝料を肯定する議論が出ている。その状況につき、直川誠蔵「ソビエト民法と精神

XI 社会主義法系は存在したか？

的損害の賠償」比較法学 22 巻 1 号（1988 年）参照。ちなみに 1991 年 5 月 31 日に成立したソ連の新民事立法の基礎（1992 年 1 月 1 日より施行予定であった）では、市民に違法な行為により精神的損害が生じた場合に、損害惹起者に過失があるときは、損害賠償の義務があるとし、しかもそれは金銭その他の形によるとされた（131 条）。〔イズベスチヤ 1991 年 6 月 25 日による。なお伊藤知義「『ペレストロイカの新民法』邦訳」札幌学院法学 9 巻 2 号 388 頁参照〕

(8) Berman 1963 は、ソビエト法の特色を「社会主義法」、「ロシア法」のほか、「親権者法（Parental Law）」のなかに見出しており、Osakwe などの主張の起源はここにある。

(9) ソ連における判例の意義について、中山研一「ソビエトの法源論」日本法哲学会編『法源論』〔有斐閣、1965 年〕所収、稲子恒夫「判例の比較法的研究（ソ連）」比較法研究 26 号（1965 年）など参照。

(10) ツヴァイゲルト・ケッツ（大木雅夫訳）『比較法概論原論下』〔東大出版会、1974 年〕550 頁参照。

(11) 著者はここで松下の英語論文 Matsushita, Legality in East and West : A Comparative Study of 'Socialist Legality,' in : Perspectives on Soviet Law for the 1980s（F. J. M. Feldbrugge and W. B. Simons, eds.）99, 104-06（1982）を引用しているが、われわれはすでに松下輝雄『ソビエト法入門』〔東大出版会、1972 年〕44 頁以下（死刑の問題については 22 頁）でその見解を知ることができるので、本文ではこちらを引用した。

(12) 五十嵐 1972、142 f. および 1984、7 f. 参照。最近のソビエト法学者の見解につき、トゥマーノフ（直川誠蔵訳）「類型を異にする諸法体系の比較について」比較法学 22 巻 2 号（1989 年）参照。

(13) なお Ioffe はソ連の代表的民法学者であったが、その後出国し、本書（アメリカのソビエト法研究者 Maggs との共著）執筆当時（1987 年）はコネチカット大学教授であり、ソ連の学者としてここに掲げるのは適当でない。

(14) Hazard はその理由として、コモン・ロー諸国では「共同体より個人にバランスをおき、私的事項であると考えられることに対する政府の干渉に嫌悪を示す長年の経験」があることをあげているが（Hazard 1981, 100）、著者（Quigley）は、西欧大陸法諸国も社会主義法を採用していないので、それだけでは理由として不十分であり、より深い分析が必要であるとする（804 note 152.）。

(15) Quigley のこの所説も私には納得できない。西欧の独自論者も、社会主義法を研究対象としないわけではない。

(16) 五十嵐 1972、142 f. 同 1984、7 f. 参照。なお、ジーフスについては、畑中

205

和夫訳が立命館法学 54 号 195 頁以下（1964 年）にある。
(17) ちなみに、1990 年 10 月ソビエトのドネツクで経済法についてのドイツ・ソビエト法学者シンポジウムが開かれたが、Birgit Vosskühler（マックス・プランク比較私法研究所研究員）の記事によれば、ペレストロイカのもとでも、ソビエトの企業は自主性をもたず、ドイツとソビエトの企業法はいぜんとして機能が異なるとされる（Vosskühler 1991, 551 f.）。

3　おわりに

　ここでは社会主義法ないし社会主義法系がどうなるかについて、見通しを述べておきたい。まずソ連・東欧を中心とした現代社会主義法系は崩壊しつつあるといわなければならない。ソ連については、なお経済的混乱が続いているため、保守派の巻き返しが起こりうる余地があるが、それでも独自の法体系を示す可能性はほとんどない。そうすると、なお社会主義国として残るのは、中国、北朝鮮、ベトナム、キューバくらいになった。これだけでは、社会主義法系として独立するのは難しい状況である。しかも、中国法はもともと社会主義法系のなかで独自性を示していた。さしあたり、中国、北朝鮮、ベトナムを中心として東アジア社会主義法系として位置づけることはできよう（もちろんここでは将来どこかで新たな社会主義法系が誕生する可能性までを否定するわけではない）。

　では、ソ連・東欧は今後どうなるか。東欧の多くの国（中欧）は第 2 次大戦前は大陸法、とくにオーストリア法文化の影響下にあった[18]。したがって、今後これらの国が大陸法系にもどることはまちがいない。では大陸法系のなかで、これらの国がどの法群に入るか（オーストリアをつうじてドイツ法群に入るか）、または独自の東ヨーロッパ法群として相対的に独立するかは、なお今後の問題である。問題はソ連（ロシア）の扱いである。革命前はロシアも大陸法の一部であった。しかし、社会主義法系が成立するまでは、ロシア法と東欧諸国法のあいだには交流がなかった。今後両者

XI 社会主義法系は存在したか？

の間にどのような文化的交流が続けられるか不明であるが、多くを期待できそうもない。とすると、ソ連（ロシア）はさしあたり独自の法体系として位置づけられるほかない。アメリカで発達したスラブ地域研究やドイツで伝統を誇る東方研究（Ostforschung）[19]が、将来もこれらの地域を統一的にとりあつかう可能性はあり、それにより共通の法文化を発見する可能性もある。将来を見守りたい。

(18) 加藤雅彦『ドナウ河紀行』（岩波新書、1991年）29頁以下参照。ただしルーマニアはもともとローマ法——フランス法の影響が強かったので（1864年の民法典はナポレオン法典の継受であり、1887年の商法典にはイタリア商法典の影響が強い。なお両法典とも社会主義政権下で廃止されなかった）、今後はロマン法群に復帰することになろう（Zlatescu 1991, 829 参照）。なおこの論文によれば、ルーマニアの法律家はつねにラテン系法律家としてとどまっており、ルーマニア法のローマ法的性格は否定できないとされ (p. 833)、Quigleyの主張を補強している。ただし、共著者の一人V. D. Zlatescu（現ルーマニア最高裁判事）は1976年の論文では、Péteriと同様、法系と法の類型を区別すべきであると主張していた。Quigley 1989, 800.
(19) 五十嵐 1977、90 参照。

〔引用文献一覧表〕 なお（*）印は参照しなかった文献である。

Ancel 1984＝Marc Ancel, La confrotation des droits socialistes et des droits occidentaux, in : Legal Theory — Comparative Law ; Studies in Honour of Prof. Imre Szabó, Budapest.
Arminjon 1950＝Pierre Arminjon, Baron Boris Nolde et Martin Wolff, Traité de droit comparé, 3 vols. Paris 1950-52.
Bartels 1982＝Hans-Joachim Bartels, Methode und Gegenstand intersystemarer Rechtsvergleichung, Tübingen.〔本書 X 参照〕
Berman 1963＝Harold J. Berman, Justice in the U. S. S. R. ; An Interpretation of Soviet Law, Revised ed. Cambridge.
Blagojevic 1968＝Borislav Blagojevic, La caractère révolutionnaire du droit des États socialistes, 12 Revue Roumaine des Sciences Sociales et Sciences Juridiques 19.

第3部 社会主義法系の消滅

(＊)

Bogdan 1978＝Michael Bogdan, Different Economic Systems and Comparative Law, 2 Comparative Law Year Book 89. (＊)

Borucka-Arctowa 1973＝Maria Borucka-Arktowa, Methodological Problems of Comparative Research in Legal and Other Social Sciences, in : 6 Archivum Iuridicum Cracoviense 13. (＊)

Chkhikvadze 1987＝ В. М. Цхиквадзе, О некоторых международных аспектах проълемы прав человека,《Советское государ‐ство и право》1987, No. 7.

Constantinesco 1983＝Léontin-Jean Constantinesco, Traité de droit comparé, tome III, La science des droits comparés, Paris.

David 1950＝René David, Traité élémentaire de droit civil comparé, Paris.

David 1961＝do., Existe-t-il un droit occidental ?, in : XXth Century Comparative and Conflicts Law ; Legal Essays in Honor of H. E. Yntema, Leyden.

David 1964＝do., Les grand systèmes de droit contemporains (Droit comparé), Paris. (ただし、本稿では 9e éd. par Camille Jauffret-Spinosi 1988 を引用).

Ehrenzweig 1970＝Albert Ehrenzweig, "Book Review" of John Hazard, Communists and Their Law, 58 Calif. L. R. 1005.

Eörsi 1973＝Gyula Eörsi, On the Problem of the Division of Legal Systems, in : Mario Rotondi (ed.), Buts et méthodes du droit comparé, Padova.

Friedmann 1959＝W. Friedmann, Law in a Changing Society, London.

Glendon 1982＝Mary A. Glendon, Michael W. Gordon and Christopher Osakwe, Comparative Legal Traditions in a Nutshell, St. Paul.

Hazard 1969＝John N. Hazard, Communists and Their Law ; A Search for the Common Core of the Legal Systems of the Marxian Socialist States, Chicago & London.

Hazard 1981＝do., Is Soviet Russia in a Unique Legal Family ?, in : Jubilee Lectures Celebrating the Foundation of the Faculty of Law, University of Birmingham 93. (＊)

Ioffe 1987＝Olimpiad S. Ioffe and Peter B. Maggs, The Soviet Economic System ; A Legal Analysis, Boulder and London.

Lawson 1954＝F. H. Lawson, "Book Review" of John Hazard, Law and Social Change in the U. S. S. R. etc., 21 U. of Chic. L. Rev. 780.

Lawson 1977＝do., The Field of Comparative Law (1949), in : The Comparison ; Selected Essays, Vol. II, Amsterdam-New York-Oxford.

XI 社会主義法系は存在したか？

Loeber 1961＝Dietrich A. Loeber, Rechtsvergleichung zwischen Ländern mit verschiedener Wirtschaftsordnung, 26 RabelsZ 201.

Losano 1978＝Mario G. Losano, I grandi sistemi giuridici, Torino.

Merryman 1985＝John H. Merryman, The Civil Law Tradition; An Introduction to the Legal Systems of Western Europe and Latin America, 2nd ed. Stanford.

Osakwe 1982＝Glendon et al., Comparative Legal Traditions in a Nutshell, St. Paul.

Osakwe 1985＝M. A. Glendon, M. W. Gordon and Ch. Osakwe, Comparative Legal Traditions, Text, Materials and Cases, St. Paul.

Péteri 1984＝Zoltán Péteri, Le droit comparé et la théorie socialiste de droit, in: Legal Theory — Comparative Law; Stadies in Honour of Prof. Imre Szabó, Budapest.

Schnitzer 1945＝Adolf Schnitzer, Vergleichende Rechtslehre, Basel.

Szabó 1975＝Imre Szabó, The Socialist Conception of Law, in: International Encyclopedia of Comparative Law, Vol. II, Chap. 1, The Different Conceptions of the Law, the Hague and Tübingen.

Szabó 1977＝do., Theoretical Questions of Comparative Law, in: Szabó and Péteri (ed.), A Socialist Approach to Comparative Law, Leyden and Budapest.

Tille and Shvekov 1978＝А. А. Тилле, Г. В. Швеков, Сравнительный метод в юридических дисциплинах, Москва.

Vosskühler 1991＝Birgit Vosskühler, Funktionswandel des sowjetischen Unternehmensrechts? 55 RabelsZ 551.

Wolodkiewicz 1982＝Witold Wolodkiewicz, The Romanist Tradition of Civil Liability in Contemporary Poland, in: W. E. Butler (ed.), Anglo-Polish Legal Essays. (＊)

Wolodkiewicz 1987＝do., The Continuity of Roman Law in the Civil Law Socialist Countries, 1987 Yearbook on Socialist Legal Systems 23. (＊)

Zivs 1964＝С. Л. Зивс, О методе сравнителъно исследования в науке государствое и паве, 《Советское государство и право》 1964, No. 3.

Zlatescu 1991＝V. D. et I. M. Zlatescu, Le droit roumain dans le grand système romano-germanique, R. I. D. C. 1991, 829.

Zweigert 1961＝Konrad Zweigert, Zur Lehre von den Rechtskreisen, in: XXth Century Comparative and Conflicts Law, Leyden.

Zweigert u. Kötz 1984＝K. Zweigert und Hein Kötz, Einführung in die Rechtsvergleichung auf dem Gebiete des Privatrechts, Bd. I: Grundlagen, 2. Aufl. Tübingen.

五十嵐 1953＝五十嵐清「三つの比較法」比較法研究7号〔『比較法入門』185頁以下

第 3 部　社会主義法系の消滅

に収録〕
五十嵐　1957＝同「ドイツにおける家事裁判制度」『家族問題と家族法Ⅶ家事裁判』（酒井書店）所収
五十嵐　1959＝同「夫婦財産制」『家族法大系Ⅱ婚姻』（有斐閣）所収〔『比較民法学の諸問題』201 頁以下に収録〕
五十嵐　1963＝同「社会主義諸国家における夫婦財産制の諸問題」スラヴ研究 7 号〔『比較民法学の諸問題』231 頁以下に収録〕
五十嵐　1972＝同『比較法入門』（日本評論社、改訂版）
五十嵐　1976＝同『比較民法学の諸問題』（一粒社）
五十嵐　1977＝同『比較法学の歴史と理論』（一粒社）
五十嵐　1984＝同「社会体制の相違と比較法 ── バルテルスの新著を中心として」札幌学院法学 1 巻 1 号〔本書 Ⅹ〕
松下　1972＝松下輝雄『ソビエト法入門』（東京大学出版会）

（1991 年 11 月末脱稿。92 年 1 月中旬補正。）

〔付記〕　校正段階で大木雅夫『比較法講義』（東京大学出版会、1992 年）に接した。大木も、今日における社会主義法系の崩壊を認めるものの、「しかしそれまでの 70 年、とりわけここ半世紀は、社会主義法圏が ── 人類の歴史的大実験としてであれ ── 現実に存在していた」ことは認めている（158 頁）。そして旧ソ連・東欧社会主義国をさしあたり「脱社会主義途上法圏」と名付け、可能なかぎり一括して研究するしかないとする（160 頁）。（1992 年 4 月 21 日記）

XII 両ドイツ間私法における公序
—— いわゆる旧事例に対する東ドイツ法の適用の限界* ——

    1 序   論
    2 公序の適用可能性
    3 適用の原則と例外
    4 総   括

ハレ・ヴィッテンベルク大学教授　ゲルフリート・フィッシャー
(五十嵐　清　訳)

　要約　1990年10月3日以前の契約締結または不法行為のような、いわゆる旧事例に対する東ドイツ法の適用は —— それは統一条約によって規定されたものであるが —— 無制限に妥当しえず、公序留保条項の助けを得て、制限されなければならない。具体的な結果は、われわれの法秩序の基本的価値評価と矛盾するものであってはならない。以下の論文は、どのような方法で、今日の法および憲法の諸原則の考慮のもとで、信頼保護、法的安定および法的平和の視点が顧慮されるべきかを提示している。

1　序　　論

　統一条約により、〔ドイツの〕再統一以来、連邦の新たな州においても、わずかな例外をのぞいて従来の西ドイツ私法が適用されている。もっとも、1990年10月3日以前に起こった多くの事実関係の法律効果に対しては、それまで効力を有していた東ドイツ法が適用されると宣言されている。そこでたとえば、再統一以前に東ドイツで結ばれた契約は、民法施行法232

節1条⁽訳1⁾によって、原則として東ドイツ法に服する。そして同じことが、民法施行法232節10条⁽訳2⁾によって、不法行為による加害、たとえば東ドイツ時代に起こった交通事故や医療過誤による責任についても当てはまる。したがって連邦の新・旧の州の裁判所は、多くのいわゆる「旧事例 (Altfälle)」に対しては今後も東ドイツ法を適用しなければならない。

そのことは、西ドイツにおける発展によって特徴づけられた現行法の法観念が、東ドイツ法のそれと根本的に違っているところでは、困難を引き起こす。たとえばある賃借人は、東ドイツ時代に結ばれた賃貸借契約を原則的には維持したいと思っていても、賃貸人が古い契約規定に基づいて社会主義的な居住態度を要求したり、契約違反のさいに教育的な影響を及ぼそうとしたら、願い下げにしたいであろう[1]。また、1990年4月にハレの見本市で注文されたソーセージ製造機の買主（東ドイツ人）が統一後以下の理由で受領と支払いを拒絶したならば、西ドイツの売主も、同様にナウムブルグの高等裁判所も、理解できないであろう。その理由というのは、契約締結時には、そのような輸入契約は国営の外国貿易企業によってのみ締結されえたという東ドイツ法の規定が存在していたので、契約は無効であるというものである（外国貿易独占）[2]。家族法ではつぎのような問題がある。すなわち、民法施行法234節7条の規定⁽訳3⁾によって、東ドイツ裁判所の父性確定判決は原則として将来も効力を有することになったが、父と判決された者自身の法的な聴取もなく、また血清学的鑑定もなしに父性確認が行われたような場合でも、それは尊重されなければならないのか、という問題である[3]。不法行為による損害賠償法においてもまた、いろいろなところで架橋することの困難な深淵がある。身体侵害に対する慰謝料は、東ドイツの裁判所によってきわめてすくない範囲で与えられていたし、人格権侵害に対しては、慰謝料はまったく規定されていなかった[4]。患者への加害に対しては、原則として病院だけが請求され、過誤をおかした医師は個人的に請求されえなかったし[5]、また西ドイツの医師責任訴訟できわ

XII　両ドイツ間私法における公序

めて重要な医師の説明義務違反は、責任原因としてはまったく排除されていた。というのは、すくなくとも体制転換 (Wende) の直前までは、たまたま生じた治療上の損害は、説明がなされなかった結果ではなく、したがって因果関係が欠けているし、さらに説明の範囲はどっちみち広く医師の裁量に属するとされいた[6]。加害行為が再統一のまえになされたが、訴訟は統一後に行われる場合に、このようにして損害賠償を制限したり、排除したりすることは、今日の法観念と両立することが困難である。

〔この点を理解するには、ドイツ民主〕共和国からの逃亡計画の密告について1994年10月11日の連邦通常裁判所で判決された事例[7]における紛争が、とくに分かりやすいでであろう。〔この事例では〕、ある東ドイツの市民が1985年に逃亡しようとし、甥に手伝ってもらうためうち明けた。甥は即座に管轄のシュタージ（国家公安局）の出先機関に告発した。かれは、シュタージの依頼によりうわべだけは叔父の計画に乗り、数週間にわたり逃亡準備について報告した。叔父はそのために逮捕され、数年間の自由刑に処せらた。さてかれは〔統一後〕甥に対し損害賠償、とくに収益喪失の補償を求めて訴えた。ドレスデン高等裁判所はこの訴えを認めた[8]。しかし連邦通常裁判所は、シュタージとの協力を拒絶することが、甥にとって迫りくる自分の不利益のために期待可能性がなかったかどうかという、高等裁判所によって解明されなかった問題を吟味するために、その判決を破棄した。ここでは、甥の行動が損害賠償を義務づける行為にあたるかどうかが問題である。この行為は再統一のまえになされたので、問題は、民法施行法232節10条[訳4]により原則として現行法ではなく、東ドイツ法に基づいて決まる。東ドイツ民法330条によれば、損害賠償義務は、損害が加害者に課せられた義務の違反のもとで違法に生じたかどうかに依存した。東ドイツ法によれば、この賠償義務は当然に否定されなければならなかった。なぜなら、東ドイツの市民はまさに反対に（東ドイツ刑法225条1項5号、213条3項により[訳5]）、第三者の「不法な越境」の計画を知って告発しな

かったならば罰せられたからである。さて、損害を与えた〔被告の〕行動が義務に違反し、違法であるかどうかについて、損害賠償義務の基となる東ドイツ法によって決定させることは、たしかに原則として正しいであろう。なぜなら、許されたこと、またはさらに命じられたことを、同時に損害賠償で脅すことはできないからである。しかし裁判所が、共和国からの逃亡を違法とし、その密告を適法と宣言することによって、いま提起されている損害賠償訴訟を棄却するならば、それはわれわれの法感覚とほとんど両立しないであろう。東ドイツ法を原則として適用するという規定を例外的に破るにはどうしたらよいかが、ここでの問題である。

　国際私法においては、つまりドイツの裁判所による外国法の適用にさいしては、そのような例外的な原則破りは昔から認められている。それは公序留保条項であり、1986年の国際私法改正までは民法施行法30節に規定されており、いまは文言は変わっているが、実質的には本質的な変更はなく[9]、民法施行法6節に規定されている[訳6]。

　この留保条項は、再統一以前には西ドイツの裁判所によって、裁判所が東ドイツ法を適用しなければならなかったときにも、考慮されてきた[10]。たとえば、1957年に連邦通常裁判所は、イェナのカール・ツァイス人民所有企業によるツァイス商会の西ドイツにおける商号権の主張に対して、公序違反を認めた。その理由は、企業の引受と商号付与は、当時のソ連占領地域におけるカール・ツァイス財団の補償なしの、したがって違法な収用に基づくものであったというものである[11][訳7]。同様に1975年にベルリン高等裁判所は、本来適用されるべき東ドイツの家族法の規定に従うことを拒絶した[12]。そこでは東ドイツの家族法60条とともに、同家族法施行法8条3項の経過規定が問題であった[訳8]。その規定は、父性確認判決について、既判力が確定したのちに、確定された父性に反対する事実が知られたときは、その判決の廃棄を可能にした。しかし、この廃棄は検察官だけが提起できた。そして裁判所は、当事者の決定の自由を完全に無視す

XII 両ドイツ間私法における公序

るこの規定を、基本法2条に違反するものとした。したがって裁判所は、東ドイツで扶養料の支払いを判決された父に、本来適用されるべき東ドイツ法によれば持たなかったはずの固有の取消権を認めた。

さて統一されたドイツの裁判所が、以前の、すなわち本来もはや効力のない東ドイツ法を適用する場合に、同様に、というよりはなおいっそう、公序に助けを求めるのは当然である[13]。しかしながら、この類推は種々の理由で争われている。

2 公序の適用可能性

(1) 統一条約における公序留保条項の不存在

かくして民法施行法6節の適用は、それが統一条約の規定によって覆われるという理由で、拒否される。〔また、〕統一条約によって東ドイツ法がなお効力を有するかぎり、それは容認されなければならないからである[14]。そのさい確かに、意識的に公序留保規定を含まない条約においては、単純に自主法すなわち自国法の規定に助けを求めるべきでない、という考慮は正当である[15]。しかし、統一条約自体も、またその理由書も[16]、以下の点、すなわち、この問題についておよそなんらかの考慮を払ったか、そして旧事例の判決にさいし、従前の西ドイツの本質的諸原則と明らかに両立しえず、さらに体制転換以前の一判決においてもまた受容されなかったような効力を容認しようとしたか、という点についての手掛かりを含んでいない。

(2) 時際法における公序？

もっとも、ここで議論されている統一条約の諸規定は、時際法を含んでいる。すなわちそれは、旧法と新法のいずれが適用されるかについてもまた規定している。しかし時際法においては、国際私法が知っているような特別の公序留保条項は、通例ではない。むしろ通常は、新法適用に対する

公の利益が、すでに経過規定の制定にさいし考慮される[17]。立法者が旧事例を旧法に服せしめるかぎりでは、かれは公益を、継続利益および終了した事実関係に対する当事者の信頼保護よりも、重要性が少ないと見なしている。例外はそのつど個別的に規定され、国際私法におけるように、一般的な留保条項の形をとらない。そのことはもちろん確かに、内国法においては、旧法の規定とその効果は、新法規制にさいし知られているということにも基づいている。旧法の規定が今後も適用されるべきであるかぎり、それが、新法の本質的な諸原則と明らかに両立しないような、予期せざる結果を導くことは、ほとんど考えられない。その危険は、いずれにせよ外国法の指定に比べると、かなり少ない。しかし、旧東ドイツ法を指定する統一条約の諸規定においては、単なる時際法ではなく、同時に準国際私法が問題なのである。そこでは、単に旧法ではなく、他の、西ドイツとはかなり異なる法秩序の規定が指定される。ここに根本的に両立しえない法律効果の危険が存在することは、過去〔の事実〕が示しているし、またそれは、目指された統一の目標それ自体が留保条項を無用としたのではない、ことも示している[18]。

(3) 憲法の直接的統制の優位

もっとも連邦通常裁判所は、前述の密告事例において、民法施行法6節の準用に反対であると表明した。裁判所はそのかわりに、東ドイツ法は、貨幣・経済・社会連合を作り出すための1990年5月18日の条約〔第1国家条約〕[19]の2条と4条[訳9]に基づき、すでに法治国家的憲法秩序の諸原則の適応を経験していたという理由で、基本法の憲法的評価の直接の援用を支持した[20]。これは、東西両ドイツの統一の過程によって惹起された憲法的価値の変遷の「放射的効力（Ausstrahlungswirkung）」と呼ばれる。それにより、序列関係は原則として正確に説明される。すなわち、統一過程で変容された東ドイツ法がその規範の適応をすでに規定しているかぎり、第

XII 両ドイツ間私法における公序

1 にその規範がそれに応じて解釈・適用されなければならない。そのときは、それが公序に反する結果をもたらすことは、まったくない。しかし、通貨・経済・社会統合のための第1国家条約の規定が、今日適用される全東ドイツ法を、その結果が統一後の現行法の本質的諸原則、とくに価値秩序とつねに両立しうるほど、包括的に解釈しなおすことを可能にするかどうかは、疑問である。たしかに第1国家条約2条2項は、社会主義的社会・国家秩序の基礎に関する東ドイツ憲法規定を失効させ、また同条約4条は、存続している法を、2条1項において保障される基本法の基本秩序の諸原則、およびその経済的自由権へ適応させることを命じた。しかし両者はその点で、統一後もなお効力を有する、すなわち新事例にも適用される、従来の東ドイツの法についての統一条約9条(訳10)ほどには、広範囲に及ばない。なぜなら、この〔場合の東ドイツの〕法は、それが基本法と両立するかぎりでのみ、効力が認められるからである。

　第1国家条約によって要請された東ドイツ法の適応が、同様の包括的な両立可能性を作りだそうとした、というのは疑わしい。とりわけ、この条約の施行以前に生じた事実関係の判断について、そうである[21]。その2条1項に掲げられた諸原則は、過去の事柄の判断の基準となるよりは、将来に対して適用されるものであることは、まさに密告事件で顧慮されるべき住居移転の自由について、それが「全〔統一〕通貨地域のドイツ人」に対して保障されるべきであるとされたことで明らかである。しかしこのことは、まさに条約によって始めて作りだされたか、または再建されたのである。もし旧事例への適用を眼中においていたら、当然に全ドイツにおける住居移転の自由について規定したであろう。4条1項1文の文言も同方向を示している。なぜなら、〔同文にある〕今後も効力を有する法としては、旧事例に適用される法ではなく、これから現れる事実関係に対して適用される法が考えられているからである。したがって第1国家条約は、旧事例に適用されるべき東ドイツ法の憲法適合的な制限に対する、十分な法的基

礎を形成するものではない。

　もちろん結局のところ、連邦通常裁判所も強調するように[22]、東ドイツ法の適用を、基本法の放射的効力に基づいて制限するか、または民法施行法6節の準用に基づいて制限するかは、おおよそのところ違いはない。放射的効力の顧慮もまた、そのつど適用されるべき東ドイツ規範の、基本法に基づく完全な検討を含むものではない。むしろそれは、主要な基本法的評価と両立しないような結果だけを、排除すべきである。しかし結果の非両立性は、第1国家条約4条ではなく、民法施行法6節に存在し、したがってその適用を支持する要件である。

(4) 公序の例外的性質

　東ドイツの旧事例への公序の適用の本来の問題は、他の点にある。公序は、控え目に適用されるべき例外規定と考えられている[23]。しかし、それを保障する本質的な適用要件のひとつは、われわれの状況に適合しない[24]。民法施行法6節の直接の適用領域では、本来適用されるべき良俗に反する外国法の規定でも、それを考慮しなくてもよいのは、具体的な場合に十分に強い内国への関係があるときに限られる、ということについては〔意見の〕一致が見られる[25]。たとえばわれわれは、数人の妻を連れてドイツへ来たアラブ国籍の人を、一夫多妻主義者であり、その重婚が無効であるとして扱うことはなく、ただドイツにおける、またはドイツの婦人との第2の婚姻の締結を認めないだけであるが[26]、しかもそのようなことは稀にしか起こらない。

　この要件を東ドイツ旧事例の判決に転用するならば、そのことは、現在の（全）ドイツ法秩序に対する十分な関係が存在しなければならない、ということを意味する。東ドイツで結ばれた契約や、またはそこで宣告された扶養判決や、はたまた東ドイツでなされた加害行為の効力を争う当事者は、いまは通例ドイツ国家の市民で、ドイツで生活している。ドイツの国籍と

XII　両ドイツ間私法における公序

内国の常居所はしかし、この法律関係にとって基準となる内国関連性である。ある契約に適用されるべき外国法が、この契約を基本的なドイツの法観念に反して無効であると宣言する場合にも、この契約は、ドイツの債権者によってドイツの裁判所で執行可能でなけれならない。したがって逃亡援助契約による報酬は、西ドイツでは訴追可能であった[27]。契約当事者双方が契約締結時になお東ドイツで生活していたなど、その契約が原則として東ドイツ法に服すべきであったとしても、そうである。同じことが反対に、ドイツ法と両立しえない契約の効力についてあてはまる。それゆえすでにライヒ最高裁判所（RG）は、ドイツの買主に、本来適用されるべきオランダ法によれば認められないような、ドイツ割賦販売法上の保護を与えたのである[28]。不法行為上の保護についても、外国法が充分な補償を与えないか[29]、または補償を本質的に越えて、被害者に利得をもたらすなど[30]、ドイツ法と両立しないような場合にも、事態は同様である。ここでもまた、内国関連性にとって、不十分な補償の場合には被害者が、余分な賠償義務の場合には加害者が内国人であることで、十分である。国際私法においては、契約事例でも、また不法行為事例でも、契約締結時または加害行為時にドイツの現行法秩序とまだ関連性を持たなかったことが、役割を果たすことはない。なぜなら、内国関連性の存在の基準となるのは、判決時であるからである[31]。さいごに、同じことが家族法にもあてはまる。

そのことは、民法施行法6節の適用可能性にとって必要な、現在のドイツの法秩序との関係は、実際上つねに存在しているし、したがって、この規定の控えめな適用は保障されえないことを意味する。もちろん、控えめへの要請は第一に、ドイツ法の本質的諸原則との両立不可能性をあまりにも気前よく認めることに反対する[32]。しかし後者〔ドイツ法の原則との両立可能性〕は、内国関連性と相関関係にある。違反が酷ければ酷いほど、内国関連性は弱くてすみ、両立不可能性が明らかに少なければ、内国関連性が強くなければならない[33]。したがって、内国関連性が極めて広い範囲で

219

肯定される場合にも、この例外規定〔公序規定〕は妨げられうる。民法施行法6節の目的の違反は本来、内国関連性に対する要請が余りにも少ない場合にだけ存するのであり、強い内的関係をもつ事件の数が、原則が例外になるほど、増える場合ではない。それにもかかわらず、2つのドイツ法の特別の状況において、民法施行法6節の適用によって、〔ドイツ法の本質的な原則からの〕多少とも重大な逸脱、とくに基本権の侵害があれば、最終的には現行法が適用されるので、終了した出来事が東ドイツ法に服することがなくなるのではないか、という疑問は残る。それは、2つの理由から時際法の規定の目的と矛盾しうる。一方で、旧事例に対してそれが生起した時の現行法を適用するという規定の目的は、以下の点、すなわち、その行動を当時「実際に存在する」規範に合わせ、その効力をあてにした当事者を保護する点にある。他方で、この規定は、法的安定と法的平和の理由からも、以下のこと、すなわち東ドイツ法のもとで発生したが、その成立、展開または決定が現行法の本質的な原則と両立しないようなすべての法律関係が、ふたたび巻き戻されうること、を阻止しなければならない。2つの目的は、連邦通常裁判所によって支持された照射的解決にさいしてだけでなく、民法施行法6節の適用にさいしても、考慮されなければならないし、また考慮しうるのである。なぜなら、東ドイツの規範の不当性自体ではなく、具体的な事例におけるその適用の結果の不当性が問題だからである。

3　適用の原則と限界

(1) 信 頼 保 護

1つの法体系において合法的に制定された法規範の実効性に対する正当な信頼が保護に値することは、民法上の信義誠実の原則[34]だけではなく、憲法上の法治国家原理[35]にも適合する。自分の行動をこれらの法規範に適

XII 両ドイツ間私法における公序

合させた者は、遡及的に負担となる法律効果であって、かれが予期しえなかった、または予期する必要のなかったものや、別の行動によってのみ避けることができたものに、原則として服せしめられるべきではない[36]。関係者がそこで生活していた外国の法秩序の規定が問題となる場合でも、このことはあてはまらなければならない。したがって、東ドイツの規定がわれわれの今日の法原則と明らかに両立しない場合でも、東ドイツ時代になされた法的に重要な行為に対する〔東ドイツ法の〕規定の適用の結果は、関係当事者がその行動のさいこれらの規定に多かれ少なかれ意識して適合させたということで、受容できる。

 (a) そこでたとえば、具体的な場合に東ドイツ法によれば説明義務が存しなかったときに、医師に対する説明義務違反による損害賠償の請求がなされえないことは、どうしても受け入れなければならない。同様に不法行為責任において、加害行動が、たとえば密告事例のように、東ドイツ法により正当化されていたことは、無視するわけにはいかない。そして契約法においてもまた、計画経済による禁止の効力は、それが契約自由や所有権保護についてのわれわれの観念と正反対に対立するものであっても、それが履行を実際上排除した場合には、受容されうるであろう[37]。もちろん、〔事実の〕生起したときの東ドイツの状況によれば主張されえない信頼は、どんな場合でも保護に値しない。そして保護に値する信頼と保護に値しない信頼の限界付けについては困難が存する。

 (b) とくに違法な侵害に対する〔不法行為〕責任においては、3つの観点が役割を演ずる。まず、加害者は東ドイツ法によってその行為を法律上義務づけられていたかどうか、が問題である。上述の密告事例においては、告発に関してはその例に該当したが、それにつづくシュタージのための「おとり行動」に関しては、それに該当しないであろう。つぎに、加害者が別の行動をとったならば、つまりこの場合に密告しなかったならば、またはシュタージと協力しなかったならば、著しい不利益を恐れなければな

221

第3部　社会主義法系の消滅

らなかったかどうか、が顧慮されなけれならない。最後に、加害者が、東ドイツのある意味では「正常な」反法治国家的な体制不正に協力したか、または殺人、拷問、異常に長い自由刑のような重大な人権侵害をともなう恣意的行為や手続きに協力したかどうか、がなお本質的である[38]。これらの徴標は種々の組み合わせのなかに重なり合うことがあるし、保護に値するかどうかについての動的な[39]システムを作る。

　連邦通常裁判所の見解によれば、特別に重大な逃亡計画の密告の場合のように[40]、加害者に法律上告発が義務づけられていたときは、責任は排除される。そうでないのは、被告発者がその人権の明らかで、かつ最も重い侵害をともなう特別の恣意的措置に曝されることを、加害者が予期した場合に限られるべきだとされる[41]。これは私見によればあまりにも大ざっぱである。なぜなら、告発者は著しい不利益なしに別の行動をとりえたかどうかという問題が、ここでは二者択一のどちらにおいても顧慮されないからである。もちろん、不法な越境の特別に重い事例について通報しないことは——そしてそれには他人と一緒の逃亡も含まれたが——重い刑罰によって脅されていた。外国旅行の禁止やそれと結びついた強制規定のようなこうした加罰的規定が、東ドイツの国際法上の義務とも、また基本権とも両立しなかったことは[42]、東ドイツで生活した人たちがそれによって脅かされていたという事実を変えるわけではない。それゆえ、処罰の重大な危険に身を曝さないために、告発義務を履行した者は、それに対して、変化した法観念に基づいて民法的にも、刑法的にも責任を問われるべきではない。しかし、こうした危険が逃亡計画を知った場合にいつも存在したかどうかは、なお疑問である。近親者、友人、または親しい知人から内密にそのような計画を告げられた者は、逃亡に関与しなかったり、さらには思い止まるように忠告した場合には、告発をしなかったために罰せられるという危険を原則として覚悟することはなく、したがって真の葛藤状況のなかに身をおくことはなかった。連邦通常裁判所のある刑事判決[43]のように、

222

XII　両ドイツ間私法における公序

〔逃亡について〕知らせを受けた女性自身が、逃亡に関与しないならば告発する、と脅かされたような場合には、もちろん別である。ここでは正当にも[44]告発の必要性への信頼が保護に値するとされ、そして政治的嫌疑を〔かけることを〕理由とする刑法241ａ条(訳11)による処罰は、拒否された。同様に、逃亡計画の内密の告知のかげの罠をおそれて、告発をした者に対しても、責任はない。しかし、叔父を密告した甥は、それを引き合いに出さなかったし、またそれに対する拠り所は存しなかった。したがって連邦通常裁判所が、告発をただ可罰的義務だけにもとづき免責とし、ここでは[45]密告者が著しい不利益を恐れなければならなかったかを問わないならば[46]、私見によれば、裁判所は行き過ぎである。場合によっては、刑罰への威嚇の存在は、そのような恐れが告発の原因であったという推定を根拠付けることはできる。しかし、この推定は反論可能でなければならず、そしてこの事例〔密告事例〕では、たしかにそうであった。

　しかし反対に、告発者の葛藤状況をなんら顧慮せず、被告発者に重大な人権侵害をともなう恣意的措置の恐れがあることを告発者が知っておれば、つねにかれの責任を肯定するというのも、行き過ぎである。もちろん不法体制は、その人間および基本権を侵害する規定が、それほど従順に従われなくても、しばしばまもなく崩壊するであろう。しかし、英雄的精神と抵抗を後で法的義務とすることは、法に無理を強いることになる。〔抵抗権を規定した〕基本法20条４項すらも、抵抗への義務ではなく、権利だけを含んでいる[47]。だれかが、他人の軽蔑や死を避けるために、重大な刑罰の具体的な危険に身をさらすことは、倫理的要請としてはなお正当化されるが、私見では、法的義務としてはそうではない。それゆえその種の事例ではまた、告発は、刑法35条の緊急避難によって免責されうる。

　しかし告発者にどんな場合でも要求されうることは、犠牲者の危険を最小にする道を選び、とりわけ〔通知がなされたら〕合法的な手続きなしに逮捕したり、虐待したり、殺害したりすることが明らかなような役所には、

223

第 3 部　社会主義法系の消滅

通知をしないことである。たとえば、ナチス時代や、〔ソ連による〕占領時代や、少なくともスターリン主義の支配のもとの東ドイツにおいて、党機関や公安機関がそれに相当した。すでに 1955 年の連邦通常裁判所の判決において、いわゆる国防軍崩壊についての発言をナチス党の地方支部長に密告し、その結果、ゲシュタポによって逮捕され、民族裁判所によって有罪判決を受けた場合に、その密告は民法 826 条により良俗に反するものとして損害賠償を義務づける行為であるとされた[48]。

　それによって具体的な懸念すべき重大な不利益を避けようとする加害者だけが、行為から免責されることが確認される。しかしそのことは、単なる体制不法の場合だけでなく、その結果として重大な人権侵害が懸念されるべき告発に対してもまた、生命・身体・自由へのそれ以外では避けえない危険の存する場合に、あてはまる。

　東ドイツ法によって法的義務として規定された加害行為が、反法治国家的であっても、恣意的な重大な人権侵害を意味せず、またそれをもたらさないものであるかぎりは、免責のために必要な差し迫った不利益は、生命・健康・自由に対する危険のなかに存するだけではない。物質的な生存の基礎、とくに職業を危険に曝さないために、この国家〔東ドイツ〕の外見上は合法的な要求に従った者に対しても、有責性の非難を浴びせることはできない。この理由から、以下のような連邦通常裁判所の判決、すなわち、刑事訴訟に関与し、公正な法治国家的手続きの原則には適合しないが、東ドイツ法の体制内在的な規範には適合していた裁判官や検察官の刑法上の責任を否定した判決、は正当である[49]。これらの規範に従わないことは、職業の喪失を意味したであろう[50]。ここでもちろん、司法機関はその行動において自由でなかったとしても、この職業を選ぶことは自発的であったという反論がなされる。しかしそうすると、反法治国家的手口をもつ国家においては、国家と関係したどんな職業活動を選んだ場合でも、引き受け責任を負うことになるが、それは行き過ぎである。そのことは、ある職業

XII　両ドイツ間私法における公序

のもとでは、他の法秩序によれば反法治国家的だとされるような行為を義務づけられるかもしれない場合には、そのような職業に就くべきではないという要請に行きつくであろう。この要求は倫理的にはたしかに支持できる。刑罰や損害賠償による制裁を受ける法的義務としては、それは通常の人間にとっては過大な要求であり、まさに法治国家はそれを要求すべきではないであろう。

　もちろんそれは、不法体制を作ったり、それを決定的に担った人たちも免責されうることを意味するわけではない。たしかにたとえば〔東西ドイツの〕国境における射殺に関して国境警備兵自身の責任については重大な疑問がありうるが[51]、国家防衛評議会や〔東ドイツ〕共産党の政治局のメンバーの責任については、そうではない[52]。そのような目立つ地位に到達することは、生活上必要でもなければ、また通常のことでもなく、したがってここでは〔職業選択の〕決定の葛藤についても、したがって保護に値する信頼についても、もはや問題になりえない。たとえばワルトハイム訴訟[訳12]のような純粋の恣意的手続きへの関与もまた擁護されない。この訴訟は、その形式においていちども外見上合法的な基礎をもたなかったのである。さいごに、違法な行為のゆえにすでに東ドイツ法によって責任があったが、たとえば影響力の強い幹部の場合のように、ただ事実上の権力関係に基づいて請求を免れていたような人が、保護に値しないのは当然である[53]。

　加害者が、自己の重要な利益に対する重大な危険なしに、別の行為を取りえたかという問題は、ここで主張された見解〔私見〕によれば、法的義務がある場合でも、〔加害者の〕が保護に値するかどうかについて、提起される。連邦通常裁判所の見解によれば、そのような〔法的〕義務がなかった場合には、その要件はつねに必要である[54]。そして、甥が告発だけにとどまらず、さらにシュタージと協力し、それによって叔父を積極的な逃亡準備に巻き込んだ場合には、そのような義務はなかったのである。その判

225

決では、自分自身の危険をさけるため止むをえず不法体制の仕事に協力したのではない人が、その体制の実務を自分のものとし、したがって有責的に行為をしたこと、が強調されているのは当然である。国家的不法が、自分の目的、たとえば競争相手や自分の生活の変化を妨害する配偶者を片づけるために、手段として利用されるような場合にも、もちろんそのことはあてはまる。たとえば連邦通常裁判所の古い刑事判決55)のなかに、その例がある。そこでは、「享楽的」な妻が国防軍崩壊を理由に夫を告発し、証言拒否権があるにもかかわらず、また死刑の恐れがあるのを知りながら、課せられた証言を宣誓した。これが違法な謀殺未遂と見なされるべきことは、疑問の余地がありえない。とくに恣意的な重大な人権侵害への協力が付け加わるときは、そうである。

　その他、この判決においては、刑法判例上今日まで効力を有する原則、すなわち、真実の告発をする者は、刑事手続に関与する公務員よりも、より高い可罰性の危険に曝されるべきでないこと、また刑事判決の執行によってもたらされた結果が違法である場合にのみ告知者は有罪とされうること、という原則が樹立された56)。〔連邦通常裁判所の〕民事第6部は、前述の密告判決で、民事の損害賠償責任に対して、その〔刑事の〕原則への依存を否定した57)。それは、責任は当事者において別々に判断されうるがゆえに、正当である。たしかに既述のように、外国旅行の禁止やいわゆる共和国逃亡と結びついた諸規定は、基本権や法治国家原理と両立しえず、したがって今日の判決では、民法施行法6節の準用かまたは基本法の照射的効力によって違法であった。しかし、告発者やその手続に関与する者に対してその行動が非難されるべきかどうかは、個々の場合において保護に値するかについて前述した基準に依存し、そして、ここでは葛藤状況はまったく種々様々である。

　(c)　保護に値するかどうかという問題は、加害行動が東ドイツ法によっても義務違反であったが、行為者が損害賠償責任を全然負わなかった（ま

XII 両ドイツ間私法における公序

たは著しく少ない範囲で負った）場合にも、提起される。東ドイツ時代に発生した医療過誤の場合が、その例である。しかし、医師が保健制度の公的施設で働いているかぎり —— そして結局医師の約99％ がそうだったのだが[58] —— 東ドイツ民法 331 条[訳13]によれば、施設、つまり病院、病院の外来診療科、または外来診療施設だけが、この過誤に対し責任を負ったのであり、医師自身ではない。さて個人的な賠償義務があったならば、もっと注意深く診療したはずだという医師の抗弁は、たしかにシニカルに聞こえるかもしれない。しかし過失に対する職業責任は、一方では注意深い行為を促すという目的ももつが、他方では、ドイツ連邦共和国の医師責任システムのもとでは、医師は自分の財産的損失を責任保険の締結によって回避している。損害を自分自身で担わず、他人に転嫁するいという利益は、われわれの現行法のもとでも保護される。したがって、遡及的に個人的責任を命じられた場合に、とることができるような損害引受手段がないということに対する信頼も、同様に保護に値する。

(d) 信頼は、それが信頼をした者の行為に影響を与えた場合にのみ、保護に値する。すなわち、かれにとって今は不利益であるような当時の法的状態をまさに信頼して、ふるまった場合でなければならない[59]。相応する義務がないために説明をしなかったり、個人的責任がないために責任保険を締結しなかったりした医師の場合に、それは明らかである。しかし、現在の法的状態を知っていても別の行為をしなかったであろう者（または〔法的状態の〕変化によって不利益を受けなかった者）は、保護を必要としない。そのことは、東ドイツ時代に基礎づけられたが、個々の権利・義務は再統一の後に生じたか、または生ずる法律関係の場合に、とくに意味をもつ。また将来何の変化も生じないという信頼が自分の行動に影響を与えるのは、例外的な場合に限られる。東ドイツ時代に賃貸借契約を結んだ賃貸人は、社会主義的な住居態度への義務と教育的影響の権利がある日消失するかもしれないことを予見したとしても、通常はそれ〔契約締結〕を思い止まっ

227

第3部　社会主義法系の消滅

たり、別の内容の契約を結んだりすることはないであろう。同様に、東ドイツ時代に事故を引き起こした者は、生活関係が変わらず、犠牲者の損害の必要性が事故時の低い水準のままに止まる、と信頼することはできなかった。したがって、連邦通常裁判所によって、東ドイツ民法典338条3項(訳14)に基づいて義務づけられたが、現在支払われるべき慰謝料の算定にさいし、今日のより高い生活標準が顧慮されたのは、当然である[60]。

(e)　さいごに、形式上有効な東ドイツの法規定に対する保護に値する信頼は、契約法においては、体制転換の後になお存在している計画経済上の規定に違反して結ばれた契約の場合には、しばしば否定されなければならない。それはたとえば国境を越える契約で、東ドイツ国家の外国貿易独占に基づき、国営貿易企業だけが締結することを認められていた場合に、当てはまる。たとえば前述の、西ドイツの製造業者から東ドイツの食肉加工業者がソーセージ製造機を購入した場合が、この例にあたる[61]。東ドイツ法によれば、外国貿易独占に違反した契約は無効であった。そして統一後もはや欲しくなくなった取引から免れるために、買主は体制転換時にくりかえしその点を援用しようとした。しかし国境を越える契約において、そのような計画経済上の規制は、どっちみち部分的にのみ適用可能である[62]。だがいずれにせよ体制転換ののち直に、おそくとも1990年3月の人民議会選挙ののちには、経済の自由化と計画経済の終了が見透せた[63]。この時期のあとでそのような契約を結んだ者は、その契約は旧法の制限に服するのではなく、変化する法に基づいて実行されうるということから、出発した。それゆえ、その契約が現行法によって有効であると宣告されても、かれの期待は裏切られないであろう[64]。

(2)　社会全体の法的安定利益

(a)　東ドイツ法の影響を受けたすべての法律関係について、現行法の本質的な原則、とくに基本権と一致するかどうかを調べ、場合によっては訂

XII 両ドイツ間私法における公序

正することを、前述のように個人的な信頼が禁ずるだけでなく、社会全体の法的安定利益もまたそれを禁ずる[65]。このことはすでに統一条約において、その18条1項1文[訳15]によれば、確定した判決はその効力を維持し、民事訴訟法の手続き的規定にしたがってのみ、したがってたとえば再審事由のある場合に、法治国家的原則と一致するかどうかが審査されうる、と表現されている[66]。同様に、東ドイツ法によって規定された時効期間が経過した場合には、東ドイツ法に服する請求権は時効にかかったままである。期間の進行は、権利の追求が不可能であった場合にのみ、例外的に停止されうるが、時効停止に関する東ドイツ民法477条の規定[訳16]は、今日では、不法システムに基づき、法治国家として必要な裁判上の権利実現が排除されていた、と解釈されるべきである。しかし、連邦通常裁判所は、たとえば医師責任請求に対して、そのような例外を否定した。というのは、明らかに長い間、西ドイツでの通常の程度では行使されてこなかったとしても、そのような請求権はそれ自体〔東ドイツ法によって〕実現可能だったからである[67]。このことを今日、過去40年に対し、または20年にすぎないとしても、取り戻すことは、たしかに法的平和に役だたないであろう。

(b) われわれの法秩序の本質的な原則と〔行為の〕結果との非両立性の問題においては、一般的には行為の発生した時期が重要な役割を演ずる。その時期が古く遡れば遡るほど、外国法の非適用に注意深くなければならない。この現在との関係という要件は、公序の適用にさいして、民法施行法6節のさらなる不文の構成要件標識として一般に承認されている[68]。しかし、連邦通常裁判所のように、基本法の憲法的評価を放射的効力により直接に適用する場合にも、そのことは妥当すべきであろう。すでに東ドイツ時代に発生した法的状態は、われわれの法観念と両立しない規範に基づく場合でも、それがいまようやく発生し、裁判所により命じられたり、ときには執行させられるべき効力について判断されるのではなく、ただその法的状態の存続や巻き戻しが問題になっているにすぎないときは、容易に

第3部　社会主義法系の消滅

受け入れられるべきである。それは、前述の父性確認訴訟の例[69]でよく説明される。父親としての聴取も、血清学上の鑑定もなしになされた父性確認は、扶養料の支払いがなおなされるべき場合や、現在訴えられている場合よりも、すでに扶養義務が子の年齢に基づき終了した場合には、そのまま存続させることができる。

　連邦労働裁判所の1996年4月18日の判決も[70]、同じ線上にある。それによれば、ある女教師の1973年に政治的理由によりなされた即時解雇は、当時の法によれば取消がなかったので有効であったのだが、再統一後もその効力を失わないとされた。連邦労働裁判所は正当にも、それより生ずる時には広範な後払い義務を伴う遡及的な〔解雇の〕取消は、法的安定性の利益と一致しないし、またそれは、統一条約の構想にも適合しない、と指摘した。なぜなら、統一条約18条によれば、再統一前になされた東ドイツ裁判所の判決も、そのまま有効であり、今日の評価によれば違法な解雇を、その訴えが東ドイツ体制のもとでは見込みがなかったので、取り消さなかった者を、解雇保護訴訟を体制に制約された理由で棄却された者よりも、優遇するわけにはいかないからである[71]。

　(c)　東ドイツ法の適用の結果がわれわれの今日の共通の法の本質的な原則と明らかに両立しないかどうかという問題については、立法者が特定の領域でいわゆる分断不法（Teilungsunrecht）〔ドイツの東西分断によってもたらさた不法〕の除去のための特別な規制をしたということも、また考慮されるべきである。ここではつぎのような事例、すなわちその反法治国家的取扱が一方では東ドイツの政治システムの典型的な結果であり、他方では数のうえで相当の範囲をもつような事例、が問題である。そのような不法の克服を、公序の適用のもとで、民事訴訟による個々の事例判決に委ねることは、堪えがたい法的不安定や、法的平和の障害を、そして所有権関係のような特定の領域では、著しい経済全体の不利益を、もたらすことになるであろう。

XII 両ドイツ間私法における公序

　それゆえこのような場合に対しては、財産法の特別法規定や、その後になるが物権法整理法[72]の特別法規定もまた制定されている。旧東ドイツ法の適用に基づいて生じた法的状態が、さらに公序（または放射的効力）に関して民事訴訟の訴えや憲法的審査に服することができるならば、それはこれらの規定の目的に反するであろう。したがって、原状回復の要件をみたす事実は同時に民法上の請求権や形成権の基礎となりえない、とする連邦通常裁判所第5民事部の見解[74]に対しては、学説上かなりの数の攻撃がなされているが[73]、その見解は正しいと認められるべきである。もちろん出国前に東ドイツに存した土地を売ることを国家により強制されることは、われわれの憲法の原則と両立せず、またそれは、東ドイツ民法70条[訳17]によっても原則として取消原因となるような、違法な強迫を構成した。東ドイツの裁判所もまたそう判断したということは[75]、どうもありそうもないことである。しかし、それゆえに〔東ドイツの裁判所がそのような解釈から出発して〕強迫による取消を認めないとしても、今日それはけしからん結果に導くわけではない。とくに取得者が善意であった場合にそうである。いずれにせよ耐えられない結果は、財産法がこの特殊な不法の除去や補償を可能にしていることによって、避けられるであろう。

　同様に、国家の役所の反法治国家的行為への協力による損害賠償請求権の提起にさいしても、それによって生じた権利侵害や損害の回復が第1[76]および第2不法除去法[77]の対象であることが顧慮されるべきである。ここでもまた、体制に条件づけられた不法を越える不法な行為、とくに明らかな重大な人権侵害を犯さなかった個人は、損害賠償を請求されえない[78]。かれに与えられた信頼保護が、犠牲者にとってもどうにか堪えうる結果をもたらすためには、ここでは国家による補償が配慮されなければならない[79]。

第3部　社会主義法系の消滅

4　総　　括

　旧事例に対して規定された東ドイツ法の適用は無制限に妥当しうるものではなく、〔その適用の〕具体的な結果がわれわれの法秩序の基本的な評価と矛盾してはいけない、ということについてはたしかに広く一致が見られる。今日の法および憲法の原則を援用して、信頼保護、法的安定および法的平和の観点を無視することは許されないという私のテーゼもまた、その出発点においては同意を見出すであろう。私に対する異論があるとすれば、それはわれわれの観念によれば不法な行動がどの程度まで信頼保護に値するかという問題についてである。そして私に対しては、そのような行動に対する制裁がなされないことが、それと結びついた犠牲者の不利益のゆえに、法治国家的原則を過去に対して適用するよりも、より強く法的平和を害するという反論がなされることは確かである。それについてはもちろん争うことができる。しかし、不法秩序のもとで生活する必要のなかった人たちにとって、他人に対して法治国家的行動基準の遵守を要求することは、きわめて容易である。そして法的平和は、長い不法時代ののちには、つねに必ずしも、本来正当な法的地位の完全な原状回復と補償によって達せられるのではなく、その費用が部分的には社会全体の負担となるような調整の方法によってのみ達せられるのである。

　〔原注〕
　　＊私が1995年7月6日ハレ・ヴィッテンベルクのマルチン・ルター大学で行った教授就任講義の拡大された原稿である。講義形式は大部分維持された。
1)　参照、*Staudinger/Sonnenschein*, BGB, 12. Aufl., Art. 232 §2 EGBGB Rdnr. 54. ここでは契約は1990年10月3日以後はいずれにせよ民法施行法232節2条により新法に服する。
2)　*OLG Naumburg*, DZWir 1994, 123 (125) m. Anm. *Fischer*；また*OLG Naum-*

burg, IPRax 1995, 172 m. Anm. *Fischer*, S. 161 ff. も参照；しかし、営業用賃貸借契約における許可要件については、異なる。*BGH*, NJ 1993, 132 f.
3） 否定するのは、*AG Hamburg-Wandsbek*, DtZ 1991, 307 f.；*Palandt/Diederichsen*, 55. Aufl. (1995), Art. 234 §7 EGBGB Rdnr. 4；*Staudinger/Rauscher*（注1），Art. 234 §7 EGBGB Rdnr. 16.
4） それについては、*BGHZ* 123, 65 (73)＝NJW 1993, 2531 (2533) 参照。
5） 参照、*Franzki*, in : Festschr. f. Remmers, 1995, S. 409, 414；*Könning*, VersR 1990, 238 (242)；*Grambow*, Die Haftung bei Gesundheitsschäden infolge medizinischer Betreuung in der DDR, Diss. Göttingen, 1995.
6） *Franzki*（注5），S. 417；*Könning*, VersR 1990, 238 (240 f.)；*Grambow*（注5）.
7） *BGHZ* 127, 195＝NJW 1995, 256.
8） *OLG Dresden*, DtZ 1993, 345.
9） BT-Dr 10/504, S. 42；*BGHZ* 104, 240 (243)＝NJW 1988, 2173；*Kegel*, IPR, 7. Aufl. (1995), §16V, S. 378；*Sonnenberger*, in : MünchKomm, 2. Aufl. (1990), Art. 6 EGBGB Rdnr. 1；*Palandt/Heldrich*（注3），Art. 6 EGBGB Rdnr. 1.
10） とくに*BVerfGE* 77, 137 (152 f.)＝NJW 1988, 1313 をみよ；また*BGH*, NJW 1989, 1352 参照。
11） *BGH*, LM §12 BGB Nr. 18.
12） *KG*, FamRZ 1975, 54 (55).
13） 賛成、*Drobnig*, DtZ 1994, 86 (90 f.), *Nolting*, EWiR §338 DDR-ZGB 1/93；より慎重なものとして、*Horn*, DWiR 1992, 45 (46)；*ders.*, AcP 194 (1994), 177 (196).
14） *Palandt/Heldrich*（注3），Art. 6 EGBGB Rdnr. 12、ただし憲法適合的な解釈を要請する。
15） *Lewald*, Das deutsche IPR auf der Grundlage der Rechtsprechung, 1931, S. 26 ff., *Jayme/Meessen*, BerDGesVR 16 (1975), 122 ff.；*Sonnenberger*, in : MünchKomm（注9），Art. 6 EGBGB Rdnr. 27 m. w. Nachw.；*Soergel/Kegel*, BGB, 12. Aufl. (1996), Art. 6 EGBGB Rdnr. 38 m. w. Nachw.；異なる見解として、*Raape/Sturm*, IPR, Bd. I, 6. Aufl. (1977), §13 XI 3；*Wengler*, in : RGRK, BGB, 12 Aufl. (1981), 77.
16） BT-Dr 11/7817, S. 36 ff.
17） *Staudinger/Coing*（注1），Einl. Rdnr. 249, 266.
18） 参照、*Staudinger/Kegel*（注15），vor Art. 3 EGBGB Rdnr. 249；*Raape*, NJW 1951, 457；*Samson*, JR 1951, 657f.；*LG Berlin*, JR 1955, 108；反対、*Wengler*, NJW 1951, 52.

19) BGBl 1990 II, 537.
20) *BGHZ* 127, 195 (204) = *BGH*, NJW 1995, 256 (258)；おそらく賛成 *Staudinger/Blumenwitz*, 13. Bearb., Art. 6 EGBGB Rdnr. 71.
21) 1990年7月1日以前に終了した事実関係に対する第1国家条約の適用に反対する者として *Grabau*, WR 1992, 440 (442)；おそらく *Brunner*, VIZ 1993, 285 (290) も同様；これに対し *Drobnig*, DtZ 1994, 86 (90) は、一見それと矛盾する「一義的な文言」のゆえに、反対する。しかし、後述するように、この文言はむしろ反対〔の意見を〕を支持している。
22) *BGHZ* 127, 195 (204 f.) = NJW 1995, 256 (258)（後出Ⅱ4 b）.
23) *Sonnenberger*, in: MünchKomm（注9), Art. 6 EGBGB Rdnr. 13；*Palandt/Heldrich*（注3), Art. 6 EGBGB Rdnr. 6；*Soergel/Kegel*（注15), Art. 6 EGBGB Rdnr. 25；*Staudinger/Blumenwitz*（注20), Art. 6 EGBGB Rdnr. 20；*v. Bar*, IPR I Rdnr. 631；*Kropholler*, IPR, 2. Aufl. (1994), § 36 Ⅱ 3.
24) *Horn*, DWiR 1992, 45 (46)；*ders.*, AcP 194 (1994), 177 (195) 参照。
25) 参照、*BVerfGE* 31, 58 (74 f.) = NJW 1971, 1509 (1511)；*BGHZ* 28, 375 (385) = NJW 1959, 529 (531)；*BGHZ* 31, 168 (172 f.) = NJW 1960, 189 (191)；*BGHZ* 60, 68 (79) = NJW 1973, 417 (419)；*Sonnenberger*, in: MünchKomm, Art. 6 EGBGB Rdnr. 40, 72 ff. m. w. Nachw.；*Palandt/Heldrich*（注3), Art. 6 EGBGB Rdnr. 6；*Soergel/Kegel*（注15), Art. 6 EBGB Rdnr. 27 m. w. Nachw.；*Kegel*, IPR, 7. Aufl. (1995), § 16 Ⅵ 2；*Kropholler*, IPR, 2. Aufl. (1994), § 36 Ⅱ 2；*Spickhoff*, Der ordre public im internationalen Privatrecht, 1989, S. 97 ff.
26) *Soergel/Kegel*（注15), Art. 6 EGBGB Rdnr. 28；*Spickhoff*（注25), S. 235；外国の官庁における内国人の婚姻の場合は、異なる。*LG Frankfurt a. M.*, IPRspr. 1976 Nr, 53, S. 162 (164).
27) *BGHZ* 69, 295 = NJW 1977, 2356 は、西ドイツ法に服する逃亡援助契約の無効性を、民法134条〔法令違反の法律行為の無効〕によっても、また民法138条〔良俗違反の法律行為の無効〕によっても、否定した。
28) RG, JW 1932, 591.
29) 事例については、*Kreuzer*, in: MünchKomm, Art. 38 EGBGB Rdnr. 319；*Staudinger/Hoffmann*（注3), Art. 38 EGBGB Rdnr. 248 m. w. Nachw. 参照。
30) *Spickhoff*（注25), S. 197 f.；*BGHZ* 118, 312 (338 ff.) = NJW 1992, 3096 (3103 f.)
31) *RGZ* 114, 171；*OLG Hamm* IPRspr. 1960/61 Nr. 115, S. 392 f.；*LG Regensburg* IPRspr. 1954/55 Nr. 120, S. 345 (349)；*Sonnenberger*, in: MünchKomm（注9), Art. 6 EGBGB Rdnr. 76 m. w. Nachw.；*Staudinger/Blumenwitz*（注1), Art. 6

EGBGB Rdnr. 123; *Raape/Sturm*, IPR I, 6. Aufl. (1977), §13 VII 3.

32) 参照、*Sonnenberger*, in: MünchKomm（注9）, Art. 6 EGBGB Rdnr. 13; *Soergel/Kegel*（注15）, Art. 6 EGBGB Rdnr. 25; *BGHZ* 35, 329（337）=NJW 1962, 37（39 f.）; *BGHZ* 44, 183（190）=NJW 1966, 296（299）.

33) *OLG Oldenburg*, IPRax 1981, 136（138）; *Sonnenberger*, in: MünchKomm（注9）, Rdnr. 73; *Palandt/Heldrich*, Art. 6 EGBGB Rdnr. 6; *Soergel/Kegel*（注15）, Art. 6 EGBGB Rdnr. 27; *Staudinger/Blumenwitz*（注20）, Art. 6 EGBGB Rdnr. 118; *Kropholler*, IPR, 2. Aufl. (1994), §36 II 2; *Spickhoff*（注25）, S. 97; *Meise*, Die Relativität der Vorbehaltsklausel im internationalen und interlokalen Privatrecht, Diss. Hamburg 1996, S. 104 f., jeweils m. w. Nachw.; 異説 *Raape/Sturm*, IPR I, 6. Aufl. (1977), §13 VI 4.

34) ここに存する問題性については、*Horn*, AcP 194 (1994), 177 (196) 参照。

35) 参照、*Maunz/Dürig/Herzog*, GG, Art. 20 Rdnr. VII 64 ff.

36) *BGHZ* 127, 195 (206)=NJW 1995, 256 (258).

37) *Fischer*, IPRax 1995, 161 (163). RGZ 91, 260 (261 f.); *RGZ* 93, 182 (185) も参照。

38) このようなBGHの区分けに反対するものとして、*Wassermann*, NJW 1995, 931.

39) この方法論につき、*Wilburg*, Entwicklung eines beweglichen Systems im bürgerlichen Recht, Graz 1950〔わが国では、山本敬三「民法におけ動的システム論の検討」論叢138巻1-3号（1995）〕参照。

40) 東ドイツ刑法225条1項5号、213条3項〔山田晟『ドイツ民主共和国法概説 下』東大出版会、1982, 98 & 94 参照〕をみよ。

41) *BGHZ* 127, 195 (206 f.)=NJW 1995, 256 (258).

42) *BGHSt* 39, 1 (16 ff.)=NJW 1993, 141 (145 f.); *BGHZ* 127, 195 (205)=NJW 1995, 256 (257 f.).

43) *BGHSt* 40, 125=NJW 1994, 3174.

44) 異説、*Wassermann*, NJW 1995, 931 f.

45) おとり活動の場合は別である。*BGHZ* 127, 195 (208 ff.)=NJW 1995, 256 (259 f.) 参照。

46) 原審 *OLG Dresden*, DtZ 1993, 345 (347) とは異なる。

47) *Maunz/Dürig/Herzog*, GG, Art. 20 Rdnr. IX 64.

48) *BGHZ* 17, 327=NJW 1955, 1274.

49) *BGHSt* 40, 272 (278)=NJW 1995, 64 (65 f.).

第 3 部　社会主義法系の消滅

50) 東ドイツ裁判所構成法 53 条〔山田（注 40)、上 1991, 159 参照〕によれば、裁判官はいつでも解任されえた。*BGH*, NJW 1994, 526 参照。
51) 参照、*Amelung*, JuS 1993, 637（642）; Günther, StrVert 1993, 18（24）; *Fischer*, in : Festschr. f. Remmers, 1995, S. 447（457）.
52) *BGHSt* 40, 212（238）＝NJW 1994, 2703（2707).
53) 参照、*Horn*, AcP 194（1994), 177（198).
54) *BGHZ* 127, 195（210）＝NJW 1995, 256（259).
55) *BGHSt* 3, 110＝NJW 1952, 1024.
56) *BGHSt* 3, 110（114 ff.）＝NJW 1952, 1024 f.；*BGHSt* 10, 294（298）＝NJW 1957, 1158（1159); *BGHSt* 40, 125（136 f.）＝NJW 1994, 3174（3177).
57) *BGHZ* 127, 195（211）＝NJW 1995, 256（259); 賛成、*Wassermann*, NJW 1995, 931（932).
58) *Franzki*（注 5), S. 413.
59) 参照、*Canaris*, Die Vertrauenshaftung im deutschen Privatrecht, 1971, 510（514 f.).
60) *BGHZ* 123, 65（73）＝NJW 1993, 2531（2533).
61) *OLG Naumburg*, DZWir 1994, 123.
62) 参照、*Fischer*, IPRax 1995, 161（162).
63) *BGH*, DtZ 1995, 250（255）によれば、外国貿易独占は、1990 年 1 月の契約締結についても、もはや有効性と給付の障害と見なさるべきでないとされた。それについて、*Fischer*, IPRax 1996, 332（334）参照。
64) 参照、*Fischer*, IPRax 1995, 161（163); *ders.*, DZWir 1994, 126.
65) 参照、*Horn*, DWiR 1992, 45（47 f.); *ders.*, AcP 194（1994), 177（202).
66) *Lüke*, in : MünchKomm-ZPO, Einl. Rdnr. 78.
67) *BGHZ* 126, 87（98 f.）＝NJW 1994, 1792（95).
68) *Sonnenberger*, in : MünchKomm（注 9), Art. 6 EGBGB Rdnr. 79；*Soergel/Kegel*（注 15), Art. 6 EGBGB Rdnr. 28；*Staudinger/Blumenwitz*（注 20), Art. 6 EGBGB Rdnr. 123；*Kegel*, IPR, §16 VI 2, 380；*Meise*（注 33), 201 ff. m. w. Nachw.；*Spickhoff*（注 25), 101 m. w. Nachw.
69) 注 3 参照。
70) *BAG*, DB 1996, 1830.
71) *Preis*, AuA 1994, 140（142).
72) Vom 21. 9. 1994, BGBl I 2457〔物権整理法の内容については、小林公司『ドイツ統一の歴史的位相』（有信堂、1999) 88 頁以下参照〕。

73) *Grün*, VIZ 1992, 809; *dies.*, ZIP 1993, 170 ff.; *Horn*, Das Zivil-und Wirtschaftsrecht im neuen Bundesgebiet, 2. Aufl.（1993）, Rdnr. 85 ff.; 異説、*Weber*, Anm. zu BGH LM §70 DDR-ZGB Nr. 1; *Leipold*, JZ 1993, 2530 f.
74) *BGHZ* 118, 34＝NJW 1992, 1757; *BGHZ* 121, 347（352 f.）＝NJW 1993, 1706; *BGHZ* 122, 204＝NJW 1993, 2050; *BGH*, NJW 1993, 2530 f.
75) *BGHZ* 118, 34（38）＝NJW 1992, 1757 は、すでに東ドイツ法によっても、出国を土地所有権の放棄と係わらせることはできなかった、ということから出発している。
76) Vom 29. 10. 1992, BGBl I, 1814〔本法については、小林（注72）、219頁以下参照〕。
77) Vom 23. 6. 1994, BGBl I, 1311〔本法についても、小林、225頁以下参照〕。
78) *BGHZ* 127, 195（208）＝NJW 1995, 256（259）.
79) この理由により、連邦労働裁判所（DB 1996, 1830）も、違法な解雇の場合における職業上の名誉回復に対して、第2不法除去法（職業上の名誉回復法）2条による未来指向的な調整を指示している。もちろん、この法律が再雇用請求権を規定していないことは、そのような請求権が他の法原則から発生することを、排除するわけではない。連邦通常裁判所（vom 13. 7. 1956 —— AP Nr. 2 zu §611 —— 保護義務）も、また連邦労働裁判所（vom 14. 12. 1956 —— AP Nr. 3 zu §611 —— 保護義務）も、戦後、解雇理由の客観的不存在が後になってやっと確認されえた場合には、民法242条により再雇用請求権を肯定した。連邦労働裁判所は、残念ながら、この判例が未来指向的調整の可能性を切り開こうとしているのに、上記の最近の判決において、それとの対決をしていない。

〔訳注〕
(1) 民法施行法232節1条「〔東ドイツの西ドイツへの〕加入の発効前に発生した債務関係に対しては、統一条約3条において言及された領域〔旧東ドイツ〕で従来適用された法が、そのまま適用される。」
(2) 民法施行法232節10条「民法823条より853条までの規定は、加入の発効日またはその後になされた行為に対してのみ適用される。」
(3) 民法施行法234節7条1項「加入の発効前になされ、母の夫は子の父でないこと、だれが子の父であるかということ、または父性の承認が無効であること、を確認した判決はそのまま効力を有する。（以下略）」
(4) 東ドイツ民法典については、伊藤進訳「ドイツ民主共和国私法法典（試訳）」が法律論叢49巻3・4号および50巻1号（1977年）に公表されているほか、山田晟

237

第3部　社会主義法系の消滅

　『ドイツ民主共和国法概説下』(東大出版会、1982年) 161頁以下に詳細な解説がある（330条については、法律論叢50巻1号128頁、および山田・前掲258頁参照）。
(5)　東ドイツ刑法各論の規定の邦訳は、山田・前掲61頁以下にある。225条（告発しないこと）については98頁、213条（不法な国境踰越）については94頁参照。
(6)　民法施行法6節「他の国の法規範は、その適用がドイツ法の本質的な原則と明らかに両立しないような結果を導くときは、適用されない。とくに、その適用が基本権と両立しないときは、それは適用されない。」なお Art. 6 は、通常は「6条」と訳されているが、前述の232節や234節と合わせるため、本稿では「6節」と訳した。
(7)　カール・ツァイス事件の詳細については、桑田三郎『国際私法の諸相』（中大出版部、1987年）283頁以下参照。
(8)　東ドイツ家族法60条については、山田・前掲（注4）401頁参照。
　同施行法8条3項「判決、および1項により公的文書でなされた意思表示は、家族法典59・60条により取り消されうる。従前になされた父性承認の無効確認の訴え提起の期間は、家族法典の施行と同時に始まる。」（なお、出典は、Das Familienrecht der DDR, Lehrkommentar, Berlin1966, S. 327.）。
(9)　第1国家条約2条1項「条約当事国は自由な、民主的、連邦的、法治国家的、社会的基礎秩序への支持を表明する。この条約、またはこの条約の施行において根拠付けられた権利の担保のために、当事国は、とりわけ契約自由、営業・居住・職業の自由、全通貨地域におけるドイツ人の移転の自由、労働・経済条件の擁護と促進のための結社の自由、および付則 IX にしたがい、土地と生産手段に対する私的投資家の所有権を保障する。」
　2項「それと矛盾する、従前の社会主義的社会・国家秩序の基礎についてのドイツ民主共和国憲法の諸規定は、もはや適用されない。」
　4条1項「通貨・経済・社会連合の設立によって、ドイツ民主共和国において必要となる法の適応に対しては、2条1項に規定された諸原則、および共同議事録において合意された諸指導原理が適用される。存続する法は、この諸原則および諸指導原理にしたがって、解釈・適用されなければならない。（以下略）」
(10)　統一条約9条1項「本条約署名時に効力を有するドイツ民主共和国の法で、基本法の権限序列によれば州法に属する法は、その効力を存続する。ただし、それが〔基本法〕143条を顧慮することなく基本法、〔本条約〕3条において言及された領域〔旧東ドイツ〕で施行された連邦法、もしくはヨーロッパ共同体の直接に適用される法と両立しない場合、または本条約において異なる定めがある場合は、この限りでない。ドイツ民主共和国の法で、基本法の権限序列によれば連邦法に属するが、連邦で統一的に規定すべき対象ではない法は、1文の要件のもとで、連邦の立法者

XII 両ドイツ間私法における公序

により規定されるまでは、州法としてその効力を存続する。」
　同2項「付則Ⅱに記載されたドイツ民主共和国の法は、そこに規定された条件のもとで、効力を存続する。ただし、それが本条約を顧慮したうえでの基本法、およびヨーロッパ共同体の直接に適用される法と両立しない場合は、この限りでない。」
（以下略）

(11)　ドイツ刑法241a条（政治的嫌疑をかける罪）については、山田晟『ドイツ法概論Ⅰ』〔第3版〕（有斐閣、1985年）366頁参照。

(12)　ワルトハイム訴訟については、小林公司『ドイツ統一歴史的位相』（有信堂、1999年）220頁以下が詳しい。

(13)　東ドイツ民法331条（使用者責任）については、法律論叢50巻1号128頁、および山田・前掲（注4）258頁以下参照（ただし、259頁1行目の「330条」はミスプリント）。

(14)　東ドイツ民法338条3項については、法律論叢・前掲130頁、および山田・前掲261頁参照。

(15)　統一条約18条1項1文「加入の発効以前になされたドイツ民主共和国の裁判はそのまま効力を有し、8条にしたがい施行された法〔連邦法〕または9条にしたがい効力の存続する法〔東ドイツ法〕によって強制執行されることができる。」

(16)　東ドイツ民法477条については、法律論叢・前掲153頁、および山田・前掲184頁参照。

(17)　東ドイツ民法典70条1項1文は、錯誤による契約の取消を規定し、2文でそれを詐欺・強迫の場合に準用している。法律論叢49巻3・4号157頁、および山田・前掲181頁参照。

［あとがき］

　本稿は1995年7月6日にドイツ・ハレ・ヴィッテンベルク大学でおこなわれたゲルフリート・フィッシャー（Gerfried Fischer）教授の教授就任講義（Antrittsvorlesung）を、教授の許可をえて、全文訳出したものである。ドイツの大学教授にとって、教授就任講義はもっとも華やかなイベントの一つであり、学生だけでなく、同僚教授夫妻、家族、知人が聴講し、終了後、学生以外の全聴講者を夕食に招待する習わしである。私はフィッシャー教授とは十年来の付き合いがあり、たまたまドイツ滞在中であったので、妻とともにこの講義に列席した。ざんねんながら、内容はほとんど理解できなかったので、帰国後原稿を送ってもらい、読んだところ、大変感銘を受けた。この講義における教授の見解は、旧西ドイツの世論と一部学説に反するものであり、

第3部　社会主義法系の消滅

旧西ドイツ系の法学者のなかにも、このような見解があることを日本の法律家に知ってほしいと思い、とりあえず講演原稿を訳出して、札幌法学7巻2号 (1996年) に発表した。その後、フィッシャー教授は、講演原稿に大幅な加筆をし、詳しい注を加えたものを、G. Fischer, Der ordre public im deutsch-deutschen Privatrecht として、Deutsch-Deutsche Rechts-Zeitschrift, 1997, Heft 3 誌上に公表した。この新たなヴァージョンを訳出したのが本稿である。

　フィッシャー教授はこれまで日本ではあまり知られていないので、簡単な経歴と主な業績を紹介したい。教授は1940年の生まれで、1964年ツェレ高等裁判所で司法修習、1966年アメリカ・カリフォルニア州立大学バークレーで LL. M. 取得、1969年第2次国家試験合格。1970年よりゲッチンゲン大学で研究助手、Akad. Oberrat (講師のようなもの) を勤める。同所で1973年に博士号、さらに1987年に教授資格取得し、88年より91年にかけて、チュービンゲン、マインツ、エルランゲン、ベルリンで講義に従事。1992年以来ハレ大学の民法・国際私法・比較法・医事法の正教授として活躍している。なお1996年にはウィーン経済大学の客員教授を勤める。

　主な業績として、つぎのようなものがある。

Die Blanketterklärung —— Eine typologische Untersuchung, Dissertation, Göttinger Rechtswissenschaftliche Studien, Bd. 94, Göttingen 1975.

Medizinische Versuche am Menschen —— Voraussetzungen und Rechtsfolgen, Göttinger Rechtswissenschaftliche Studien, Bd. 105, Göttingen 1979.

Verkehrsschutz im internationalen Vertragsrecht, Habilitationsschrift, Köln-Berlin-Bonn-München 1990.

Die Gleichberechtigung im IPR nach dem Spanier-Beschluß des BVerfG, JZ 1974, 661 ff.

Haftung bei der Planung und Förderung medizinischer Forschungsvorhaben (v. Bar/Fischer), NJW 1980, 2734 ff.

"Wrongful life": Haftung für die Geburt eines behinderten Kindes, JuS1984, 434 ff.

Legal Problems of Medical Technology in German Law, Medicine and Law 1984, 345 ff.

Gemeinschaftsrecht und kollisionsrechtliches Staatsangehörigkeitsprinzip, in : v. Bar (Hrsg.), Europäisches Gemeinschaftsrecht und Internationales Privatrecht, 1991, S. 157 ff.

Culpa in contrahendo im internationalen Privatrecht, JZ 1991, 168 ff.

Die Entwicklung des Staatsangehörigkeitsprinzips in den Haager Überkommen, RabelsZ 57 (1993), 1 ff.

XII 両ドイツ間私法における公序

Wegfall der Geschäftsgrundlage bei nicht voll erfüllten DDR-Wirtschatsverträgen, IPRax 1993, 387 ff.

Verbraucherschutz bei Verträgen mit Auslandsberührung —— Anm. zu BGH vom 26. 10. 1993, JZ 1994, 367 ff.

Recognition and Enforcement of American Tort Judgments in Germany, St. John's Law Review 68 (1994), 199 ff.

Schadensersatzansprüche wegen Menschenrechtsverletzungen im internationalen Privat- und Prozeßrecht, in Festschrift für Walter Remmers, 1995, S. 447 ff.

Objektive Grenzen der Rechtskraft im internationalen Zivilprozeßrecht, in Festschrift für Wolfram Henkel, 1995, S. 199 ff.

Deutsch-deutsche Vertragsschlüsse zwischen Wende und Einheit, IPRax 1995, 161 ff.

Deutsch-deutsche Vertragsschlüsse im Übergang vom Sozialismus zur Marktwirtschaft, IPRax 1996, 332 ff.

Formnichtigkeit der Blankobürgschaft —— BGHZ 132, 119 ; JuS 1998, 205 ff.

Gleichgeschlechtliche Partnerschaft —— Familien- und erbrechtliche Rechtstellung der Partner, in : Vaskovics/Schattovits (Hrsg.), Lebens- und Familienformen —— Tatsachen und Normen, Österreichisches Institut für Familienforschung, Materialiensammlung Heft 4, 1998, S. 121 ff.

Schadensersatz wegen Unterhaltsverpflichtungen, in Festschrift für Walter Rolland, 1999, S. 103 ff.

Das Kollisionsrecht der Verbraucherverträge jenseits von Art. 5 EVÜ, in Festschrift für Bernhard Großfeld, 1999, S. 277 ff.

Die mutmaßliche Einwilligung bei ärztlichen Eingriffen, in Festschrift für Erwin Deutsch, 1999, S. 545 ff.

Medizinische Forschung an Minderjährigen —— Nationale Regeln und zivilrechtliche Sanktionen, in : Fegert/Häßler/Rothärmel, Atypische Neuroleptika in der Jugendpsychiatrie, Stuttgart 1999, S. 69 ff.

Abschied vom ordre public bei Börsentermingeschäften im Ausland, IPRax 1999, 450 ff.

Neuere Entwicklungen auf dem Gebiet der zivilrechtlichen Arzthaftung, JbItalR 2001 (23 S.)

Die Neuregelung des Kollisionsrechts der ungerechtfertigten Bereicherung und der Geschäftsführung ohne Auftrag im IPR-Reformgesetz von 1999, IPRax 2001 (16

第3部　社会主義法系の消滅

S.）

　以上の業績目録からわかるように、フィッシャー教授は、国際私法の専門家であり、また民法の分野では、医事法の専門家のひとりとして注目されている。教授は、ドイツにおける不法行為法と医事法の第一人者であるドイチ教授（Erwin Deutsch）の弟子であるが、国際私法ではケーゲル教授（Gerhard Kegel）、民法ではカナーリス教授（Claus-Wilhelm Canaris）の影響を強く受けており、本講義でも、ケーゲルの利益法学的手法とカナーリスの信頼責任論の影響がうかがわれる。フィッシャー教授に対しては、ケーゲル教授も高く評価しており、これまでケーゲルが担当していたゼルゲル・コンメンタールの国際私法の巻を、次の版よりフィッシャー教授が中心となって担当することになっている。

　私はこれまで翻訳を発表したことがほとんどなく、この仕事も自信のあるものではないが、基が講義原稿であるので、できるかぎりわかりやすい訳文をこころがけ、そのため文法にはかならずしも従わなかった。またフィッシャー教授と連絡のうえ、意訳をしたところもある（〔　〕内は訳者が補った個所である）。なお、本訳業（旧訳）の一応の完成後、1996年4月20日に開催された「体制転換と法」研究会でその一部を発表し、参加者の意見を徴することができた。とくに小林公司教授（北海道東海大学）と楢﨑みどり助教授（小樽商大）から貴重な助言をいただいたことを感謝したい。

　また、本訳業は札幌大学平成7年度海外短期研修の成果のひとつである。この機会を与えられたことに対し、関係の皆様に感謝したい。

第4部　アジア法と日本法

XIII 法系論における東アジア法の位置付け
―― 日本法と韓国法を中心に ――

1 法系論とはなにか
2 西欧比較法学者による東アジア法の位置付け
3 アジア法の統一性と多様性
4 東アジア法系の可能性
5 韓国法と日本法

1 法系論とはなにか

　本プロジェクト「東アジア文化と近代法」における私の研究課題は「法系論と日韓の比較法文化の研究」であるが、私自身の韓国法についての知識の不充分のため、このテーマを全面的に展開することができなかった。そこでまず手始めとして、日本・韓国を含む東アジア法の法系論における位置付けについて論ずることにし、上記のタイトルで 1993 年度の研究会で報告を行った。本稿は、それを全面的に補正したものである（なお旧稿の岡克彦による韓国語訳が韓琫熙教授華甲記念『現代民法の課題と展望』[1994] に掲載されている）。
　まず、法系論とはなにかについて一言触れたい（法系論一般については、五十嵐 1972、77 以下、同 1977、162 以下、大木 1992、115 以下参照）。法系論（法圏論）とは、世界に存する無数の法秩序をいくつかの法系（法圏、法族）に分けることを試みる学問である。この学問にとって今日なお多くの問題が未解決であるが、とくに、(1) いったい、無数の法秩序を少数のグループに分けることは果たして可能か、または有益か、(2) それが可能であるとして、どのような基準で分類がなさるべきか、(3) それに成功したとしても、ある法秩序がどの法系に属すべきかを、どのような基準によって決定

すべきかについて、多くの意見が対立している。それにもかかわらず法系論は、今日の西欧の比較法学者にとって、もっとも主要なテーマのひとつであり、多くの比較法の教科書・体系書の中心部分を占めている（しかし最近は西欧の比較法学者のなかでも法系論の意義について疑問が投ぜられている。Rösler 1999, 1187 f. など）。

　法系論はすでに第2次大戦以前より若干の比較法学者により論ぜられていたが、今日の学説に圧倒的な影響を与えているのは、フランスのルネ・ダヴィド（René David, 1906-90）とドイツのコンラート・ツヴァイゲルト（Konrad Zweigert, 1911-96）の法系論である。ダヴィドは1950年に『比較民法入門（Traité élémentaire de droit civil comparé）』を公刊し、そのなかで、法系分類の基準としてイデオロギー的観点と技術的観点をあげ、とくに前者を優先すべきであるとした。彼はこの観点から現在世界の法を、① 西欧法系（フランス法郡と英米法郡に分かれる）、② ソビエト法系、③ イスラム法系、④ ヒンドゥー法系、⑤ 中国法系の5法系に分けた。このダヴィドの法系論は、世界の比較法学者に大きな反響を呼び起こしたが、1964年の『現代の大法系（Les grands systèmes de droit contemporains）』でも、従来どおり、法系分類の基準として法技術的要素とイデオロギー的要素を挙げている。しかし、ここではダヴィドは両者を同程度に重要であるとし、前著の分類を若干変更した。それによれば、現代世界の法族は、① ローマ・ゲルマン法族、② コモン・ロー族、③ 社会主義法族、④ 哲学的・宗教的制度（イスラム法、ヒンドゥー法、極東法、アフリカ・マダガスカル法）の4法族に分けられる。

　これに対し、ツヴァイゲルトは1961年に「法圏論のために（Zur Lehre von den Rechtskreisen）」（真田芳憲訳「法圏論について」『西ドイツ比較法学の諸問題』［中央大学出版部、1988、所収］）と題する論文を発表し、法系論をめぐる論争に加わった。彼の法系分類のキーワードは「法の様式」である。各法系は独自の法の様式を有するが、その様式を決定する要素は、以下の5

つである。すなわち、① 歴史的伝統、② 特殊な法学的思考方法、③ 特徴的な法制度、④ 法源の種類とその解釈、⑤ イデオロギーがそれである。もっともこの論文では、ツヴァイゲルトは法系論の方法を提示しただけであり、その具体的な内容は、1971 年に、弟子のケッツ (Hein Kötz) との共著『比較法入門　1　原論 (Einführung in die Rechtsvergleichung auf dem Gebiete des Privatrechts, Bd. 1)』(大木雅夫訳『比較法概論　原論』、上下 2 巻 [東京大学出版会、1974 年])のなかではじめて展開された。ここではツヴァイゲルトらは、上記の多元的基準に従い、現代世界の私法を、① ロマン法圏、② ドイツ法圏、③ 英米法圏、④ 北欧法圏、⑤ 社会主義法圏、⑥ その他の法圏 (極東法圏、イスラム法、ヒンドゥー法) にわけ、それぞれの法圏について詳論している。

　その後の法系論としては、ツヴァイゲルトを激しく批判するコンスタンティネスコの法系論 (L.-J. Constantinesco, Rechtsvergleichung, Bd. 3 : Die rechtsvergleichende Wissenschaft, 1983) など注目に値するものもないではないが、おおむねダヴィドかツヴァイゲルトの法系論に従っており、独自性に乏しい〔最近の法系論としては、法のパターンにより世界の法系を 3 分する U. Mattei, Three Patterns of Law : Taxonomy and Change in the World's Legal Systems, 45 Am. J. Comp. L. 5 (1997) が興味深い。なお現在における法系論 (および法文化論) の意義を問うシンポジウムとして、H. Scholler u. S. Tellenbach (hrsg.), Die Bedeutung der Lehre vom Rechtskreis und der Rechtskultur, Berlin 2001 がある〕。

2　西欧比較法学者による東アジア法の位置付け

　ではダヴィドやツヴァイゲルトは、われわれ東アジア法を法系論においてどのように位置付けたであろうか (なお、西欧比較法学者は「東アジア」のかわりに「極東 (Extrême-Orient, Fernost)」という言葉を使っているが、本稿では

この西欧中心主義的用語をさけ、翻訳語以外では「東アジア」を使用する。同旨、Rahn, Rechtsdenken und Rechtsauffassung in Japan, 1990, S. 10 Anm. 30；Baum, Rechtsdenken, Rechtssystem und Rechtswirklichkeit in Japan, RabelsZ 59 [1995], 262.)。ダヴィドはまず『比較民法入門』において、中国法を独自の法系として位置付けた。彼によれば、中国法と西欧法は社会における法の役割の点で相違する。すなわち、中国人にとって法は第一次的な社会統制手段ではなく、それにあたるのはむしろ「礼」であり、法はやむをえざる悪であるとされた。そして、日本法はそのような中国法の概念が優勢な国のひとつとして位置付けられ、かんたんな叙述がみられたにすぎない (David 1950, 377 et s.)。これに対し、『現代の大法系』になると、東アジア法は、「極東法」として、「哲学的・宗教的制度」（第5版 [1973] 以後は「社会秩序と法についての他の概念」という言葉が使用されており、いずれにせよ「法系」とされていない）のひとつとして位置付けられている。ここでいう「極東」にふくまれるのは、中国、日本、モンゴル、韓国、インドシナ諸国であるが、独立に論ぜられているのは、中国法と日本法だけである。前著に比べ基本的な見方に変化はなく、とくに野田良之の影響を受けて、日本法の近代化について懐疑的なのが注目される (David 1964, 519 et s.)。本書は、1982年の第8版より、弟子のジョーフレ・スピノージ (C. Jauffret-Spinosi) により補正され、1992年に第10版が出ている。とくに中国法については当時の立法にまで触れているが、中国・日本ともその伝統は失われていないとされる (David et Jauffret-Spinosi 1992, 421 et s.)。

　ツヴァイゲルトとケッツの『比較法入門』も、前述のように、「その他の法圏」のなかに「極東法圏」を位置付けている。そしてこの法圏は「法が人間の共同生活を規制する手段としてどのような意味を持つかについてのそれぞれの特殊な見方」によって分類されたものであるとされ、ここでも中国法と日本法だけが取り上げられている（韓国はインドシナとともに中国の伝統が大きな影響を及ぼした国として言及されるに過ぎない）。このような東ア

XIII 法系論における東アジア法の位置付け

ジア法系の理解はダヴィドのそれと共通であり、日本法に関する叙述もダヴィドの線にとどまっており、特色に乏しい（ツヴァイゲルト・ケッツ 1974, 645 ff.）。本書は 1984 年に第 2 版を出し、初版に比べ日本法の記述に関しかなりの修正を加えた。すなわちそこには、「日本人の調停好みを過大評価すべきではなく、それは神話ではないか。日本における訴訟の数の少なさは儒教の影響とみらるべきではなく、訴訟の遅延によって説明されるべきである。最近、公害や薬害の訴訟に幾千人の原告や大衆が熱狂的に関与するようになった。」むねの叙述が見られる（Zweigert u. Kötz 1984, 418 f.）。これに対するヘイリー（John O. Haley）の「裁判嫌いの神話」の影響は明らかである（ヘイリー 1978）。

さらに本書はケッツひとりにより改訂された第 3 版で、従来の極東法圏の観念を否定するにいたった。ケッツは、これまで極東法圏を代表した日本と中国の間には、一方が近代的な資本主義国家であるのにたいし、他方はいぜんとして社会主義国家であるため、法のうえでも大きな相違があり、これを同一の法圏に含めることができないとして、極東法圏の観念を放棄し、これに代わって「極東における法」というタイトルで中国法と日本法を別々に取り上げている（Zweigert u. Kötz 1996, 280 ff.）。これに関連して、ケッツはツヴァイゲルトの定立した法圏論そのものに対しても懐疑の念を表している（a. a. O., 72 f. u. 293。なお、本書第 3 版に対しては、今日の日本法を大陸法の一部として位置付ける小田博の見解［Oda 1992, 3-10］の影響が看取される）。中国法と日本法を東アジア法系のなかに位置付けるべきかどうかについて、私もかって「法意識の点で今日の中国人と日本人の間には大きな開きがあり、両者の共通性を論ずる土壌ができていない」とした（五十嵐 1987、30。なお本稿の旧稿も同様）。本稿はこれを改め、中国を含めた東アジア法系の観念が成り立つことを論証しようとするものである。

249

第 4 部　アジア法と日本法

3　アジア法の統一性と多様性

(1)　アジア法の統一性？　　アジア全体のなかで、本稿は東アジア法にかぎってその統一性を認め、そこに東アジア法系の成立が見られると主張しようとするものであるが、他方で昔から「アジアはひとつ」という言葉もあるので、まずアジア全体を視野に入れてみる。西欧の比較法学者の法系論のなかで、統一的アジア法系を構想するものは見当たらない。前述のダヴィドやツヴァイゲルトの法系論では、アジアは 3 分され、西アジアはイスラム法の適用地域、南アジアはヒンドゥー法の適用地域、東アジアについては極東法として中国法と日本法で代表されている。中央アジアはもとより、東南アジアは視野の外にある。

　しかし西欧比較法学者にそれ以上をを期待するのはむりであり、それはアジアの法学者の任務である。アジア法に関して、わが国では、本プロジェクトのメンバーである安田信之と千葉正士が注目すべき発言をしている。安田は、アジアの共通性の根拠を、その大部分の地域が稲作地帯であるという点に求める。稲作は共同作業を不可欠とするので、その結果、地縁・血縁による「共同体」が重要な社会単位を構成し、それを軸にさまざまな共同作業や相互扶助制度が一般的に見られるとする（安田 1996、7）。そこからアジア固有法の共通の原理としての共同法理が導き出される（同 287）。もっとも安田が同時にアジア法の多様性を認めていること、いうまでもない（東南アジアについて、同 19 以下）。

　千葉にとっては「アジア共通法は、今ただちには議論できる状況にはない」が、それを遥か遠くに望みながらも、現実には、アジア地域諸国の国家法、広域法および固有法を主体的に研究すべきであるとし、その広域法文化圏として、(1) 漢字法文化圏、(2) インド法文化圏、(3) イスラム法文化圏、(4) 東南アジア法文化圏、(5) アジア太平洋法文化圏に分けるべきで

あると提案している（千葉 1998、20 以下、227 以下）。私も基本的にこの分類に賛成であり、本稿がもくろむ東アジア法系は千葉の漢字法文化圏とほぼ一致する。

（2）アジア法の多様性　ここではアジアのうち西アジアを除外し、また東アジアを後に回し、残り（つまり東南アジアと南アジア）の主要国家について、その法の多様性を概観したい（全体として、山崎・安田 1980、安田 1987、同 1996、Chiba 1986 などによる）。

（i）東南アジア（ASEAN 諸国）

（a）フィリピン法　フィリピンは、近世以後長らくスペインの支配下にあり、その間カトリック教を含むスペイン法文化の影響を受けた。とくに 1889 年以来スペイン民法典が適用され、それが現行フィリピン民法典として継承されていることは、本稿の観点からすると、注目に値する。しかしフィリピンは 19 世紀末にアメリカの植民地となり、こんどはアメリカ法の影響を受けたので（詳しくは、W. L. Thompson, The Introduction of American Law in the Philippines and Puerto Rico, Fayetteville 1989 参照）、今日では両者の混合法系に属するといえる。その他、土着慣行も残っているほか、ミンダナオ島ではイスラム法が適用されている。

（b）ベトナム法　ベトナムは古代より中国の支配下にあり、中国の文化的伝統、とくに儒教は今日でも維持されているといわれる。19 世紀後半にフランスの植民地となり、フランス法文化の影響を受けた。解放後は独自の社会主義法を建設していたが、ドイモイ政策の進展に伴い、市場経済に対応するため 1995 年に民法典が編纂された。この法典はその編纂に対して日本人学者（森島昭夫）の協力もあり、むしろ日本民法典に近いものである。したがって、ベトナム法は将来的には東アジア法系の一員として位置付けられる可能性は十分に存する（詳しくは、稲子恒夫・鮎京正訓『ベトナム法の研究』［日本評論社 1989］、鮎京『ベトナム憲法史』［日本評論社 1993］、森島昭夫「ベトナムにおける法整備とわが国法律家の役割」自由と正義 1996 年 7 月号、

鈴木康二訳・著『ベトナム民法・条文と解説』［ジェトロ 1996］など参照)。

(c) インドネシア法　インドネシアはもともと多元的な国家であり、そこでは各地の独自の慣習に仏教、ヒンドゥー教、イスラム教が浸透した結果成立したアダット (adat) と称する慣習法が発達した。近世以降オランダの支配下に入り、オランダ人に対しては、オランダ民法典 (1836年制定、ナポレオン法典の影響を強く受けたもの) が適用された。独立後の今日でもアダット法 (人口の大部分を占めるイスラム教徒の家族生活には、イスラム法) が適用されている。

(d) マレーシア法　マレーシアでも、イスラム教など各種の宗教の影響を受けた慣習法が発達していたが、19世紀後半にイギリスの植民地となったため、インドと同様、とくに刑事法や商取引法の領域に対して、イギリス法が浸透した。制度的にも最近 (1985年) までイギリスの枢密院司法委員会への訴訟委託が認められていた (私もたまたま1984年に枢密院でシンガポールからの上告事件の審理を傍聴した)。しかし今日ではイスラム法への回帰と法の面でのアジア化が進んでいる (安田 1996、108)。なおシンガポールでは、より一層イギリス法の影響が根付いているが、ここでも近時はアジア化が見られるようである (安田 1996、127)。

(e) タイ法　タイでは、その固有法はインドのマヌ法典の影響のもとで発達したが、19世紀後半になると、日本と同様、不平等条約の改正のため、法の近代化の必要に迫られ、当初はイギリス法の、後にはフランス法とドイツ法の影響のもとで、法典編纂が行われた (なかでも日本人法律家・政尾藤吉の活躍が注目される［政尾につき、香川孝三「政尾藤吉伝」国際協力論集8巻3号、9巻1号以下参照］)。とりわけ1935年に最終的に成立した民商統一法典は、比較法の所産といわれるが、実際上は日本の民法・商法典ときわめて似たものとなっており、本稿の立場からすると、日本法とタイ法には共通の土俵があり、タイは儒教や漢字の影響がないにもかかわらず、東アジア法系に位置付けられる可能性がある (五十川 1996、731＆729。なお

タイの法典編纂については、五十川・上掲のほか、飯田順三「タイ・民商法典成立小史」ジュリ1141以下［1998-99］、西沢希久男「タイ民商法典編纂史序説」名法177号［1999］が詳しい〔その他、本稿にとり興味深い論稿として、K. Prokati, Die Rechtskultur und die Rolle der Rechtskreislehre in Thailand, in : Die Bedeutung der Lehre vom Rechtskreis und der Rechtskultur, 2001, 77 ff. がある〕）。

(ii) 南アジア

(a) インド法　インド国民の大部分を占めるヒンドゥー教徒は今日でも親族・相続の分野ではヒンドゥー法にしたがって生活している。他方、インドは17世紀以来イギリス法の影響を受け、とくに19世紀後半に、多くの分野でイギリス法をモデルとして法典編纂がなされた。その意味で、インド法はアジア法の中で独特の地位を占めているが、西欧比較法学者の多くはインド法を「ヒンドゥー法」という独立の法系として扱っている。

(b) パキスタン法　インドのイスラム教徒に対しては、イギリスの支配下にあったときから、イギリス法の影響を受けた独自のイスラム法が適用されていた。1947年のパキスタン国家の誕生以後は、イスラムの精神に沿った近代化が進められている（とくに婚姻法について、湯浅道男『イスラーム婚姻法の近代化』［成文堂、1986］参照）。

(c) スリランカ法　スリランカは、住民が仏教徒シンハラ族のほかヒンドゥー教徒タルミ族とイスラム教徒にわかれ、それぞれの固有法が存在するところに、近世以後オランダ法（ローマン・ダッチ法）とイギリス法の影響を受け、きわめて複雑な様相を呈している（詳しくは、千葉正士編『スリランカの多元的法体制――西欧法の移植と固有法の対応』［成文堂、1988］参照）。

以上、ざっと見ただけでも、アジア諸国の法は国により、また地方により、さらに宗教により多種多様であることがわかる（イスラム法の浸透について一部触れたが、全体として湯浅道男教授還暦記念『アジアにおけるイスラーム法の移植』［成文堂、1997］参照）。東アジア（ここでは東南アジアを含む）に限っても、統一的な法系を考えることは難しい。代表的な西欧比較法学者が極東法系

として中国法と日本法だけを取り上げたのも、理解できることである。しかし、もうすこし広い範囲で東アジア法系を認めることができないであろうか。

4　東アジア法系の可能性

本稿は、安田信之の提言（安田 1994）に続き、さしあたり中国、台湾、韓国、日本を含む東アジア法系の存在を、西欧比較法学者の定立した法系分類の基準を採用して、証明しようとするものである。前述のように、ダヴィドは法系分類の基準を法技術的側面とイデオロギー的側面とにわけ、これに対し、ツヴァイゲルトはより多元的な基準を採用した。ここでは基本的にダヴィドに従い、ただし名称を多少変更し、法制度的側面と法文化的側面に分けて、東アジア法系の存在を探ることにする。

(1)　法制度的側面

（i）歴史的伝統　　ここで取り上げる3国家と1地域は法の歴史においてあい関連して発展してきた（ツヴァイゲルトのいう「歴史的伝統」の共有）。その中心にあったのは、いうまでもなく中国である（以下、中国法については木間ほか2000により、韓国法については鄭 1989、高 1998による）。韓国と日本は7世紀以来中国（唐）から律令制度を導入し、以後これが両国の法制度の根幹を形成した。ただしこの制度は刑法と行政法が中心であり、私法的要素が少ないこと、および日本のほうがより早く中国の影響から免れたことが注目される。

日本は19世紀末にいち早く大陸法（とくにフランス法とドイツ法）の影響のもとで法典編纂を行い、以後これが日本の法制度の根幹をなして今日に至っている。のみならず、19世紀末より20世紀初頭にかけて中国の一部である台湾と、韓国を植民地とした。日本の為政者はこの地に対し、当初

XIII 法系論における東アジア法の位置付け

は旧慣を尊重するという姿勢を見せたが、同化政策の進展に伴い次第に日本法が導入されていった（台湾につき、呉 1999 参照）。

　他方、中国では第 1 次世界大戦後、国民党政権のもとで法の近代化が進められたが、とくに 1929 年より 30 年にかけて制定された民法典は、ドイツ法と日本法の影響を強く受けたものであり、ここでふたたび中国と日本の間で共通の土俵が形成された。もし日中間に不幸な戦争が起こらなかったならば、このとき以来日中間に同一法系への形成が期待されたであろう。中華民国民法典は中国では適用の機会が事実上なかったが、戦後蒋介石政権とともに台湾に渡り、そこに根付いて今日に至っている（中華民国民法典の日本語訳は、張有忠監修『中華民国六法全書』［日本評論社、1993］にあるほか、中野正俊・黄子能訳も亜法 27 巻 1 号以下に連載）。このような現在の台湾の法化現象に対して、植民地時代に日本人の行った司法の運営のプラス面が評価されており（1999 年 10 月 20 日の本研究会における鈴木賢の報告「植民地台湾における西欧法の受容」、およびその基となった、Wang Tay-Sheng, Legal Reform in Taiwan under Japanese Colonial Rule, 1895-1945, Seattle & London 1999, p. 170 f. 参照）、また現在の台湾での法の実務と学説に対し日本法のそれがかなりの影響力を及ぼしている。

　韓国では独立後新たに法典編纂を行った。とくに 1958 年に制定された民法典は、日本民法とドイツ民法の影響を強く受けた。もっともドイツ民法に近い規定の多くはすでに日本の学説・判例で認められていたものなので、全体として日本民法と近いものになっている（鄭 1989、318、詳細後述）。その後の両国の法の発展はあい呼応しているので、ここでも同一法系を語ることが容易である。

　これに対し中国は、第 2 次大戦後社会主義国家の建設をはじめ、この点で資本主義経済を志向する他の東アジア諸国と異なる路線を取った。もっとも中国は、ソ連のような社会主義法制度の整備を目指さず、その点では中国法の伝統に従った面もある。しかし文化大革命終結後は改革開放路線

に転じ、立法化が進んでいる。とくに民法関係では、民法通則（1986）に続き、1999年に契約法典が成立し、続いて物権法典の制定の準備が進められている。将来的には民商法統一法典が志向されているようである（木間ほか 2000、186）。ということになると、中国法は社会主義法系（なおそのようなものがあるとしてだが）から離脱し、東アジア法系へ仲間入りをするのも、時間の問題である。

　なお第2次大戦後、日本はアメリカに占領され、アメリカの指導によって法改革を行い、とりわけ憲法、刑事訴訟法、商法、経済法、労働法の分野でアメリカ法の影響が強く見られる。このため戦後の日本は英米法系へ移行するのではないか、少なくとも大陸法系との混合法系ではないかとする見解が有力である。しかし私は、民法・刑法・民事訴訟法を中心として法制度を見る限り、現代日本法は、なお大陸法系の一環に属すると解したい。英米法の影響に関する限り、第2次大戦後の韓国と台湾も長らくアメリカの軍事的支配下にあり、日本と同様な分野でアメリカ法の影響が見られる。中国は逆に長らくアメリカと対立してきたが、市場経済の導入に伴い、今後は英米法との接近が予想される。したがって第2次大戦後のアメリカ法の影響に関しては、東アジア諸国に一様に及んでいるので、以上の3国家、1地域を東アジア法系に含めるという結論を左右するものではない。

　(ii)　民法典の重要性　　以上の叙述においては、法系論における民法、とくに民法典の重要性を強調してきたが、ここで改めてその重要性を確認したい。これまでの西欧比較法学者の法系論は事実上私法、とくに民法を中心に展開されてきたが、それを意識的に実行したのはツヴァイゲルトである（ツヴァイゲルト・ケッツ 1974、111）。彼の『比較法入門』の内容も、各国における民法典の成立過程、その内容、特色、他の民法典への影響に重点がおかれている。これに対しては、公法も視野に入れるべきだとする批判があり（五十嵐 1977、192参照）、それは公法と私法の限界がはっきりし

なくなった今日、もっともな批判であるが、現実の問題としては、公法を視野に入れた法系論の構築は困難である（東アジアの場合も、韓国と台湾では長らく軍事独裁体制が持続したし、中国では今も共産党の単独支配が続いており、公法制度の面で日本との間に共通性を見出すのが困難であった）。

むしろここでは各国の法体系における民法典の重要性について、擁護を試みたい。公法が近代国家の発生を必要としたのに対し、民法はローマ法以来2千年の歴史を有し、今日でも社会生活の基本法と位置付けられる（星野英一『民法のすすめ』岩波新書、1998、9）。それは人々の日常生活を規律すると同時に、現代資本主義経済の最先端を行く紛争にも適用される。したがって民法は法学教育の上でももっとも重視され、多くの時間がそれに割かれる。法学方法論も、民法（それと刑法）を中心として営まれる。民法典はそのような民法を体系化した法典なので、どのような民法典を持つかは、法制度の面だけでなく、専門家の法意識を知るためにも、重要なかぎを握っている。

ここであらためて日本、台湾、韓国を見ると、いずれも大陸法、とくにドイツ法の影響を受けた民法典を持っており（さらに五十川によれば、これらの民法典は「漢字文化圏民法典」と総称される。五十川 1996、729）、中国もその方向に向かっているということができよう。そしてこのような観点からは、以上の3国家、1地域だけでなく、ベトナムやタイもこの法系に加えることができる。さらにはフィリピンについても考える余地がある。他方で、このような考察からは、東アジア法系を大陸法系、とくにドイツ法系の一環と位置付けるべきではないか、という疑問（最近ではRösler 1999, 1187）を否定することができない。独自の東アジア法系を樹立するためには、法文化の側面を見なければならない。

(2) 法文化的側面

東アジア諸国をひとつの法系としてまとめる場合の共通の文化的要素と

しては、一応以下の3つが考えられる。

（i）地理的近接性　「東アジア」はもともと地理的概念である。世界にはスカンジナビア法系のように、主として地理的近接性による法系もある。往時は交通機関の未発達のため、近隣諸国との間でのみ交流が進められ、そこに文化的一体性も生じやすい。また気候条件も似ているため、そこに共通の文化的要素（東アジアの場合は、稲作農業）が形成される（なお今日の比較法学者の中で、比較法における地理的要素の重要性を指摘するものとして、Großfeld 1996, 24 ff.）。しかし今日のグローバル化した世界では、地理的接近だけでは同一法系を樹立するのに十分でないことも、いうまでもない（Großfeld 1996, 40 ff.）。

（ii）儒教文化圏　東アジア諸国に共通する文化的特色として儒教をあげ、東アジア法系と儒教文化圏とを一致させるのは、もっとも理解しやすい見解である。前述のように、西欧比較法学者の多くが儒教を極東法系を根拠づける要素としており、私も基本的にこの見解を支持したい（安田 1994、407 も儒教を東アジア法系成立の1要素とする）。儒教文化圏の成立は古代にさかのぼるものであるが、1980年代になって、東アジア諸国の経済発展の秘密を解くかぎとして、儒教が注目されたため（たとえば、溝口ほか 1991 参照）、この見解はさらに一層の支持者を内外に見出すこととなった（なおこの見地から、東アジア法系には前掲の3国家1地域のほかベトナムも含まれる。ベトナムの儒教については、溝口ほか 1992, 67＆502 など参照）。

では具体的に儒教は法文化にどのような影響を与えたか。儒教によれば、法は社会統制の第1次的な手段ではなく、社会は道徳規範、とくに礼によって規律されるべきであるとされる（本プロジェクトのメンバーのひとりの沈在宇も儒家の法思想として徳治主義と礼治をあげる。沈在宇［岡克彦訳］「儒家の法思想」北法44巻4号［1993］）。ここから紛争の解決手段として、一刀両断的に黒白をきめる裁判ではなく、互いに譲り合って結論を導き出す和解や調停が好まれる。それが東アジア諸国における民事訴訟の数の少なさをも

XIII 法系論における東アジア法の位置付け

たらし、それに対応して裁判官や弁護士など法律家の数も少ない。もっとも、この点では中国と日本にはそのまま当てはまるとしても、韓国については若干の留保が必要である（中国については、木間ほか 2000、137 以下参照）。

それに、儒教の影響力についても、国による差異が考えられる。中国では社会主義政権のもとで、儒教の精神が否定されてきた。日本でも、戦前の学校教育では儒教が中心的な地位を占めたが、戦後は西欧的な道徳が教えられるようになった。むしろ韓国のほうに儒教の伝統が残っている。日本の民事訴訟の数の少ない原因は、儒教にあるのではなく、明治以後、故意に国民を裁判からと遠ざけようとした政府の政策にあるとする説も有力である（ヘイリー 1978、大木 1983、233 以下 ［詳しくは、本書XIV論文参照］）。そこで、儒教文化圏説を補強し、またはそれに代替する説が必要になる。

(iii) 漢字文化圏　そこで登場するのが漢字文化圏説である。中国・台湾・韓国・日本は漢字を使用する点で共通性がある。ここから東アジア法系や儒教法文化圏の代わりに、漢字法文化圏の名称の使用を主張するのは、千葉正士である（千葉 1998、125 以下、247 以下）。西欧の比較法学者の中では、グロースフェルトが比較法における言葉や文字の重要性を強調している。言葉や文字はそれぞれの国民の文化を背景に持っているからである（Großfeld 1996, 53 ff. なお彼は漢字にも関心を持っている）。もっとも、中国語と韓国・日本語は文法的にはまったく別の言語であり、韓国語と日本語の間には文法的には共通性が多いが、専門家によれば、それぞれ独自な言語であるとされる（たとえば西尾幹二『国民の歴史』産経新聞社、1999、128 参照）。しかし漢字を共有することにより、3 国の間の文化的交流は容易となり、多くの実績を上げることができた。法の分野でも、「法」をはじめ中国起源のものが韓国や日本で多く使用されている。明治初期の日本人による西欧諸国の法律用語の翻訳に際しても、中国訳からの重訳が多い。他方で、1920 年代以後の中国の法典編纂に際しては、日本の法律用語の輸入が見られる。韓国民法典が日本民法典に法律用語の点で多くを負っていること

は、いうまでもない。まさに五十川のいう「漢字文化圏民法典」である（五十川 1996、729）。

　漢字文化圏は儒教文化圏と同様に今日の東アジア諸国の経済的隆盛の根拠として注目されている（たとえば、溝口ほか 1992 参照、なお本書は『漢字文化圏の歴史と未来』と題され、溝口ほか 1991［『儒教ルネッサンスを考える』］と区別されているが、編者によれば、漢字文化圏は儒教文化圏のいいかえにすぎないとされる。溝口ほか 1991、6、しかし、本稿は両者を一応区別する）。だが今日は漢字法文化圏にとって、危機が訪れている。中国では極端な略字化が進められており、韓国ではハングル文字によって漢字が放逐されつつある。それぞれ理解できないこともないではないが、東アジア法系を志向するものにとっては、残念な現象である。

(3) まとめ

　以上のように東アジア法系を法文化の観点から基礎付けようとすると、種々の問題点がるが、総合的に考えれば、東アジア諸国のうち、中国・台湾・韓国・日本の間に共通の法文化的要素が認められるといえるであろう（さらに儒教法文化圏の見地からは、ベトナムも含められる）。

　したがって結論としては、東アジア法系は、法制度の点では大陸法と共通のものをもつが、法文化の点では独自性をもち、全体としてひとつの法系と捉えることができる（なお西尾明も東アジア文化圏の共通の諸要素を「東アジア大伝統」と称し、その内容を構成するものとして、「精神世界を形成し人心の統一に関するものとしての〈儒教および仏教〉、政治の統一機構としての〈律令制〉、思想伝達のための統一手段としての〈漢字〉」をあげているが［西尾 1993、41］、同一方向を志向したものといえよう）。以上のような東アジア法系の提唱は、西嶋定生の主張する「東アジア文化圏」構想にのっかったものであるが（西嶋『古代東アジア世界と日本』岩波現代文庫、2000 など参照）、これに対して、かっての「大東亜共栄圏」構想の再来ではないかという批判がある（李成市

『東アジア文化圏の形成』山川出版社、2000、参照)。留意すべき問題点であること、いうまでもない。

5 韓国法と日本法

　本稿は、韓国法と日本法が東アジア法系という同一法系に属することを明らかにしたが、それだけでは本研究プロジェクトになにかを寄与したことにはならない。二つの国が同一法系に属することは、両国があらゆる点で同一であることを意味するわけではない。同一法系の国の間でも、さらにどこが同じで、どこが違うか、そしてその原因はなにかを探ることが比較法学者の任務である。韓国語の読めない私にとり、限界のあることを承知の上で、以下日韓両国法の比較について若干の試みをしたい。

(1)　両者の交流の歴史 ── 民法を中心として

　ここでは日韓両国の民法のあいだに共通点が多いことを改めて確認したい（以下は主として鄭 1989 による)。韓国は日本と同様長らく中国と密接な関係を持ち、その法文化の影響下にあったが、前世紀末より日本が影響力を及ぼし始めた。それは具体的には、日本よりの司法官の派遣と日本人による韓国人司法官の養成となってあらわれ、このため日本法が韓国の実務に適用されることになった。またすでに韓国併合以前に、日本民法典の起草者のひとりである梅謙次郎による韓国民法典の編纂が企てられたことも、注目される。しかし、1910 年韓国併合の年に梅が急死したこともあり、この企ては挫折し、代わりに日本民法典が家族法の部分を除き韓国に適用されることとなった。

　日本の支配化にあった韓国では、主として日本人により日本の法律が適用され、韓国の慣習法も無視されることが多かったといわれる。韓国人が法を学ぶには、日本の大学に留学するか、ソウルに創設された帝国大学法

文学部に入学するほか、方法がなかった。しかし、当時の日本法はその多くが西欧より継受したものであり、日本の法学はドイツの法学を中心とした西欧の法学の圧倒的な影響下にあったので（当時のソウル帝大の教授たちは、ソウルのほうが東京よりベルリンに近いと誇っていたといわれる）、独立回復後の韓国で、比較的容易に西欧法の継受が可能になったといえるであろう。

　さて独立回復後の韓国では、早速民法典の編纂が企てられたが、それはようやく1958年に公布された（韓国民法典の日本語訳としては、中野正俊ほかによるものが亜法30巻2号以下に連載されている。ただし、以下は韓国で発行された六法全書［1998年度版］による）。すでに鄭鍾休が詳しく述べているように、その内容は、財産編では日本民法典（および幻に終わった満州国民法典）に近く、家族編では韓国独特の宗族制に由来する同姓同本不婚制（809条1項）などを除くと、むしろ日本民法の旧法（1947年改正以前の親族・相続編）に近い。たしかに韓国民法典の中には日本民法典にない規定（たとえば、履行補助者の過失［391条］、債務引受［453条以下］、契約締結上の過失［535条］など）も多いが、それらの多くはすでに日本の学説・判例で認められているものである（大きな例外は物権変動において登記・引渡しを効力発生要件とした点であろう［186・188条］。ちなみに、この条文のもとで、登記なくして所有権の移転を認めた判例を紹介する金曉朱「韓国民法の現状と課題」韓先生華甲記念『現代民法の課題と展望』［1994、1355以下］が興味深い）。その後の特別法でも「仮登記担保等に関する法律」（1983年）や「集合建物の所有および管理に関する法律」（1984年）など先行する日本の立法の影響を受けたと思われるものがある。他方、家族法の分野では1990年の大改正により近代化された結果、日本家族法との距離が縮まり、従来存在した日韓両国間の国際私法上の難問の多く（とりわけ、離婚後の財産分与や親権の帰属をめぐる争い）が解消した（従来の問題については、五十嵐清「韓日国際離婚法上の若干の問題」金基善博士古稀記念『現代財産法の諸問題』ソウル、1987年所収参照。なお延基栄による韓国語訳が判例月報219号にある）。

XIII 法系論における東アジア法の位置付け

　前述のように、類似した民法典を持つことが同一法系に属する根拠のひとつであるとするのが、本稿の立場であるが、日本と韓国の間にはとりわけそのことがあてはまる。しかし、以上のことは民法財産編を見るかぎりそういえるというだけであり、他の法分野や法文化の面でもあてはまるわけではない。

(2) 韓国法の独自性

　日本法と比べた韓国法の特色はいろいろな角度から考察しうるが、ここでは本プロジェクトのふたりの韓国人メンバーの業績に依拠し、法制度面と法文化面にわけて眺めることにする。

　(i) 法制度面　　韓国の指導的法哲学者崔鍾庫は、現代韓国法のなかで、儒教の影響を受けた法制度として、家族法より、① 親族概念と親等数、② 戸主承継、③ 婚姻と離婚（ここではとくに同姓同本不婚の原則、再婚禁止期間、成人基準と婚姻の関係が論ぜられている）、④ 親族会、⑤ 扶養（親族間の相互扶養義務）、⑥ 相続法（墳墓の承継、均分相続）をあげ（なお現行家族法については、鄭 1991 参照）、刑法より、① 姦通罪、② 尊属殺人罪、③ 死者に対する名誉毀損、④（親族による犯人隠匿などに対する）刑事責任の免責をあげている（崔 1997、904 以下）。それらは、われわれ日本人法学者からみると、多くの点で日本の戦前の民法家族法編または刑法典と一致しており、ここでも両者は同じく儒教の影響を受けた兄弟同士であるという思いを深くする。

　大きく異なるのは、家族法では同姓同本不婚の原則であるが、ここでは周知のように 1997 年 7 月 16 日の憲法裁判所の違憲決定により、局面は変わった（岡克彦「韓国における『同姓同本禁婚制』違憲決定をめぐって」法時 70 巻 2 号参照）。しかし韓国では、無限の同姓同本者間の婚姻禁止は違憲としても、日本のように 4 親等間の婚姻は許されるとする制度に対しては違和感を持つようであり（高翔龍の言）、この点に対する儒教の影響が日本より強

いことには、異論がないと思われる。

　相続における男女均分相続の規定（1009条1項）が儒教に由来するとする崔の見解（崔 1997、908）については、異論の余地がありうると思われるが、儒教とはなにかという問題（ここでは韓相範 1993、12 ff。および岡 1999をあげるにとどめる）にたちもどって、議論をする価値がある。

　刑法では日本法との比較で①と②が問題となる（③と④は日本も同じ）。姦通罪は日本では戦後直ちに廃止されたのに対し、尊属殺人については、1950年の最高裁判決では合憲とされ、1973年に違憲とされたが、刑法典から姿を消したのは1995年であった。したがってここでは日本法に対する儒教の影響力の持続を語ることもできるが（もっとも、1950年判決の多数意見は「孝」を他の家族間の道徳とともに、「人類普遍の道徳原理」と述べ、儒教に起源を求めているわけではない。五十嵐清『法学入門』一粒社、初版27刷1999、9以下参照。なお儒教における孝の意義につき、加地伸行『儒教とは何か』中公新書1990、64以下参照）、程度の差とはいえ、やはりここでも韓国のほうが日本より儒教の影響が強いと結論づけることができる。

　(ii)　法文化面　　この分野では、両国とも法意識について大規模な調査がなされ、一応両者の比較が可能である。すなわち、日本では日本文化会議が1971年と1976年の2回にわたって日本人の法意識の調査を行ったのに対し（その成果は、日本文化会議編『日本人の法意識』至誠堂、1973、同編『現代日本人の法意識』第一法規、1982にまとめられている）、韓国でも韓国法制研究院が1991年と1994年の2回にわたって韓国人の法意識の調査を行った（一回目の調査については、青木清「資料・韓国法制研究院『国民法意識調査研究』」南山法学16巻3・4号に紹介がある）。この両調査は実施年代に20年の開きがあるが、調査項目に共通性が多く、比較の素材となりうる。紙数の関係で、ここでは遵法精神についての比較だけをとりあげる。一見したところ両者の間にそれほどの違いを見出すことは難しいが、高翔龍は、韓国の場合は遵法精神の欠如は法に対する不信から生ずるのに対し、日本では法への信

頼を前提とした融通の問題であるとして、両者を区別する（高 1998、41）。日本人の法意識の深層に踏み込んだ分析といえるだろう（この点で柴田光蔵『法のタテマエとホンネ』有斐閣［新増補版］1988 参照）。

　高はさらに両国の民事訴訟の数の比較に及んでいる。民事訴訟の数は、各国民の権利意識の程度を知るための絶好の指標なので、法文化の比較のために近時多くの比較法学者によりとりあげられている。高 1998、34 によれば、1995 年度の民事訴訟事件の新受総数は、韓国では 2,033,452 件、日本では 2,408,070 件である。人口は日本が韓国の約 3 倍なので、民事訴訟の数の比較にはいろいろな問題点があるとしても（たとえば、井ケ田良治「『日本人は裁判ぎらいの神話』について」社会科学 33 号［同志社大学人文科学研究所、1984］）、ここでは一応韓国人のほうが日本人より権利意識が強いといわざるをえない。さらに民事調停事件数の比較では、同じく 1995 年度の新受総数が、韓国では 27,771 件であるのに対し、日本は 130,807 件であり、ここからは韓国人は日本人ほど調停を好まないという結果が出ている。いまひとつ、行政訴訟事件数を比較すると、これまた 1995 年度の新受総数は日本が 3,288 件にすぎないのに韓国は 8,764 件ある（高 1998、44、なお行政訴訟事件数の国際比較については、渡部保夫ほか『現代司法』［日本評論社、第 3 版 1997、169］参照。それによれば、韓国の訴訟率はヨーロッパ諸国に比べると、一桁少ない）。

　以上のことから、韓国では日本よりも儒教の影響が強いのに、紛争解決の手段として訴訟が好まれ、調停が利用されないという結論が出てくる。これを合理的に説明するためには、以下の 3 通りの方法が考えられる。① 儒教にもいろいろあり、韓国の儒教と日本のそれとは同じものではない。② そもそも儒教と法意識との間には密接な関係があるわけではなく、法文化に影響を与えるのは国民性である。③ 民事訴訟の数に影響するのは、国民の法文化ではなく、法曹人口数をはじめ、裁判所への国民のアクセスが容易かどうかである。私はさしあたり②に心を惹かれるが、では韓国人

の国民性はなにかということになると、とても答えをだす自信はない（崔鍾庫は、韓国法の思想的基礎として16個の思想をあげているが、そのうち儒教と直接関係のないものとして、弘益人間思想、在世理化思想、善利悪禍思想、除禍召福思想、下化衆生思想［これは仏教思想］などがある。崔 1993、924 以下。しかし、これだけでは日本との違いの説明にならない。これに対し千葉正士は、個々の法文化の性格を規定する最終原理として「アイデンティティ法原理」なる概念をつくり、日本のアイデンティティ法原理は「アメーバ性情況主義」であるのに対し、韓国のそれは「ハヌニム［韓国神話の天帝の名］性正当主義」とされる。前者が「通らぬことも無原則かのように消化する原則」であるのに対し、後者は「通らぬことのあることを知りながら自己主張する原則」であるとして、両者を区別する。千葉 1998、85 以下。千葉の提言を正面から受け止める能力は私にはないが、それは日本と韓国の民事訴訟の数の比較についての説明になりうる）。なお以上は日本と比べた韓国の特色であり、韓国の訴訟数はアメリカやドイツに比べれば少なく、東アジア法系に対する儒教の影響力を否定する根拠とはならない。

(3) 日韓両国の法学交流の現在の問題点と将来の課題

　さいごに、蛇足であるが、民法を中心として、日韓両国の法学交流における現在の問題点と将来の課題について一言述べて本稿を終えたい。

　(i) ドイツ法の重視　　現在の韓国の民法学者の多くは、ドイツ法をモデルとして志向している。この点は、今世紀はじめの日本における学説継受の時代と似ている。日本民法がドイツ民法を継受したものなら、その母法であるドイツ法を直接学ぶほうが得策である、という考えに基づくものであろう。しかし、日本民法典はけっしてドイツ民法典のひきうつしではなく、フランス民法に依拠した旧民法を修正したものであり、現行日本民法典にはフランス民法に起源を有する規定が多く残っている。韓国民法典の起草にあたって、日本民法典におけるフランス法起源の制度の若干（たとえば先取特権、抵当権の「てき除」など）を削除し、ドイツ民法にならった

規定を多く採用したため、韓国民法典は日本民法典よりもドイツ民法典に近いことは確かであるが、債権者代位権（404・405条）や債権者取消権（406・407条）など、いぜんとしてフランス民法にさかのぼる規定は多い。それだけでなく、今日の比較法では、特定の国だけでなく、ひろく世界の進んだ制度を対象とする必要があり、英米法を含め、韓国の民法学が今後、より比較法的に行われることを期待したい。

(ii) 日本との関係　韓国と日本の間では、他のアジア諸国との場合と同様、これまで一方的に韓国の学者が日本の法と法学に関心を持ってきたのに対し、日本の学者は韓国法を無視してきた。ようやく最近になって、日本の学者も韓国の法と法学に関心を示すようになってきた。現在日本に居住する外国人の圧倒的多数が韓国・朝鮮人であり、渉外事件で日本の裁判所が適用しなければならない外国法としては、韓国法が一番多い。それにもかかわらず、国際私法の教科書を見ると、判例はともかく、Schulbeispiel に韓国法を取り上げることはほとんどない。動産の物権変動を論ずるさいに、どうしてフランス法とドイツ法が取り上げられ、日本法と韓国法が取り上げられないのか。本プロジェクトを含め、最近両者間に相互交流の機会が増えたことは喜ばしい限りである。

(iii) 韓国における法の機能の研究の必要性　民法の分野では、韓国と日本の間には共通の制度が多い。しかし、それが同じような機能を果たしているかは明らかでない。そのようなことを明らかにする韓国学者の研究はなお乏しいように思われる。また最近では韓国のほうに、日本より進んだ制度が取り上げられる例が増えてきた（たとえば、約款規制法［1986］、その他、1977年の民法典改正により導入された、協議離婚のさいの家庭法院における離婚意思確認の制度［836条］、など）。これらの制度がはたして所期の目的を達しているかどうかは、日本における将来の立法にとって関心事である。判例や慣行の研究を通じてそれらのことが明らかになれば、日本法に対し実務上の寄与をするだけでなく、そのような法の機能の研究を積み重ねること

第 4 部　アジア法と日本法

により、両国間の法文化の異同についても明らかにすることができるであろう（ちなみに、家庭法院の離婚意思の確認については、高翔龍によれば、それが「どの程度その機能を果たしているかは疑わしい」とされる。高 1998、156. しかし、その理由として協議離婚率が増加していることをあげるだけでは、日本でこの制度の導入を主張している者を諦めさせるのに十分でない）。

[主要参考文献表]

〈日本語文献〉
千葉 1998：千葉正士『アジア法の多元的構造』成文堂
崔 1993：崔鍾庫（岡克彦訳）「韓国思想と法哲学の課題」北大法学論集 44 巻 4 号
― 1997：――――――「韓国における儒教と法」北大法学論集 48 巻 4 号
鄭 1989：鄭鍾休『韓国民法典の比較法的研究』創文社
― 1991：――――『改正韓国家族法の解説』信山社
呉 1999：呉豪人「ドイツ人種学的法学と『台湾私法』の成立」『複雑系としてのイエ』（比較法史研究 8）比較法史学会、未来社
韓 1993：韓相範「韓国の法文化」小島武司・韓相範編『韓国法の現在（上）』中央大学出版部、所収
ヘイリー 1978：ジョン・O・ヘイリー（加藤新太郎訳）「裁判嫌いの神話」判例時報 902・907 号
五十嵐 1972：五十嵐清『比較法入門』日本評論社、改訂版
――― 1977：――――『比較法学の歴史と理論』一粒社
――― 1987：――――「法系論と日本法」法哲学年報 1986 年度『東西法文化』有斐閣、所収
五十川 1996：五十川直行「タイ民商法典の比較法的考察〈序説〉(1)」法政研究 62 巻 3・4 号
高 1998：高翔龍『現代韓国法入門』信山社
木間ほか 2000：木間正道・鈴木賢・高見澤磨『現代中国法入門 [第 2 版]』有斐閣
溝口ほか 1991：溝口雄三・中嶋嶺雄編『儒教ルネッサンスを考える』大修館書店
――― 1992：溝口雄三・富永健一・中嶋嶺雄・浜下武志編『漢字文化圏の歴

史と未来』大修館書店
西尾 1993:西尾昭『韓国その法と文化』啓文社
岡 1999:岡克彦「韓国における儒教資本主義の『虚』と『実』」今井弘道・森際康友・井上達夫編『変容するアジアの法と哲学』有斐閣、所収
大木 1983:大木雅夫『日本人の法観念』東京大学出版会
── 1992:────『比較法講義』東京大学出版会
山崎・安田 1980:山崎利男・安田信之編『アジア諸国の法制度』アジア経済研究所
安田 1994:安田信之「東アジア法圏の生成と発展」石部雅亮・松本博之・児玉寛編『法の国際化への道』信山社
── 1996:────『ASEAN法』日本評論社
ツヴァイゲルト・ケッツ 1974:K.ツヴァイゲルト／H.ケッツ(大木雅夫訳)『比較法概論原論上下』東大出版会

〈外国語文献〉

Chiba 1986: Masaji Chiba, Asian Indigenous Law; In Interaction with Received Law, London, KPI.

David 1950: René David, Traité élémentaire de droit civil comparé, Paris, Dalloz.

──── 1964:────, Les grands systèmes de droit contemporains, Paris, Dalloz.

David et Jauffret-Spinosi 1992:──── 10e éd.

Großfeld 1996: Bernhard Großfeld, Kernfragen der Rechtsvergleichung, Tübingen, Mohr.

Oda 1992: Hiroshi Oda, Japanese Law, London, Butterworth.

Rösler 1999: Hannes Rösler, Rechtsvergleichung als Erkenntnisinstrument in Wissenschaft, Praxis und Ausbildung, Juristische Schulung, 1999, 1084 u. 1186.

Zweigert u. Kötz 1971: Konrad Zweigert u. Hein Kötz, Einführung in die Rechtsvergleichung auf dem Gebiete des Privatrechts, Tübingen, Mohr.

──── 1984:────, ────, 2. Aufl.

──── 1996:────, ────, 3. Aufl.

第 4 部　アジア法と日本法

［あとがき］

　本稿は、1992 年より 99 年にかけて交付された文部省科学研究費国際学術研究「東アジア文化と近代法 ── 日本と韓国の比較研究を通じて」（代表者・今井弘道）における私の最終報告書である（2000 年 2 月提出）。V を除いた部分は、同じ表題で（ただし、サブタイトルなし）札幌法学 10 巻 1・2 合併号（1999 年）に掲載されたほか、ドイツ語版（Gibt es einen ostasiatischen Rechtskreis?）が近刊の Festschrift für K. W. Nörr に掲載される予定である。

XIV 西欧法学者が見た日本法
―― 「日本人は裁判嫌い」は神話か？ ――

1 序　説
2 「日本人は裁判嫌い」テーゼの成立
3 「日本人は裁判嫌い」＝神話説をめぐって
4 むすびにかえて

1 序　説

　西欧人にとって日本は当初より独自の文化の点で注目されてきた。第2次世界大戦後は、その経済が驚異の的となった。これに対し法の分野では、ながらく興味をひくことがなかったが、近時ようやくこの分野も西欧法学者および実務家による本格的な研究の対象となってきた。この点で先駆的役割を果たしたのはアメリカである。それには戦後のアメリカによる日本占領とそのイニシアティブによる法改革が影響したことはいうまでもないが、最近はアッパーム、ヘイリー、ラムザイヤーなど本格的な日本法研究者が育ってきた[1]。他方ドイツでも、近時日本法に対する関心がにわかにたかまってきた。日本とドイツの関係では、従来は日本人法学者による一方的なドイツ法への思い入れだけが見られたが、最近は両者の共同研究が実を結びつつあるほか[2]、ラーンやマルチュケなどによる本格的な研究書も見られるようになった[3]。
　これら西欧法学者の日本法への関心の的は、アメリカ人にとっては当初から文化的側面にあったのに対し（もっとも日本への経済進出の必要上、法制度への関心も高かったが、そこでも制度よりその機能に重点がおかれた）、ドイツでも最近は実務的関心のほか文化面への関心が高まりつつある[4]。これら西

欧法学者の日本法への関心の高まりは 1990 年代にはいり、とくに顕著に見られるようになったが、その状況はこれまでのところわが国では明らかにされていない[5]。そこで本稿は、本来は最近の西欧法学者による日本法研究の成果を明らかにすることを目指すものであるが、その作業を全面的に展開する余裕がないので、1978 年にヘイリーが提起した「『日本人は裁判嫌い』は神話か」という問題をめぐる状況にしぼって話を進めることにしたい[6]。

(1) Upham 1987, Haley 1991, Haley 1998, Ramseyer 1996, Ramseyer & Nakazato 1999 など。
(2) Coing 1990, Menkhaus 1994, Baum u. Drobnig 1994, Baum 1997 など。
(3) Rahn 1990, Marutschke 1999 など。
(4) Rahn 1990 のほか、Baum 1995 など。
(5) 1980 年代までの状況につき、田中 1980、山田 1985、綿貫 1988-89 参照。
(6) なお本稿は、1997 年 7 月 21 日に開催された日韓比較法文化研究会での報告を、その後の文献を参照して大幅に改訂したものである。その間に公表された日本語文献のうち、とくに菅原 1998 は本稿と共通の問題を扱っており、本稿公表の意義が半減したことをお断りしたい。

2 「日本人は裁判嫌い」テーゼの成立

1） 日本人学者によるテーゼの成立

(**1**) ヘイリーは 1978 年に公表した論文 The Myth of the Reluctant Litigant（「裁判嫌いの神話」〔以下、「神話論文」と略称〕）の冒頭に「日本人は特別に訴訟嫌いな国民であるという確信が、著しく広まっている」と述べ、しかも内外の学者はほとんど一致してその理由を、日本人は私的紛争を公的な裁判メカニズムより、非公式な和解により解決することを好むという、根深い文化的な要因に求めているとする[1]。本稿は、このテーゼを「日本人は裁判嫌い」ということばでまとめることにする。このことばは 2 つの

XIV 西欧法学者が見た日本法

含意をもつ。まずこのことばは、日本人は諸外国、とくに欧米諸国の国民にくらべ、紛争解決のために民事訴訟を提起することが少ないということを意味している。つぎにこのことばは、その原因を主として日本人特有の文化に求めることができるという見解（文化要因説）を表現している（これに対し、日本における訴訟の少ない理由を司法制度の機能不全に求める見解を「制度要因説〔または機能不全説〕」という）。文化要因説は西欧の比較法学者によって提唱されたものではなく、日本人学者によって最初に提唱された見解に多くの西欧法学者が追随したために、国際的な通説となったものである。そしてその代表的な提唱者は、ヘイリーはじめ多くの人により川島武宜と目されている。

（2） わが国の代表的な法社会学者であった川島は、1963 年に刊行された von Mehren (ed.), Law in Japan のなかで、Dispute Resolution in Contemporary Japan という、おそらく日本人により英文で書かれた法律論文としては世界でもっとも多く引用された論文を発表した[2]。川島によれば、日本人は、紛争解決の公式の手段としての訴訟を利用することが少ない。その理由として、訴訟には時間と金がかかるとか、賠償額が少ないことも考えられるが、「より決定的な要因は、この問題の社会的、文化的背景に求められるべきである。」その理由は、日本の伝統的社会集団の特質と関連している。その特質は第一に、その成員の社会的地位が、恭順と権威とによって分化しているという意味で、ハイァラーキカルである。第二に、伝統的な社会集団の内部では、地位の同等な人々の間の関係も、いちじるしく特定主義的であり、同時に機能拡散的であった。このような社会的役割規定のもとでは、「和」が尊ばれ、争いは起こすべきでないとされる。これに対し、そのような社会関係が関与していない争い（社会集団の外部での争いや高利貸と債務者との争い）は、日本でも訴訟の対象となる（川島 1965、62-65）。日本での支配的な紛争解決の方式は、和解と調停という裁判外的な手段である。紛争の当事者が互いに協議し、折り合いのつく点を見いだ

し、和の関係を回復しあるいは作りだす過程である和解は、日本の伝統的文化における、紛争解決の基本的な方式であり、調停は、第三者を介しての和解であって、和解の1つの変形である（川島 1965、72-73）。しかし、川島によれば、このような紛争解決の日本的な様相も、最近はしだいに変化の兆しを見せている（川島 1965、83以下）。

（3）「日本人は裁判嫌い」のテーゼを国際的通説に高めるのに貢献した日本人法学者として、もう1人挙げなければならないのは、野田良之である。国際的にも高く評価された比較法学者である野田は、1966年にIntroduction au droit japonais（『日本法入門』）を公刊し、その第4編で「日本人の法観念」を論じたが、その第1章は「日本では法は好まれない（On n'aime pas le droit au Japon)」と題され、「日本人は裁判嫌い」テーゼを確立するのに貢献した。さて野田の法観念研究の特色は、フランスの性格学の影響を受けた国民性の比較に基づくものである。それによれば、日本人の性格は内向的、主観的、感情的であり、外向的、客観的なフランス人と正反対である。日本人は非論理的であり、法律に向かない。日本人の伝統的規範は「義理」に求められる。義理規範の法の領域への影響は、農村の地主・小作人や請負契約などに典型的に見られるし、交通事故についての訴訟が少ないという事実も、これによって説明される。もっとも義理人情規範が今後も若者のあいだにそのまま妥当するかは疑問だが、国民性に支えられた日本人のエスプリーは今後も変わらないであろう[3]。

川島の見解は主として日本人の伝統的な社会関係に基礎をおくため、社会の近代化により、日本人もしだいに権利意識にめざめ、訴訟を利用するようになることが予測されたが、野田は不変的な国民性に基礎をおくため、将来の見通しについては、よりペシミスティックである。

2）　西欧比較法学者への影響

（1）　第2次大戦後の世界の比較法学界をリードしたフランスのダヴィド

XIV　西欧法学者が見た日本法

は、1964 年に公刊された Les grands systèmes de droit contemporains（『現代の大法系』）のなかで、日本法について、極東法として中国法とともにまとまった記述をしたが、その内容は、1962-63 年度にパリ大学で行った野田の日本法入門講義に全面的に依拠したものである。まず日本法史についての簡単な叙述があり、そのあと、現代法については制度の詳しい説明はほとんど無く、主として日本人の法観念の特色が語られている。それによれば、日本には西欧的な法観念は存せず、「義理」が支配し、このため西欧的な近代法は日本人の神秘的なセンチメンタリズムと衝突する。私法の分野でも、義理人情が支配し、日本人は訴訟を好まない。長い目で見れば、日本にも法のサンチマンが植えつけられるであろうが、それはなお仮説にすぎない、と結ばれている。以上が野田の祖述にすぎないというまでもないが、野田の国民性の比較の部分がほとんど参照されていないことが注目される[4]。

　さて本書は、1982 年の第 8 版以来、弟子のジョーフレ・スピノージにより補正され、1992 年に第 10 版が出ている。日本法についての内容は豊富になり、調停について独立の項目が設けられているが、その大綱に変化はない。「日本の制度が完全に西欧化しても、また法技術が近代化しても、それにもかかわらず、日本人の文化的環境におけるその適用は、いぜんとして伝統的原理の深くて活き活きとした現状を明らかにしている。」と結んでおり、ここでも文化要因説が維持されている[5]。

　(2)　ダウィドとともに 20 世紀後半の世界の比較法学界をリードしたドイツのツヴァイゲルトは、弟子のケッツとともに、1971 年に Einführung in die Rechtsvergleichung（『比較法入門』）を公刊した。このなかで、かれらは日本法を中国法とともに極東法圏に位置づけ、簡潔に叙述している。この法圏は、かれらによれば、「法が人間の共同生活を規制する手段としていかなる意味をもつかについてのそれぞれの特殊な見方」を基準とするものなので（ツヴァイゲルト・ケッツ 1974、645）、法文化的観点からその独自

275

性が認められたものである。日本法については、簡単な歴史と明治以後の法制度の近代化にふれたあと、「日本においては生活関係のあらゆる変化にもかかわらず、今日もなおいかに執拗に古い慣習が固執されている」ことに驚いている。そして具体的には紛争の解決に裁判が利用されず、和解や調停が大きな役割を果たしていることが強調され、ダヴィドと基本的に変わらない[6]。ただし、和解と調停による解決に対して、人間の人格の尊厳と両立しないのではないかと批判しているのは（ツヴァイゲルト・ケッツ1974、664以下）、評価的比較法学の提唱者としてのツヴァイゲルトの面目躍如たるものがある。

　本書は1984年に第2版を出したが、初版にくらべ日本法の記述に関し若干の修正が加えられた。そこでは、末尾の日本の調停に対する批判の部分が削除され、かわりにヘイリーの「神話論文」が引用され、「日本人の調停好みを過大評価すべきではなく、それは神話ではないか。日本における訴訟の数の少なさは儒教の影響と見るべきではなく、訴訟の遅延のせいである。最近、公害や薬害の訴訟に数千人の原告や大衆が熱狂的に関与するようになった」むねの記述がみられる（Zweigert u. Kötz 1984, 418 f.）。第2版は、日本の伝統的法文化に関する部分をそのまま維持しているので、本書は、本稿が結論として示す折衷説に歩みよったものといえるだろう。

　さらに本書は、ケッツひとりにより改訂された第3版で、中国法と日本法を極東法圏として位置づけることを放棄し、両者を「極東における法」として独立に論じた。日本法については、あらたに小田博のJapanese Law[7]の影響が見られる。もっとも小田の主張する、日本法は基本的に大陸法に属するという見解に対しては、そもそも法系論に問題があるとして、ケッツ自身の見解は窺われない[8]。

　(3)　ダヴィドやツヴァイゲルトは世界を代表する比較法学者であるが、日本法の専攻者ではないので、その日本法の記述については、代表的な日本人学者に依拠するほかない[9]。他の学者によって書かれたものとしては、

XIV 西欧法学者が見た日本法

1979年に発表されたKim & Lawson, The Law of the Subtle Mind ; The Traditional Japanese Conception of Law (「繊細な精神の法；日本人の伝統的法観念」)が注目される[10]。この論文は、「日本では法は好まれない」という野田のことばの引用から始まることからも分かるように、いたるところで川島と野田を引用し、とくに野田の国民性の研究も紹介している。しかし、全体として両者の祖述ではなく、さらに多くの日本人学者(中村元など)が参照され、客観性を高めている。著者らは、日本の伝統に敬意をはらい、「日本では法は好まれない」ということばもまったく正しいというわけではなく、法は日本では道徳の教師として尊敬されているとし、結論として「今日においても、日本の法は繊細な精神の法でありつづけている」と述べている (Kim & Lawson 1979, 511 ff.)。この論文により、「日本人は裁判嫌い」についての文化要因説は、ますます補強されたといえる。

最近は78年のヘイリーの「神話論文」を契機として、欧米諸国でも、従来の通説に対する批判が高まっている。しかしそのなかにあって、なお部分的であれ、川島テーゼを評価する学説も存する。その一例として、ドイツの民法学者ヴォルシュレーガーの研究をあげたい[11]。かれは(日本語を解せないにもかかわらず)日本の司法統計に依拠して、明治時代にはじまり、戦前・戦後にわたる日本の民事訴訟率を調査し、日本の訴訟率は、諸外国(アメリカ・アリゾナ州、スウェーデン、ドイツなど)にくらべ、はるかに低い状態が続いているとする。この傾向は徳川時代にも見られるので(江戸、大坂)、その理由は歴史に求められ、その点では川島テーゼは正しいとする。結論として、「数世紀にわたって変わることのない、規範強制の社会機構と非公式な紛争解決が、日本人の法文化を説明する決定的な要素である」とし、「見通しうる将来においても、訴訟の回避は、日本人の法文化の特有な1要素でありつづけるであろう」と予言する。他方でかれは法意識の国際的比較や川島の国民性論についてはいずれも根拠がないとして退けており、従来の通説を全面的に支持しているわけではない[12]。

第4部　アジア法と日本法

(1) Haley 1978, 359. なお本論文には加藤新太郎による訳があり（ヘイリー 1978＆1979）、大いに利用したが、訳文を変更したところもある。
(2) この論文の日本語版は川島 1965。なお本稿は、読者が日本人であることを前提とし、おなじ内容の論文が外国語と日本語の両方で公表されている場合には、原則として日本語版を引用する。なお日本人および日本語の読める外国人にとっては、川島 1967 のほうが利用されている。しかし、本書はその一部が英訳されているにすぎない（Kawashima 1970）。なお川島説はヘイリーの神話論文以後、外国でも批判されることが多くなったが、川島理論を再評価する Miyazawa 1987 により、修正されつつある。Baum 1995, 287 ; Dean 1997, 4 など。
(3) Noda 1966, 173 ff. なお世界の学界では、本書より、英語版の Noda 1976 のほうが利用されているほか、野田の見解は Noda 1975 をつうじて知られている。日本人のためには、野田 1986 所収の諸講演、とくに冒頭の「日本人の性格とその法観念」が参考になる。性格学については、Noda 1966 が Griéger を利用しているのに対し、野田 1986 では Le Senne が参照され、このほうが分かりやすい。ただし、野田の性格学については佐々木斐夫によるきびしい批判がある（野田 1986、257 以下）。最近の DNA 研究の発展は野田説に有利に働くであろうか。
(4) David 1964, 531-541. 五十嵐 1972、92 以下。なお本書は世界のベストセラーであり、日本語以外の各国語版があるが、世界的には英語版 David & Brierley, Major Legal Systems in the World Today, 3rd ed. Stevens 1985 が利用されている。また本書に対する川島の影響度は直接にはわからないが、日本法の参考文献中に von Mehren 1963 が挙げられている。
(5) David et Jaufret-Spinosi 1992, 446. なお、David には来日経験がなかったが、Jaufret-Spinosi は 2000 年に来日した。つぎの版を期待したい。
(6) ツヴァイゲルト・ケッツ 1974、662 以下。なお、ここでは Kawashima 1963 のほか、Henderson 1965 ; Kitagawa, Rezeption und Fortbildung des europäischen Zivilrechts in Japan, 1970 が引用されている。
(7) Oda 1992. なお本書は 1999 年に第2版が出ている（出版社は Oxford U. P.）が、日本法を大陸法と位置づける点では変化はない（p. 9.）。なお、第2版に対する Blanc-Jouvan の書評 RIDC 2000, 475 参照。
(8) Zweigert u. Kötz 1996, 293. なお、本書についても国際的には各版ごとに出た英語版、第3版では、An Introduction to Comparative Law, Oxford : Clarendon Pr. 3rd ed. 1998 が利用されている。

(9) ツヴァイゲルトは数日間の日本滞在があるだけ。日本についての印象を聞いたところ、「古いものと最新のものとが共存している興味深い国」という答えが返ってきた。ケッツはたびたび来日しており、日本人に知己も多い。

(10) Kim & Lawson 1979. この論文はイギリスの比較法雑誌に掲載されたが、著者はいずれもアメリカで活躍している学者である。本稿については滝沢正による詳細な紹介がある（比較法研究 55 号 185 頁以下）。なおサブタイトルの Subtle Mind はパスカルのパンセに由来するものであり、これも野田の使った表現（Noda 1975, 135、野田 1986、56 参照）。

(11) Wollschläger 1997. 本論文については、菅原勝伴によるかんたんな言及がある。菅原 1998、422。なお Wollschläger は 1998 年 12 月に死去した。ネクロロジーとして、Okko Behrends, ZRG Röm. Ab. 117, 824.

(12) Wollschläger 1997, 133 ff. なお、国民性論については、本来あるべき野田の引用はない。

3 「日本人は裁判嫌い」＝神話説をめぐって

1) ヘイリーによる神話説の登場

アメリカを代表する日本法研究者ヘイリーは、1978 年に The Myth of the Reluctant Litigant と題する論文（「神話論文」）を発表し、「日本人は裁判嫌い」という通説は神話にすぎないとして、これをするどく批判し、世界に大きな衝撃を与えた（Haley 1978）。この論文はすぐ邦訳され（ヘイリー 1978＆1979）、わが国でもひろく読まれているので、いまさら紹介の必要はないが、とりあえずその内容をかんたんに示すことにしたい[1]。

ヘイリーによれば、日本における民事訴訟の数は、たしかにアメリカに較べると少ないが、ヨーロッパ諸国とはそれほどの違わない[2]。もっとも、「日本人は裁判嫌い」の通説は、訴訟の数だけを問題とするのではなく、日本人の訴訟を起こしたがらない特有の気風に関するものである。しかし公害訴訟やサリドマイド訴訟のような特殊なものを除けば、一般的に日本人が訴訟の提起を嫌がるという証明はない。それに日本では、むしろ第 2

次大戦前のほうが、戦後より訴訟の数が多かった。「要するに、日本人の司法過程に対する態度につき語られ、記されることがらのほとんどは、神話なのである。しかし、多くの神話がそうであるように、この神話も重要な真理を含んでいる。」(ヘイリー 1978、19) 日本では 1920 年代以後、調停が公式に認められるようになったが、これは代替的司法を求める国民の声の表れではなく、訴訟の増加をおそれる当時の支配層の保守的なリアクションを反映するものである。したがって調停制度の導入は、訴訟の数の減少をもたらさなかった。

では現在でも日本における訴訟の数の少ない理由はなにか。そもそも紛争解決の方法として、まず当事者間の話し合い、つぎに第三者による調停、さいごに訴えの提起という順番になる。日本では、調停が大きな役割を果たしている。しかし、そのことは裁判の有効性を減ずるわけではない。日本で裁判が機能しないのは、裁判官と弁護士の数が少ないため、訴訟が遅延し、それが訴訟を減らす引き金となるからである。そして、「日本が、より多くの裁判官と弁護士を供給しなかったことは、明らかに政府の政策の結果であった。」(Haley 1978, 385. ヘイリー 1979、16) さらに裁判所に十分な執行権限が与えられておらず、また行政事件における救済手段の不十分さも問題である。このため「行政指導」が発達した。かくして、結論として、「けっきょく、日本における相対的な訴訟の数の少なさを、広範な文化的な —— したがってより不変的な —— 諸原因に帰せしめることは、より効率的な司法への意図的・非意図的な障害の継続を正当化することになる。」(Haley 1978, 390。ヘイリー 1979、19)

このような「日本人は裁判嫌い」についてのヘイリーの見解は、制度要因説とよばれ、日本人の法文化に関する世界的通説に対し、揺さぶりをかけることとなった。

2） ヘイリーの問題提起をめぐって

(1) 制度要因説の支持者　「日本人は裁判嫌い」テーゼについての制度要因説は、かならずしもヘイリーの独創的見解ではなく、同じような意見は、それに前後して、数人の日本人法学者により提起されていた。そのうち、外国語でも意見を発表したものとしては、田中英夫・竹内昭夫『法の実現における私人の役割』(初出、1971-72)がある。この論文は、法の実現に対する私人の役割についてアメリカ法と日本法を比較し、自力救済や懲罰的損害賠償などの点で、日本も、もっとアメリカ法に見習うべきことを主張した画期的論文であるが、その「序論」のなかで日本人の権利意識の低さについての文化要因説にふれ、日本で訴訟が少ないのは、日本では、訴訟をエンカレッジするどころか、ディスカレッジするような実績が積み重ねられてきたからだと指摘した[3]。

文化要因説に対する批判者として、より重要なのは、本稿の被贈呈者・大木雅夫である。大木は1983年に公刊された『日本人の法観念』において、従来の通説が日本人の法観念を西欧のそれと区別するのをきびしく批判し、西欧でも「法の支配」が確立したのは比較的最近であるし、中国や日本でも法治主義の伝統は存在した。そして、こんにちの日本で民事訴訟の数が少ないとしても、その理由を諸民族の法意識などのような測定しえないものに求めるべきでなく、田中・竹内論文と同様、権利保護の装置、すなわち裁判組織の整備状況のほうがはるかに重要な意味をもつとする (大木 1983、238)。具体的には、裁判官や弁護士の数が少ないのが問題であるとするほか、「あとがき」で「日本人の権利意識が一般的に萎縮したのは、想像以上に近い過去 —— 恐らくは明治以降に求める方が真実に近い」という見通しを述べている (大木 1983、252)[4]。

アメリカにおける制度要因説の支持者 (というよりは展開者) としては、アッパームをあげることができよう。かれは、1987年に発表された日本法に関する本格的なモノグラフィーである Law and Social Change in

Postwar Japan のなかで、日本では法は重要でないとするアメリカの通説を批判し、現在では日本でも法はそれなりの役割を果たしているとする。そして、戦後日本の社会の変化に対する法の影響について、代表的集団紛争である① 公害訴訟、② 部落解放問題、③ 男女雇用の機会均等、④ 通産省の経済政策をめぐる問題をとりあげ、ケース研究をおこなった。しかし、本書も綿貫芳源による詳細な紹介があるので[5]、ここでは本稿のテーマと関係する結論だけを示すことにしたい。本書を通ずるアッパームの基本的見解は、日本では社会的紛争の解決のために、訴訟はそれほど大きな役割を果たさず、それよりも官僚指導による非公式な解決方法（コンセンサスや調停）が利用されており、法に対する政治（行政）の優位がうかがわれる（たとえば、公害では4大訴訟のあとは、行政による解決のシステムが導入されたし、産業行政では通産省による行政指導が幅をきかせ、訴訟の余地を狭めている）。これまでそれは日本人の伝統的価値の強さに帰せしめられていたが、「伝統的と考えられていた日本法の多くの特徴は、実際上は最近の自覚的な人の選択であり、それらは、過去の社会の遺物または相対的に不変な文化価値の産物だけではないという理解によって、もっともよく学ばれる。」(Upham 1987, 218)

　もっともアッパームは、そのような日本的特徴をマイナスと評価せず、むしろ訴訟社会であるアメリカにとっては学ぶべきでところが多いとする。しかし、結論としてはアメリカの個人主義的伝統の強さのため、日本法に学ぶのは困難であるとする (Upham 1987, 227)。本書は日本経済の最盛期に書かれたものだけに、こんにちにおける著者の評価が気になるところである。

　(2) ラムザイヤーの予測可能性説　　ヘイリーの神話論文が出た10年後に、「法と経済学」の手法で日本法を分析することで注目されたラムザイヤーは、Reluctant Litigant Revisited ; Rationality and Disputes in Japan（「裁判嫌い再訪・日本における合理性と紛争」）と題する論稿を発表した

(Ramseyer 1988)。かれはヘイリーの神話論文を高く評価し、したがって、日本で訴訟が少ない理由についての文化要因説に与しないことはいうまでもないが、ヘイリー説(「費用説」と命名)にも満足せず、あらたに第三の仮説として「予測可能性説」を提唱した。日本ではアメリカに較べ、陪審制度がないなどのために判決の予測可能性が高く、このため紛争当事者は、裁判制度を利用する代わりに、よりコストの低い裁判外の和解・調停によって、同じような内容の解決を図ることができるので、訴訟の数が少ないのである、というのがその仮説である。

かれは翌年、中里実の協力をえて、交通事故の損害賠償事件を例にとって、この仮説の検証に努めた[6]。それによると、日本では交通事故事例に関し、交通事故による死者の数と保険金支払い件数の差が少ないこと、また判決による平均的認定損害額と保険会社によって支払われた平均的保険金額との差も少ないことが注目される。それは、交通事故の被害者の相続人の大部分が保険会社に対し保険金の支払いを請求すること、そして裁判で支払われるべき損害金額があらかじめ両当事者によって予測されるため、当事者が裁判外で同一の解決をめざすということを意味する。したがって、交通事故の被害者の相続人はほとんど例外なく自己の法的権利を追求し(日本人の権利意識の欠乏は、ここでは証明されない)、裁判所で認められるであろう金額にそって、紛争が裁判所外で処理されているのである。「結局、少なくとも交通事故に関しては、日本の裁判の利用率の低いことは、法制度が『破産している』からではなく、実にうまく運用されているからである」というのが、結論である(ラムザイヤー 1990、45)。

たしかに日本では、交通事故による損害賠償請求事件は1960年代に入り激増し、70年代はじめに頂点に達したが、その後は漸減してこんにちに至っていることは、専門家のあいだでは周知の事実である。その間に交通事故の死者の数は減っていないので、ラムザイヤーの予測可能性説は、この現象をよく説明するものとして、評価に値するが、その結論が交通事

故以外にどれだけ妥当するかは将来に残されている[7]。

　ラムザイヤーの予測可能性説に対する批判（というよりは、その補強）として、とくに注目されるのは、同じくアメリカにおける日本研究者のひとり、フットによるものである。かれは1995年に発表された論文 Resolution of Traffic Accident Disputes and Judicial Activism in Japan（「日本における交通事故紛争の解決と司法積極主義」）[8]のなかで、ラムザイヤーを高く評価するが、そのうまく運用されているという日本の法制度が、どのように創造され維持されているかについての究明がないとして、それを以下のように補強する。日本で交通事故事件について予測可能性を高めるのに貢献したのは、第一に1960年代初頭に東京地裁に設置された交通部に属する裁判官の活躍である。かれらの積極的働きにより、損害額の定型化が進められ、それが訴訟の促進に役立った。このようなシステムを創造した裁判官の動機の第一は、司法の効率性であるが、それとともにかれらはつねに被害者の保護を念頭に置き、賠償額の高額化につとめた。さらにかれらはすべての被害者をできるかぎり画一的に扱おうとした。また多くの裁判官は、事件を和解で解決するようにつとめた。なお日本では、賠償額の定型化に対し、弁護士団体も協力したことがアメリカと異なる点である。フットは結論として、「要するに、今日存在するようなシステムの機能を超えて、それがどのように創造され維持されてきたかということを検討すると、ラムザイヤーと中里の言う『合理的選択』だけでなく、弁護士の数の少なさといった『制度的』要素や、調停や画一性への関心といった議論の余地ある日本的特徴を示す『文化的』要因もまた見えてくるのである」とする（フット 1995、208）。ここではすでに、折衷説が提唱されていることが注目される。

3）その後のヘイリー

　ヘイリーは、神話論文のあとも、日本法に関し多くの論文を発表したが、

とくに 1982 年の Sheathing the Sword of Justice in Japan: An Essay on Law Whithout Sanction (「日本では正義の剣は鞘に収められている：サンクションのない法についての小論」) が、後の著書との関係で重要である。この論文によれば、日本の司法制度には、公式のサンクションが欠けており、それに加えて、法の効率的執行を阻害する制度的障害も多いが、それを補うものとして非公式の法外の多くの強制手段が大きな役割を果たしているとされる (Haley 1982, 265-281)。ヘイリーはここでは、日本法における文化的要素の重要性を強調し、つぎの著書の橋渡しをしている。

さてヘイリーは 1991 年に、外国人によって書かれた日本法に関するもっとも優れた業績のひとつとなるであろうモノグラフィー・Authority without Power; Law and the Japanese Paradox (『権力のない権威――法と日本的パラドックス』) を公刊した[9]。本書で、ヘイリーは、日本法の歴史を古代より現代に至るまでフォローし、日本では、西欧諸国だけでなく、中国とも異なり、権威と権力[10]が分離しているのが、終始変わらぬその特色であると論じている。これは明らかに日本の法文化に踏み込んだ研究であり、このため本書の書評のなかには、ヘイリーは制度要因説から文化要因説に改説したとするものがあるので (Johnson 1993, 622)、以下その点を中心に検討したい。

本書で、ヘイリーが日本の法文化に関心を示しているのは確かである。たとえば、日本の現行法制度を論ずるところで、「制度とその運用は、過去の経験に由来する共有された価値、習慣、期待――他のことばでは、文化――の、より包括的な環境のなかで機能する」と述べている (Haley 1991, 67)。しかし、神話論文が収録されているのは第 5 章「訴訟と法律家；神話の作成」なので、そこを見なければならない。両者を比較すると、新著ではその後の文献を踏まえ、大幅な加筆がなされていることはいうまでもないが、従来の基本線には変更がないように思われる。そして、日本でアメリカに較べ訴訟の数が少ない理由を裁判嫌いの文化に求めるべきで

第4部　アジア法と日本法

はなく、以下の4要因が考えられるとする。まず制度的要因としては、①　結果の確実性　日本のほうがアメリカより陪審制がないなどにより、訴訟の結果が予測できる。②　登録制度　日本のほうが、不動産登記簿や戸籍など登録制度が発達しており、それが訴訟を不要とする要素となる。つぎに文化的要因としては、③　調停　日本はアメリカに較べ紛争の解決のために必要な第三者を得やすい社会である。④　相互依存性　これが強い関係ではアメリカでも訴訟は少ないが、相互依存関係は日本の社会のほうが強い（Haley 1991, 114 f.）。このようにヘイリーは本書では、日本における訴訟の少ない理由として、制度的要因と文化的要因の両者をあげているので、文化要因説に改説したというよりは、折衷説に移ったと解すべきである[11]。

(1)　ヘイリーの神話論文について日本語で書かれた論文としては、井ケ田 1984 が詳しい。

(2)　もっとも、ヘイリーの統計の取り方には問題があるようである（田中 1980、61参照）。前掲のヴォルシュレーガーが示すように、やはりヨーロッパの多くの国に較べても、日本は訴訟が少ないというべきであろう。

(3)　田中・竹内 1987、12 f. Tanaka & Takeuchi 1974, 40 f. なお、ヘイリーの神話論文には、ふたりの業績の引用はない。

(4)　大木が本書でヘイリーを引用していないのは残念である。なお本書は日本では高く評価されているが（たとえば、井ケ田 1984、62）、外国人によって引用されることはすくない。英語版がほしいところである。大木の見解の要点は、ドイツ語圏では Oki 1985 によって知られている。

(5)　綿貫 1988-89。なおこの論稿は前半で Beer, Freedom of Expression in Japan, 1984 をとりあげ、後半が本書の書評となっている。掲載誌では自治研究 65巻 6、7、8 号（1989）がそれにあたる。なお書評者の専門の関係で②には言及していない。

(6)　Ramseyer & Nakazato 1989. なお、この論文とほぼ同内容のものが、翌年に公刊された日本語の著書・ラムザイヤー『法と経済学――日本法の経済分析』の第 2 章に収められている。

(7)　ラムザイヤーと中里実の新著 Japanese Law ; An Economic Approach のなか

でも、この問題は第4章「不法行為」のなかの「交通事故」においてのみ取り上げられている（Ramseyer & Nakazato 1999, 90-99）。

(8) この論文とほぼ同内容のものが芹沢英明により邦訳されている（フット 1995 がそれ）。

(9) 本書は、出版後すでに10年経過し、多くの日本人によって読まれていることは確かだが、こんにちに至るまで、翻訳はおろか、日本人による本格的な書評もない。外国人による書評としては、私の知るかぎり、Johnson 1993, Baum 1995 のほか、日本法史の専門家である Steenstrup の好意的書評が 19 Journal of Japanese Studies 481（1993）にある。なお本書は難解な文章で書かれており、私の英語力をもってしてはどこまで理解できたか自信はない。

(10) power にどの訳語をあてるかは問題である。ヘイリー自身は、authority と power は英語では区別がないので、ドイツ語の Authorität と Macht に近い意味で使うとする。そして、Macht を「他人に対し本来ならしたくないことをするよう強制する能力」ととらえるので、「力」とか「実力」と訳すべきかと思われるが、本文ではいちおう「権力」とした。

(11) なお、ヘイリーは最近、日本法の概説書ともいうべき The Spirit of Japanese Law, 1998 を公表した。本書も日本の法文化に踏み込んだ著作であり、日本法の精神をコミュニティーの重要性のなかに見いだそうとする。そして裁判官の役割を評価し、日本では裁判官はコミュニティーの慣行の維持を図っているとしており、内田貴と同じ方向である。「日本人は裁判嫌い」テーゼについては直接にふれてはいないが、コミュニティーを重視する点は裁判の回避につながる。しかし、国家法の shadow effect としての重要性も認めている。

4 むすびにかえて

本稿は、「日本人は裁判嫌い」神話をめぐる文化要因説と制度要因説の対立のなかで、そのいずれにも加担せず、真理は中間にあるとする折衷説が最近の西欧の日本法研究者のあいだで有力になりつつある状況を明らかにすることを目的とするものである。アメリカでは、代表的日本法研究者であるヘイリーやフットがすでに折衷説を提示しているが（Haley 1991、フット 1995）、イギリスでも、メリル・ディーン女史により 1997 年に出版

された日本法の教材 Japanese Legal System の序論で、この問題が論ぜられている。彼女は、日本人の法文化について、川島や野田によって代表される伝統主義的見解（文化要因説）とヘイリーやラムザイヤーによって代表される修正主義的見解（制度要因説）を対比させるが、「現実はおそらく二つの極端のあいだのどこかにある」とし、折衷説に加担する。もっとも彼女は、さらにラムザイヤーにしたがい、日本人が裁判を利用しない理由のひとつに、判決の予測可能性の高さをあげ、また、丸田隆を引用し、日本人の訴訟に対する態度は、人間関係にしたがって変化するとする[1]。

他方、ドイツでも、この問題は日本法の研究者であるバウムの論文のなかで取り上げられている。この論文は、本稿に登場したラーン（Rahn 1990）、小田博（Oda 1992）、ヘイリー（Haley 1991）を対象とした書評論文であるが、日本法の理解のために文化的特色を研究する必要性を強調するものの、日本人の裁判嫌いについて、文化的特殊性だけでは説明できず、ヘイリーなどが示すように、文化的要素のほか、歴史的起源を有するか、または政治的・行政的に条件付けられた制度的要素が著しい役割を果たしていることを認める（Baum 1995, 289）。これも折衷説と捉えることができよう。

私もこのような折衷説が妥当と考えている。しかし、それだけではなにも解決したことにならない。日本における訴訟の数が、諸外国に較べて少ないことは確かとしても、より具体的な比較がなされなければならない。それは、特定のテーマ（たとえば、消費者契約）について、特定の国（たとえばドイツ）とのあいだに、どれだけ訴訟の数が違うかを確かめ、その原因として、どのような文化的・制度的な要因が作用しているかを明らかにすることが必要になる。そのような研究の積み重ねにより、はじめて全体が明らかになるであろう。

なお現在問題となっている司法改革との関連でいえば、折衷説は日本人の裁判嫌いの文化を一定程度認めるので、法曹の数を増やしたからといっ

て、それがただちに訴訟数を飛躍的に増やすことにはならないという見通しをもつことになるが、そのことが司法改革のブレーキになってはいけないことも明らかである。紛争解決の各種の手段を整備させ、国民が希望する手段を容易に取ることができる態勢を整えることが、司法改革の目的にならなければならない。

(1) Dean 1997, 8 f. なお、序論の教材として、有名なベネディクトの『菊と刀』のほか、本稿で登場した Noda 1976, Upham 1987, Kawashima 1962, Haley 1978 & 1982, Miyazawa 1987 の一部が収録されている。

〔参考文献〕

Baum 1995＝Harald Baum：Rechtsdenken, Rechtssystem und Rechtsverwirklichung in Japan；Rechtsvergleichung mit Japan. RabelsZ 59, 258.

Baum 1997＝Harald Baum (ed.)：Japan；Economic Success and Legal System. Berlin：de Gruyter.

Baum u. Drobnig 1994＝Harald Baum und Ulrich Drobnig (hrsg.)：Japanisches Handels- und Wirtschaftsrecht. Berlin：de Gruyter.

Coing 1990＝Helmut Coing et al. (hrsg.)：Die Japanisierung des westlichen Rechts. Tübingen：Mohr.

David 1964＝René David：Les grands systèmes de droit contemporains. 1e éd. Paris：Dalloz.

David et Jauffret-Spinosi 1992＝René David et Camille Jauffret-Spinosi：Les grands systèmes de droit contemporains 10e éd. Paris：Dalloz.

Dean 1997＝Meryll Dean：Japanese Legal System；Text and Materials. London：Cavendish Pub.

Foote 1995＝Daniel H. Foote：Resolution of Traffic Accident Disputes and Judicial Activism in Japan. 25 Law in Japan 19-39.

フット 1995＝ダニエル・フット（芹沢英明訳）「日本における交通事故紛争の解決と司法積極主義」石井紫郎・樋口範雄編『外から見た日本法』東大出版会、所収

Fujikura 1996＝Koichiro Fujikura (ed.)：Japanese Law and Legal Theory. Aldershot：Dartmouth.

Haley 1978＝John O. Haley : The Myth of the Reluctant Litigant. 4 Journal of Japanese Studies 359-390.

ヘンリー 1978＝ジョン・O・ヘンリー（加藤新太郎訳）「裁判嫌いの神話（上）」判時902号

ヘンリー 1979＝同（下）判時907号

Haley 1982＝Haley : Sheathing the Sword of Justice in Japan ; An Essay on the Law without Sanctions. 8 Journal of Japanese Studies 265-281, also in : Fujikura 1996, 299-315.

Haley 1991＝Haley : Authority without Power ; Law and the Japanese Paradox. New York : Oxford U. P.

Haley 1998＝Haley : The Spirit of Japanese Law. Athens, London : Univ. of Georgia Pr.

Henderson 1965＝Dann F. Henderdson : Conciliation and Japanese Law ; Tokugawa and Modern. 2 vols. Seattle 1965.

五十嵐 1972＝五十嵐清『比較法入門（改訂版）』日本評論社

井ケ田 1984＝井ケ田良治「『日本人は裁判ぎらいの神話』について —— 日本人の法観念の歴史的研究のために」同志社大学人文科学研究所・社会科学研究33号

Johnson 1993＝David T. Johnson : Authority with Power ; Haley on Japan's Law and Politics. 27 Law and Society Rev. 619-638.

Kawashima 1963＝Takeyoshi Kawashima : Dispute Resolution in Contemporary Japan, in : Arthur T. von Mehren (ed.) : Law in Japan ; The Legal Order in a Changing Society. Cambridge : Harvard U. P.

川島 1965＝川島武宜「現代日本における紛争解決」A．T．ヴァン・メーレン編『日本の法（上）』東大出版会、所収

川島 1967＝川島武宜『日本人の法意識』岩波新書

Kawashima 1970＝Kawashima : The Legal Consciousness of Contract, Transl. by C. Stevens. 7 Law in Japan 1-21.

Kim & Lawson 1979＝Chin Kim and Craig M. Lawson : The Law of the Subtle Mind ; the Traditional Japanese Conception of Law. 28 Inter. & Comp. L. R. 491, also, in : Varga (ed.) : Comparative Legal Cultures. Dartmouth 1992, 275-297.

Marutschke 1997＝Hans P. Marutschke : Übertragung dinglicher Rechte und gutgläubiger Erwerb im japanischen Immobiliarsachenrecht. Tübingen : Mohr.

Menkhaus 1994＝Heinrich Menkhaus (hrsg.) : Das Japanische im japanischen Recht. München : Iudicium-Verlag.
Miyazawa 1987＝Setsuo Miyazawa : Taking Kawashima Seriously ; A Review of Japanese Legal Consciousness and Disputing Behavior, 21 Law and Society Rev. 219-241, also, in : Fujikura 1996, 379-401.
Noda 1966＝Yoshiyuki Noda : Introduction au droit japonais. Paris : Dalloz.
Noda 1975＝Noda : The Far Eastern Conception of Law, Inter. Ency. of Comp. L. Vol. II, Chap. 1, Tübingen : Mohr.
Noda 1976＝Introduction to Japanese Law, transl. by A. H. Angelo, Tokyo U. P.
野田 1986＝野田良之『内村鑑三とラアトブルフ——比較文化論へ向かって』みすず書房
Oda 1992＝Hiroshi Oda : Japanese Law. London : Butterworths.
大木 1983＝大木雅夫『日本人の法観念——西洋法観念との比較』東大出版会
Oki 1985＝Masao Oki : Schlichtung als Institution des Rechts ; Ein Vergleich von europäischem und japanischem Rechtsdenken, in : Rechtstheorie 16 Bd. Heft 2/3, 151-162.
Rahn 1990＝Guntram Rahn : Rechtsdenken und Rechtsauffassung in Japan ; Dargestellt an der Entwicklung der modernen japanischen Zivilrechtsmethodik. München : Beck.
Ramseyer 1988＝J. Mark Ramseyer : Reluctant Litigant Revisited ; Rationality and Disputes in Japan, 14 Journal of Japanese Studies 111-123.
Ramseyer & Nakazato 1989＝Ramseyer and Minoru Nakazato : The Rational Litigant ; Settlement Amounts and Verdict Rates in Japan, 18 Journal of Legal Studies 263-290, also, in : Fujikura 1996, 403-430.
ラムザイヤー 1990＝マーク・ラムザイヤー『法と経済学——日本法の経済分析』弘文堂
Ramseyer 1996＝J. M. Ramseyer : Odd Markets in Japanese History ; Law and Economic Growth. Cambridge U. P.
Ramseyer & Nakazato 1999＝Ramseyer and Nakazato : Japanese Law ; An Economic Approach. Univ. of Chicago Pr.
菅原 1998＝菅原勝伴「最近の訴訟率・法文化比較論——覚書」山畠正男ほか古稀記念『民法学と比較法学の諸相Ⅲ』信山社、所収
Tanaka & Takeuchi 1974＝Hideo Tanaka and Akio Takeuchi : The Role of Private Persons in the Enforcement of Law ; A Comparative Study of Japanese

第4部 アジア法と日本法

and American Law, 7 Law in Japan 34-50.

田中 1980＝田中英夫「日本におけるアメリカ法研究・アメリカにおける日本法研究」比較法研究 45 号

田中・竹内 1987＝田中英夫・竹内昭夫『法の実現における私人の役割』東大出版会

Upham 1987＝Frank K. Upham : Law and Social Change in Postwar Japan. Harvard U. P.

綿貫 1988-89＝綿貫芳源「アメリカにおける日本法研究の最近の動向(1)-(7)」自治研究 64 巻 4 号-65 巻 8 号

Wollschläger 1997＝Christian Wollschläger : Historical Trends of Civil Litigation in Japan, Arizona, Sweden, and Germany, in : Baum 1997, 89-142.

山田 1985＝山田卓生「外国人による日本人の法意識論」日本法社会学会編『法意識の現状をめぐって』有斐閣、所収

ツヴァイゲルト・ケッツ 1974＝K. ツヴァイゲルト／H. ケッツ（大木雅夫訳）『比較法概論　原論下』東大出版会

Zweigert u. Kötz 1984＝Konrad Zweigert und Hein Kötz : Einführung in die Rechtsvergleichung, Bd. 1, 2. Aufl., Tübingen : Mohr.

Zweigert u. Kötz 1996＝Zweigert und Kötz : Einfürung in die Rechtsvergleichung, 3. Aufl., Mohr.

第5部　終　章

XV　比較法とともに歩いた50年

1　はじめに
2　前　史
3　北大時代初期
4　第1次西ドイツ留学
5　北大時代中期
6　第2次西ドイツ留学
7　北大時代後期
8　札幌大学時代

1　はじめに

　本講義は、私の学者生活における文字通りの最終講義である。私は1951年10月に北海道大学で民法の初講義をしたが、それからちょうど50年が経過した。12年前に北海道大学で「比較法の40年」と題する最終講義をしたが（北法40巻3号、1990年［本書Ⅰ]）、今回はそれとの重複を避け、比較法との関係での自分史について語りたい。

2　前　史（1951年まで）

(1)　高校生時代

　私の学問との関わりは、1942年、旧制新潟高校文科乙類への入学とともに始まった。それまでは私も普通の軍国少年で、読書もあまりせず、野球や水泳などスポーツを楽しんでいた。その間、41年12月（中学4年）に太平洋戦争が勃発した。

　高校ではまず先輩より、すべてのものを疑うことを教えられた。まず読まされたのが Windelband の『ソクラテスについて』（岩波文庫）であった。

295

しかし、私は哲学は本来苦手であり、興味のあったのは語学（ドイツ語、とくに文法）と歴史（とくに西洋史）であった。したがって、将来学者になるとすれば、比較言語学か歴史を選びたかった。読書としては、ゲーテ、トルストイ、ドストエフスキーなど外国文学が中心であり、ここでも比較文学に関心があった。

高校で影響を受けた先生としては、歴史の植村清二（直木三十五の実弟）・家永三郎両先生をあげることができる。前者についてはその博覧強記ぶりに感心し、後者については科学的歴史観に感銘を受けた（後者につき、私の最近書いた「新潟時代の家永三郎先生」『家永三郎集』第13巻月報13［岩波書店、1998年］参照）。しかし、この両先生との出会いは、私などとても及びもつかないという意味で、むしろ私が学者になるのを妨げる効果があった。結局学者になる決心がつかず、1944年10月官僚を志して、東大法学部政治学科に入学した。

(2) 大学生時代

東大法学部では1944年10月より12月にかけて、終戦前のさいごの講義が熱心に行われた。とくに末弘巌太郎先生の民法講義は圧巻であった。私もこの先生につられて、はじめて法律学の面白さを味わうことができた（拙稿「末弘巌太郎の最後の民法講義」札幌法学8巻2号、1997年参照）。いまひとつ感銘を受けたのは、横田喜三郎先生の国際法の講義であった。Kelsenの純粋法学の鼓吹も面白かったが、当時できつつあった国際連合を礼賛したのは、学者の講義の在り方を身をもって示したものといえよう。

1945年3月より終戦まで、私は海軍予備学生として主に中国東北地方の旅順ですごしたが、7月末には内地に帰還し、終戦と同時に復学した（内地への帰還がもう少し遅れたら、私もシベリアに連れて行かれ、高校同期の藤田勇君と同様、ソ連法の研究者となったかもしれない）。私たち旧制高校の出身者の多くは、終戦による価値観の180度の転換などはなく、スムーズに新し

い時代に対応できたが、私個人としては官僚への道を放棄し、裁判官など法律実務家をめざして、46年4月に法律学科に鞍替えした。

さてその4月からはじまるゼミの募集を見ていたら、山田晟先生がJheringのKampf ums Rechtを講読するとあるのに気づいた。原書の独日対訳版をすでに高校時代からもっていたので、さっそく応募した。これが今日まで半世紀以上続く山田先生との出会いであった。山田先生からは、卒業するまでの2年間、ドイツ法の講義を1部から3部まで聞いたほか、ゼミも2年間続けたおかげで、JellinekのAllgemeine Staatslehreを独力で読了することができた。その他の講義も数多く聴講し、実定法関係でも我妻栄先生の民法講義など興味深いものもあったが、どちらかといえば、基礎法学（とくに法史学）により関心があった。

47年の秋、就職相談のため、山田先生の研究室へうかがったところ、研究者になるなら特別研究生になる道があるといわれた。多少迷い、民間企業もうけてみたが、合格しなかったため、特別研究生を志願したところ、さいわい採用されることができた。

(3) 特研生時代

特別研究生というのは、1943年に学者の卵を残すために兵役を免除して研究に専念させる制度として作られたものだが、戦後もしばらくの間は助手にかわる研究者養成制度として活用され、多くの学者を育てた。私もこの制度がなければ学者になることはなかったであろう。さて私はドイツ法を専攻することになっていたのだが、もともとドイツ法だけに関心があったのではなく、ひろく比較法に興味があったため、週3回アテネフランセへ通い、フランス語とラテン語の勉強をはじめた。ドイツ語はもう勉強する必要がないと自負していたのだが、山田先生から勉強のためKirchmannの「法学無価値論」を訳せと言われ、試訳をもっていったところ、真っ赤になった訂正文がもどってきた。またその頃東大の研究室で行われ

ていた Jhering の『ローマ法の精神』の講読会に出たところ、東北大学赴任直前の世良晃志郎先輩の一部のすきもない名訳に接し、私の実力のほどを思い知らされた。

　ドイツ法の勉強については、1年目は代表的な民法の教科書を読むだけで終わった。2年目に入ると、特研生前期終了論文の準備をはじめた。テーマとしては、遺留分を選んだ。もともと研究者として将来は比較家族法学者になりたいと思っていたのだが、遺留分は家族法のなかでも各国による違いが大きく、比較法にとって絶好のテーマであるとともに、これまでわが国では本格的な研究がなかったのも、このテーマを選んだ理由であった。日本の家族法は1947年に全面的に改正されたので、これまで問題の少なかった遺留分制度についても、今後は問題となる余地が多いとにらんだのだが、この予想は当面はずれた。

　論文の執筆は、全体の構想（ゲルマン法とローマ法の対立、フランス法とドイツ法への発展）のもとで順調にすすめられたが、当初のねらいであった、フランス型相続分的構成からドイツ型債権的構成へという発展シェーマを論証できず、論文としては失敗作といわなければならない。この論文は特研生の後期に残るための競争論文でもあり、私の論文は選外と評価されたのだが、それもやむをえない。しかし、この論文は、山本桂一・伊藤正巳両先輩のご尽力により、1950年より51年にかけて、「遺留分制度の比較法的研究」と題して、法学協会雑誌に掲載され（68巻5号、69巻2号、3号）、50年度の法律時報の年間回顧で、磯村哲先生に高く評価されるという光栄に浴した。

　さて特研生後期に残れないとなると、さっそく就職しなければならない。私は、子供の頃3年間北海道ですごしており、もともと将来の就職先として北大を希望していた。たぶんそれを察知して、山田先生より北大の宮崎孝治郎先生に頼み込んでくれていたので（山田晟『私の歩んだ道』1996年、44頁）、前記論文に対する東大側の低い評価にもかかわらず、1950年4月1

日付けで北大法学部比較法講座の助教授となった。つづいて1年間の内地留学が認められ、実際に赴任したのは翌1951年5月であったので、この欄でもう1年取り扱いたい。

この間も、私は前記論文を公表するための仕事のほか、ドイツ家族法についての研究をつづけ、それは「ドイツ法における離婚原因の変遷」として、「比較法研究」2号の比較離婚法特集号に掲載された（1951年、なお比較法学会は1950年に設立されたが、当初の学会では個別報告だけがなされ、紀要のほうが特集中心であった）。いずれにせよ、私の修業時代は3年で終わり、4年目から教壇にたつこととなった。

3　北大時代初期(1951-55年)

(1) 初講義

前述のように、北大へは比較法講座の助教授として赴任したのだが、当時北大は民法の教官としては宮崎先生だけだったので、さしあたり私も民法の講義をすることが約束されていた。しかも北大では、戦前の東大と同様、民法はひとりの教官が1部から3部まで持ち上がりで講義をすることになっており、私の民法1部は51年10月から始まった（しかし、1回目の持ち上がり講義は2部で力尽き、3部は来栖三郎先生に来ていただいた）。その他、51年5月より4年生対象のゼミを担当した。最初のゼミはJheringの『法における目的』を講読するというもので、比較法といえばいえないこともないが、当時の研究の中心は、民法の講義の準備のための勉強であり、そのなかにできるかぎり比較法的観点を取り入れるにとどまった。

(2) 比較法事始

わが国は、太平洋戦争のため、欧米諸国の学界との交流が途絶え、戦後はアメリカの法律書だけが入手可能の状態が続いたが、ようやく50年頃

よりフランスやドイツなどヨーロッパ諸国で刊行された書物の入手が可能となった。そのなかでも私にとって興味深かったのが、Gutteridge, Comparative Law, 2nd ed. 1949であり、たぶん本書は私が外国から購入した書物の第1号であろう。同じ頃、Schnitzer, Vergleichende Rechtslehre, 1945とArminjon, Nolde et Wolff, Traité de droit comparé, 1950-52を北大で購入してくれたので、ようやく新しい比較法の教科書・体系書に接する機会に恵まれた（なお、もう1冊重要なDavid, Traité élémentaire de droit civil comparé, 1950の入手は遅れ、私が購入したのはようやく留学直前であった）。

　これらの新しい比較法教科書を読む機会はじきに到来した。52年の秋頃、当時比較法学会の幹事役をしていた山本桂一さんから、来年の春の学会で報告をしてもらいたいという、墨書された手紙が舞い込んだ。大恩ある山本さんからの依頼なので、喜んでお引き受けし、入手したばかりの新刊書を読んで、なんとかかっこうをつけようとした。テーマとしては、当時世界の学界で激しく議論されていた問題である、「比較法は単なる方法か？」をとりあげ、翌53年4月末、早大で開かれた比較法学会で報告をした。私の結論は、比較法は単なる方法ではなく、独自の対象、目的、方法をもった独立の科学である、とするものであった。しかし、これを活字にするためには苦慮し、なかなか脱稿できなかった。そこで「比較法研究」誌上では、資料として、「三つの比較法」と題して、Gutteridge, Schnitzer, Arminjonらの3著の紹介にとどめた。以後、私の比較法での関心は、これらの比較法学者によって展開された法系論へ移っていった。

4　第1次西ドイツ留学（1955-56年）

(1)　フライブルク到着まで

　そうこうしているうちに、待望の西ドイツ留学が再開した。すでに

XV 比較法とともに歩いた50年

　1952年度よりDAAD（ドイツ政府の給費留学制度）の留学生の募集が日本でもあり、法学者としては、山田門下の先輩である鈴木禄弥兄が第1回目の留学生に選ばれた。次は私ということになるのだが、北大のきびしい状況のもとでは、いいだせないでいるうちに、学部の諸先輩のお勧めもあって、54年度に志願をしたが、あえなく不合格となり、翌55年度にようやく採用してもらえた。

　DAADの志願をするためには、どの大学へ行くかを決めなければならないのだが、今日と違い情報が限られていた当時は、これは困難なことであった。しかも当時の西ドイツでは、戦前におけるベルリン大学のような権威ある大学はなく、それぞれが特色を持っていた（この情況は基本的には今日も変わらない）。私としては、ドイツの比較法学をリードすると思われたZweigertのいるチュービンゲンにしたかったのだが、ドイツ留学中の鈴木先輩にたずねたところ、Zweigertのいるマックス・プランク研究所はハンブルクへ移転するとのことで、代わりに、有名な民法学者Boehmerのいるフライブルクへいくことにした（実際に55年秋に西ドイツへ行ったところ、Zweigertはまだチュービンゲンにおり、冬学期には「比較法入門」の講義をしていた。しかしZweigertに師事するまで、なお14年待たなければならなかった）。

　さてDAADの給費生になったといっても、DAADが支給するのはドイツでの滞在費だけで、往復の旅費は個人負担になっていた。しかし、国立大学の教官に対しては、日本の文部省が旅費を負担することになった。そのかわり、当時すでに利用できた航空機は使えず、1ヶ月以上かけて船でヨーロッパへ行かなければならなかった。私の場合は、大阪商船の貨客船アトラス丸で1ヶ月半かけていくことになり、8月末に神戸を出帆した。この船旅は、帰りを含めて、今になってみると、忘れられない貴重な経験になった。

　船は貨物船なので、キールン、ホンコン、マニラ、シンガポール、ペナ

第5部　終　章

ンなど東南アジアの港々に数日間停泊し、その間、船客は上陸して、観光を楽しむことができた。私はこのとき以外に東南アジアを旅したことがないので、これが唯一の東南アジア体験となったが、やはり数々のカルチャー・ショックを覚えた。とくに、船が港に着くと、現地の港湾労働者がみやげ物をせびり、それをもらわないと仕事にかからない様を見て、これらの国の国造りがいかに大変かを実感した。ところがマレーシアでは、いっさいそのようなことがなく、まじめな国造りに感銘を受けた。

　さて船はスエズ運河を通って（その間乗客の多くはハイヤーでカイロ見物）、10月中旬にイタリアのジェノヴァ着。ここではじめて、港で働いている白人労働者に接した。国際夜行列車で、スイスを通って、フライブルクに到着。1年間の留学生活が始まった。

　(2)　フライブルクでの1年

　私は高校時代からドイツ語に自信があったのだが、ドイツに着いてみると、ヒアリングがほとんどできず、話すほうもさっぱりで、大いに自信を喪失した。そこでヒアリングをかねて、朝から晩までできるかぎり講義を聴くことにした。民法全部、法制史、ローマ法などが主なものであったが、講義の理解度については、要するに、すでにわかっていることはわかったが、ドイツ語の講義から新知識を取得することはほとんどできなかった。

　ところで、私が頼っていったBoehmer教授は80歳をすぎ、すでに退職しており、講義だけが行われていた（冬学期は債権各論、繰り返しが多く、学生の評判はよくなかった）。代わりに、Fritz von Hippel教授が指導教官をかって出てくれたので、以後はHippel教授がドイツにおける私の先生となり、またご子息のEike君とは今日まで親しい関係が続いている。

　結局、第1回目の留学では、勉強したとすればドイツ民法一般であり、それ以上に比較法プロパーには及ばなかった。フライブルクには有名な比較法学者von Caemmererがいたのだが、冬学期は休暇をとり、翌年の夏

XV 比較法とともに歩いた50年

学期から学長になったため、講義は国際私法だけだった。もっともその講義内容は大変明快で、ドイツで聞いた講義の中では、一番よく理解できた。それが、帰国後、国際私法の講義をはじめる大きな要因となった。なお、56年の夏学期で印象に残った講義としては、Erik Wolfの法哲学とBoehmerの家族法をあげることができる。

　以上のように、フライブルクでは一学生として終始した。現在の留学生の多くが経験されるように、特定の研究所を根拠として、研究に専念することはできなかった。その代わりに、多くのドイツ人と交流し、多くを学ぶことができた（当時の思い出をつづったものとして、DAAD友の会の機関紙Echoの2号［1987年］と14号［1999年］掲載の拙文がある）。

　留学中の唯一の研究成果として、「ドイツにおける家事裁判制度」（『家族問題と家族法Ⅶ家事裁判』酒井書店、1957年、所収）がある。これは西ドイツだけでなく、東ドイツも視野に入れたものである。当時西ドイツでは、東ドイツをソ連の傀儡政権として批判が強く、日本の知識人の多くと評価が異なっていたが、私としては、両者を公平に見たつもりである。

　このようにして、第1回目の留学は、1年で帰ったこともあって、見るべき成果はなかったが、ドイツの法学者の本格的な仕事振りに感銘を受け、帰国後は研究に専念しなければならない、という意欲をかきたてたことは確かである。

5　北大時代中期（1957-69年）

(1)　講義の展開

　留学から帰っても、北大の民法はなお手薄だったので（私の翌年に赴任した山畠正男兄のほか、川井健兄が助教授になっていたが、赴任前にドイツへ留学した）、57年度からもう1回民法の持ち上がり講義をした（ただし、民法1部は当時大阪市大にいた鈴木禄弥兄にお願いしたので、私の講義は2部と3部だけ）。

しかし、川井兄が帰国後59年度より民法講義をはじめたので、私はようやく民法の講義から開放され（もっとも、その後も種々の理由で民法の講義を担当し、完全に開放されるのは北大後期時代になる）、比較法の講義をはじめることになった。しかし正式に比較法原論の講義をはじめたのは、62年度から（しかも1年おき）であり、それより前に、60年度より国際私法の講義をはじめた。一人の学者が民法、比較法、国際私法の3分野をカバーするのは、ドイツでは（また他の欧米諸国でも）ZweigertやCaemmererはじめ比較法学者の通例であるが、日本では私がはじめてであろう。その後も後継者がほとんど出ないのは残念である。

(2) 事情変更の原則など

第1次留学後の10年間は、私の研究生活にとって最も生産力豊かな時代となった。その中心を占めたのは、いくつかの民法上のテーマについて、ひろく比較法的考察をするものである。まず取り上げたのは、留学以前より関心のあった事情変更の原則であり、57年4月、帰国後ただちになされた私法学会での報告「私法の一般理論としての行為基礎論」（私法18号、1957年）を皮きりに、「英法におけるフラストレイション法理について」（北法9巻2号、1958年）につづく一連の研究がそれである。この研究は、旧制の博士号取得のために、不充分なままで完結させられ、『契約と事情変更』と題して、1969年に有斐閣より刊行された。私の当初の目論見としては、ドイツ法の行為基礎論を、日本の事情変更の原則にかわる私法の一般理論として、構成することにあったが、研究を進めるにつれ、行為基礎論はドイツ民法の特殊性にもとづく理論であり、事情変更の原則として比較法的に普遍性をもつ理論ではないことがわかった。これも、私の論文作成能力の限界を示すものといえよう（それにもかかわらず、本書が『民法学説百年史』［三省堂、1999年］に採用されたのは光栄である）。

なお、事情変更の原則の比較法について忘れられない想い出として、ア

メリカ・ワシントン大学の Rieke 教授との共同執筆、Impossibility and Frustration in Sales Contracts, 42 Washington L. Rev. 445 (1967) がある。これは、仲介役をしてくれた曽野和明兄のご尽力により実現を見た企画であるが、曽野兄については、日本にもこれほどアメリカ法に詳しい学者がいるのかと感心した。それが、後年曽野兄を北大へ呼ぶ動因となった（なお、この英語論文の邦訳は、前掲『契約と事情変更』に収録されている）。

　結局、事情変更の原則は私にとってライフワークのひとつとなり、その後も多くの解説や判例批評を書いた。その後の成果をまとめたものとしては、『新版注釈民法(13)』（有斐閣、1996年）にのせた「契約と事情変更」があるが、最近の発展に対応できないため、「事情変更・契約調整・再交渉義務」を書いた（札大企業法務2号、1997年）。こうなってくると、30年以上前に出た『契約と事情変更』がいまでもそのまま通用しているのが心苦しく、なんとか改訂版か新たな論文集を出したいものと思っている。

　事情変更の原則以外のテーマとしては、「夫婦財産制」（『家族法大系Ⅱ婚姻』［有斐閣、1959年］所収）や「瑕疵担保と比較法」（民商41巻3号、6号、1959-60年）が学界で注目された業績である。これらは、いずれも欧米で公刊された業績を種本として使ったものであり、良かれ悪しかれ私の特色を示すものである。

　ドイツ法プロパーの領域では、1960年に公表された「西ドイツ民法学の現況」（北法11巻1号）が学界で注目された。この論稿が「ジュリスト」の短評欄で評価されると、今日のようにコピーが便利な時代と違い、北大法学会に雑誌の配布依頼が殺到した。この仕事は、ドイツ民法学にいまどのようなテーマがあり、だれがどのような著書・論文を書いているかを明らかにしたもので、遅まきながら、私の西ドイツ留学の成果であり、これによって私は、わが国におけるドイツ民法研究の分野での指導者の一人となった。

　なおこの仕事は、1962年度より、比較法学会の機関紙「比較法研究」

の末尾に「紹介欄」が設けられたときに、私が「ドイツ私法」を担当することによって、続けられたが、それはその後、28年間にわたり、一度の休みもなく続けられた（「比較法研究」23号より50号［1988年］まで）。この仕事のために毎年費やされたエネルギーは莫大なものであり、これがなければもっとたくさん論文が書けたと思われるが、少数ながら熱心な読者に励まされて、北大の定年まで続けることができたのは幸いであった。

(3) 人 格 権

　事情変更の原則とならんで、私のライフワークとなったもう1つのテーマが、人格権である。それへの関心も、ドイツ留学にさかのぼる。最初の学期で聞いた H. J. Wolff 教授の民法総則の講義の中で、1時間がまるまる人格権にあてられ、内容は良く理解できなかったものの、当時のドイツで人格権が大きなテーマであることはわかった。またスイスの弁護士によって行われたスイス民法の講義でも、人格権は強調されていた。まさに当時西ドイツの判例・学説で、一般的人格権が形成されつつあったのである。もっとも、帰国後も、私自身としてはこのテーマを取り上げる余裕はなかった。たまたま私の指導した大学院生の松田昌士君（現JR東日本会長）が修士論文のテーマについて相談にきたので、西ドイツの一般的人格権をすすめた。彼の書いた論文に私が手を入れて共同で発表したのが、「西ドイツにおける私生活の私法的保護」（戒能通孝・伊藤正巳編『プライヴァシー研究』［日本評論社、1962年］、所収）である。当時のわが国では、人格権につき、アメリカのプライバシー法についての関心が高かったが、ヨーロッパ各国における人格権についてはほとんど無視されていた。そこで比較法学会のシンポジウムのテーマとして「人格権」をとりあげていただき、それは1962年4月の総会で、「人格権の保護に関する比較法的研究」として実現をみ、私はそこで序説、ドイツ法、総括を担当した。

　人格権についての私の仕事は、その後は日本の解釈論に重点が移り、

『注釈民法(19) 不法行為』のなかで「人格権の侵害」を担当したり（有斐閣、1965年）、故田宮裕君との共著『名誉とプライバシー』（有斐閣、1968年）を出版したほか、数多くの判例批評を発表した（それらは後掲の『人格権論』に収録されている）。

(4) 比較法理論の展開

このように第1次留学後の私の比較法への関心は、具体的なテーマについての、ドイツ法を中心とした比較法的研究に向けられていたが、60年代に入ってから、比較法の一般理論への関心が再び高まってきた。その点でとくに刺激的だったのは、61年に公刊されたアメリカの比較法学者 Yntema への祝賀論文集中の David と Zweigert の法系論に関する論文であった。これらに啓発されて書いたのが「法系論序説」（北法16巻2・3号、1965年）であり、それ以来、法系論は私の Lieblingsthema の1つとなった。

またその頃、伊藤正巳教授に依頼され、岩波講座『現代法14巻外国法と日本法』（1966年）に「比較法学と日本の法学」を書いたが、ここでも比較法の一般理論を研究する機会が与えられた。

さらに当時「法学セミナー」誌の編集を担当していた日本評論社の林勝郎さんに頼まれ、「大陸法と英米法」を書いた（法学セミナー1963年6月号）のが機縁となって、同社より『比較法入門』（1968年）を出版したが、これが43歳になっての私の処女出版であった。

(5) 資本主義法と社会主義法の比較

この時代にもうひとつ関心を持ったのが、資本主義法と社会主義法の比較であった。北大法学部に設置されたスラブ研究施設の研究員になったことが、それに機縁を与えた（1959年）。この施設（スラ研）は、スラブ地域研究のためのインターカレッジ的施設で、今日の北大スラブ研究センターの前身であるが、猪木正道や木村彰一など錚々たる大家を集め、年2回開かれた研究会は、法学部内の研究会とはまったく違う刺激を与えてくれた。

当初は研究会に出席するだけでよいと思っていたのだが、そんなことは許されず、私も何度か報告しなければならなかった。私はもともと西ヨーロッパがメインであり、ロシア語も何度か挑戦したが、ものにならずに今日に至っている。そこで何を報告しようか迷っていたところ、たまたま、ドイツの比較法雑誌に発表されたLoeberの「異なる経済秩序をもつ諸国間の比較法」(RabelsZ 26 [1961], 201) を読み、感銘を受けた。Loeberによれば、資本主義法と社会主義法のように社会体制を異にする法についても、機能的比較法により、比較は可能であるし、またそれは望ましいとされる。そこでこの論文を枕にして最初に報告したのが、「社会主義諸国家における夫婦財産制の諸問題」(スラブ研究7号、1963年) である。

　その後、ハンブルクでLoeberと親交を結んだ大木雅夫教授が帰国したのを機に、比較法学会で「資本主義法と社会主義法」の比較をテーマとして、シンポジウムを行うことを提案し、1967年6月札幌で開かれた総会で実現を見た。このシンポジウムでは、総論を担当した私と大木教授は、Loeberの線に沿って、機能的比較法を主張したのに対し、各論（国家権力と基本的人権、農地所有と相続、とくに前者）の担当者は、基本的にはマルクス主義の立場で、社会主義法の優位を主張したため、激しい討論が展開された（当日の録音が存在しないのは残念）。今日から見れば、どちらの主張に先見性があったかは明らかであるが、このシンポジウムは、当時のわが法学界の状況をよく反映していたといえる（拙稿「資本主義法と社会主義法」法時1967年5月号は、この学会のために書かれた [『比較法入門』に収録]）。

6　第2次西ドイツ留学

　1968年1月に2年間の学部長職より開放され、研究・教育に専念できる身となった。翌年4月より1年間ふたたび西ドイツ留学が実現するのだが、その前に68年5月より1ヶ月半、国務省の招待でアメリカ各地を訪

XV 比較法とともに歩いた50年

問し、代表的比較法学者と会うことができた。その詳細は、「アメリカにおける比較法の研究および教育の現状について」(北法19巻3号、1969年)を参照されたし。なお「テクノロジーとプライバシー」(ジュリスト413号、1969年)もこの視察旅行の成果のひとつであり、Westin の所説 (Privacy and Freedom, 1967) に啓発されて、テクノロジーの発展がプライバシーにとってどれだけ脅威になるかを論じ、先見の明を誇ってよいものだが、当時の学界から反響を見出すことはできなかった。

さて今回の西ドイツ留学は、日本の文部省の在外研究制度を利用したもので、妻子連れで、生活の心配なく研究に専念することができた。行き先は、マックス・プランク比較私法研究所のあるハンブルクにきめた。旧友の Eike von Hippel 君がいるというのも心強かった。ちょうど留学中は北大も学生騒動の真っ只中にあり、同僚諸兄のご労苦を思うにつけ、研究に専念することが、かれらの労に報いる道と信じて、がんばった。

今回の留学の研究テーマとして、文部省に対して、① 比較法の基礎理論、② 東西法の比較、③ EC法の研究、をあげたが、③については、今日までぜんぜん手をつけることができずに終わった。②は、帰国間際にようやく Loeber 教授に会うことができ、若干の資料を入手しただけで終わり、したがって、1年間主として①の研究に従事した。といっても、①のテーマは余りにも漠然としているので、ドイツ比較法学史にしぼって研究を進めた。この点で、マックス・プランク研究所は文献がそろっており、最適の環境であった。留学期間が1年ということもあり、当初は文献の収集・コピー、閲読にとどめ、執筆は帰国後と考えていたが、北大は紛争中のため雑誌の原稿が集まらないという理由で、とりあえず「ドイツにおける比較法の発展(1)」を現地で脱稿した (北法20巻4号、1969年、なお(2)、(3)は同21巻1号、2号、1970年)。②については、持ち帰った資料をまとめたものとして、「ドイツにおける Ostrechtsforschung の発展と現状」(スラヴ研究15号、1971年)があるほか、Loeber の教授資格取得論文の紹介として、

「東西契約法の比較」（スラヴ研究20号、1975年）がある。

その他、ドイツ法の現状については、危険責任に関心があり、Hippel君の教授資格取得論文を紹介した、「交通事故の損害補償についての一つの提案」（判例タイムズ236号、1969年）や、「西ドイツにおける製造者責任法の現状」（ジュリスト446号、1970年）も現地で執筆したものである。ドイツにおける危険責任法の発展については、『注釈民法(19)』（有斐閣、1965年）で717条の注釈を書いたときより関心があったので、前記個別研究のほか、一般的なテーマとして、恩師山田晟先生還暦記念論文集『概観ドイツ法』（東大出版会、1971年）に寄稿した「ドイツにおける不法行為法の発展─危険責任を中心に」も現地で脱稿した。ドイツの危険責任法については、その後の立法や学説によるめざましい発展があるが、私自身はフォローを怠っている。

なお1969年当時、Zweigertは多忙で、講義の余裕はなく、代わりに弟子のDrobnigが講師としてハンブルク大学で「比較法入門」の講義をした。アメリカナイズされた興味深い講義であったが、履修学生は少なく、活気も乏しいものであった。

7 北大時代後期（1970-89年）

帰国後は紛争もおさまり、2度と管理職につくこともなく、定年まで20年を過ごした。この間、北大法学部には画期的な研究部制度が導入され、4年間に1年は講義から開放されて、研究に専念できるようになった。本来ならまとまった研究成果をたくさん残して定年を迎えなければならなかったのだが、現実は挫折の連続で、この期を「比較法とともに歩いた20年」と総括する自信はない。その1つの理由として、民法解釈論について、教科書、入門書、判例批評などを数多く執筆したことがあげられる。もっと断るべきだったと後悔している。

XV 比較法とともに歩いた 50 年

(1) 大　陸　法

さて帰国早々、比較法の分野で大きな仕事が舞い込んだ。筑摩書房が企画した「現代法学全集」のなかで、伊藤正己先生より「大陸法」を執筆することを依頼されたのである。そこでさっそく私の比較法の講義の対象を大陸法にあて、2、3 回講義をした後、執筆に取り掛かることにし、具体的には、1978 年秋より始まる第 1 回目の研究部在籍をそれにあてることにした。ところが研究部では、すでに一部執筆していた『法学入門』をまず脱稿してから、「大陸法」に取りかかることにしたところ、『法学入門』が予想外に難航し（それだけ手間暇かけたことになるが）、翌年の 5 月になってようやく脱稿した（もっとも『法学入門』第 4 章の第 1 節と第 2 節は、「大陸法」の構想を具体化したものである）。6 月より「大陸法」に取りかかったものの、「ローマ法の継受」までで研究部の期間が切れた。その後、筑摩書房の倒産により、全集の企画も中止されたので、そのままで今日にいたっている（当時執筆した部分は、北大退官後、「大陸法序説」、「大陸法の基礎」として、札幌法学 1 巻 1 号、2 巻 1 号［1990 年］で公表した。本書にも収録）。しかし、このテーマは私にとってライフワークであり、その後も講義を続け（最近では札大大学院で）、内外の文献を収集・閲読しているが、文献が多すぎて、まとまるめどがつかない。どこかで区切りをつけて、まとめるほかない。

(2) 論文集の刊行など

「大陸法」の執筆の遅れたいま 1 つの理由はとして、一粒社より論文集を 2 冊出版したことがあげられる。この話は、故水本浩教授のご推挙により実現したものだが、私もそろそろ論文集を出す時期かと考えた。ただし私の場合、論文集に収録してまで残るに値する業績は少なく、選集がよいところなので、民法の比較法的研究について 1 冊、比較法プロパーについてもう 1 冊出すことにした。そのさい各論文をできるかぎり up-to-date なものにするよう心がけたため、予想外に手間暇のかかる仕事となった。

そのような配慮を一切せず、初出当時のものをそのまま論文集にのせる学者が多い。いくら up-to-date にしても、5年か10年経てば古くなるので、そのような学者はうらやましい限りだ。

　このようにして出版したのが、『比較民事法の諸問題』（一粒社、1976年）と『比較法学の歴史と理論』（一粒社、1977年）であり、そのなかには、これまで引用した論文の多くが含まれている。それ以外では、前者には、私のナチス法についての研究論文「ファシズムと法学者」（初出、1964年）と「ナチス私法判例における一般条項の機能」（初出、1974年）も含まれている（ただし、後者は新刊紹介の域を出ない）。なおナチス法に関連して、後に「ナチス民族法典の性格」（北法36巻1・2号、1985年）と「亡命ドイツ法学者のアメリカ法への影響」（札幌法学6巻1・2号、1995年）を発表している（いずれも本書に所収）。

　これに対し『比較法学の歴史と理論』には、前記アメリカ視察とドイツ留学の成果がおさめられている。まだ言及しないものとしては、これもドイツ留学の成果である「法系論再説」（初出、1974年）がある。本書については、野田良之先生の懇切な書評がある（民商77巻4号）。

　第2次西ドイツ留学のいま一つの成果としては、「自動車事故による損害の補償」をテーマとして、1973年5月に開かれた比較法学会のシンポジウムがあげられる。このシンポは、前述の Hippel 教授の論文を機縁として、わが国でも自動車事故の損害補償についての在り方を考えるため、私が責任者となり、当時北大の助手をしていた藤岡康宏君の協力を得て、行われた。この問題は、その後、藤岡君のほか、名大のスタッフを中心として本格的に取り上げられ、ポピューラーなものとなったが、学会では反響が乏しかった。学会のシンポジウムのテーマについてはタイミングが難しく、私の提案は時期尚早だったといわなければならない。

(3) 比較法理論との再会

1980年代に入り、法系論以外の比較法理論についても関心がわいてきた。かつて『比較法入門』でとりあげた理論的諸問題を再考しようとするものである。まず札幌民事実務研究会で「法の解釈と比較法」を論じ（北法31巻3・4号、1981年）、ついで法律時報の臨時増刊『民事立法学』に「比較法学と民事立法学」を書いた（同年）。さらに野田良之先生の古稀記念『東西法文化の比較と交流』（有斐閣、1983年）のなかで、「比較法と法社会学の関係についての覚書」を発表した。幸い1982年10月より83年9月にかけて2度目の研究部所属が認められたので、この期間を、かねて一粒社と約束のあった『民法と比較法』の執筆にあて、新たに「国際私法と比較法」と「私法の統一と比較法」の新稿を加えて、このほうは、予定通り84年に刊行することができた。

本書は、私も編集委員の一人となっている「現代法律学の課題」シリーズの1冊として刊行されたものである。この企画は、一人の学者が好きなテーマで1冊書くことができるので、依頼された学者全員より快諾を得たのだが、民法に関しては後に続く者が乏しかったのは残念である。

(4) 『日本法入門』の執筆

1984年3月より半年間、久しぶりに西ドイツに滞在した。今度はゲッチンゲン大学のDeutsch教授より招聘され、かれと共同で比較法・国際私法のゼミを担当し、かつ日本法の講義をするというのが目的であった。ゼミの担当は幸い名目だけだったので、4回にわたる日本法の講義に全力を注いだ。じつは、その数年前に、村上淳一教授を通じて、ドイツのWissenschaftliche Buchgesellschaft社より、ドイツ語で日本法入門の書物を出版する約束になっていた。私としても、この講義をその土台とするつもりであった。なお、この講義は、Deutsch教授の熱心な関与もあって、毎回30名前後の聴講者がおり、努力の甲斐があった。また、今回はDeutsch教授の主宰する医事法研究所で研究に従事することができ、かね

ての願いであった、小規模の研究所ですごしてみたいという思いが、ようやく達成された。

　帰国後は、当然日本法入門の執筆にとりかかるべきであったが、私の能力をもってしては、日本でその仕事を独力で行うことは不可能であった。幸いその頃より、北大で外国人を助手として採用する途が開かれたので、当時来札された Christian von Bar 教授に頼んで、適当な助手の人選をお願いしたところ、Rudolf von Laun 君が来日することになり、やっと軌道に乗ることになった。もっとも、出版社との間では、私が長期間連絡を怠っていたため、不信感が生じ、以後さまざまなトラブルがあったが、北大関係者の協力を得て、私の北大定年前にようやく脱稿した。これが、Einführung in das japanische Recht, 1990 である。

　本書は、贈呈先のドイツの学者からは好意的な感想をいただいたが、書評の対象となることはなく、客観的な評価はわからない。しかし、むしろ最近になって、引用回数も増え、それなりの役割は果たしたように思われる。いずれにせよ、ドイツ語で1冊の本を書くことは大仕事であり、これがなければ、もう数冊日本語の本が書けたと思うと、複雑な心境であるが、やはり比較法学者は1つくらいこの種の仕事をすべきであろう。

　『日本法入門』とともに、北大時代の最後の仕事となったのは、人格権についての論文集の編纂である。わが国でも問題が多出しているこの分野で、過去の論文を集めるだけでは不充分なので、新たに「人格権概説」を加えて、定年後の89年12月に、これも一粒社より出版された（本書も書評の対象とならなかったが、『民法学説百年史』でとりあげられる光栄に浴した）。

8　札幌大学時代（1989-2001年）

(1)　私大教師として

　1989年3月に北大を退官した後、たまたま4月より近所の札幌大学に

XV 比較法とともに歩いた50年

法学部が設立されたので、そちらへ移った。当初の講義課目は法学と私法学原理だけ、3年目よりゼミが始まったが、私の意志で内容を民法にした。5年目になってようやく国際私法の講義を担当するようになり、そこでわずかに比較法にふれることができた。札大では、最初から研究と教育は別と割り切っていたが、実際は北大時代よりも教育に時間を取られたので、研究は思うようにいかなかった。もっとも、96年の第2の定年の後、97年より札大法学部に大学院が設置されたので、もう2年専任として、さらに2年非常勤講師として、私のために開講された「比較民事法」の講義を担当し、長年の思いを果たすことができた。なお、講義内容は、院生の意向とは無関係に、主として大陸法を講じた。しかし全体として札大時代は、申し分のない研究環境が提供されたにもかかわらず、年齢による心身の衰えもあり、私の比較法の研究暦のなかでは、実りの少ない時代といわなければならない。

とくにまさに札幌大学に移った頃、ソ連はじめ社会主義体制が崩壊し、私の専門領域であるドイツが東西統一するなど、比較法的に興味深い現象が生じていたにもかかわらず、それをフォローすることはできなかった。わずかに、アメリカの比較法雑誌に掲載されたQuigleyの論文（「社会主義法と大陸法伝統」）に触発されて、「社会主義法系は存在したか？」を書くにとどまった（札幌法学3巻1号、1991年、〔本書XI所収〕）。私の結論は、社会主義法は存在したというものであり、多くの学者に好意的に受け取られた。

ドイツの再統一については、私がフォローを怠っているうちに、恩師山田晟先生が87歳で大著『東西両ドイツの分裂と再統一』を上梓され（有信堂、1995年）、驚嘆させられた。その95年夏、札大から旅費を支給されて、久しぶりにゲッチンゲンに2ヶ月滞在した。主たる目的は、もう1回日本法の講義をすることだったが、このほうは聴講者が最後は一人というさんざんな結果となった。いま一つの目的は、同年秋に仙台の東北学院大学でドイツ法の講義をすることになっていたので、その前に一度東ドイツ

をこの眼で見たいというものであった。さいわい、前回のゲッチンゲン滞在でお世話になったFischer氏がハレ大学の教授となったので、ハレのほか、近くのライプチッヒなどを案内していただいた。さてそのFischer教授が教授就任講義をすることになったので、もう一度ハレへ出向いた。その講義の原稿を読んで（残念ながら「聞いて」ではない）感銘を受けたので、訳出したのが、「いわゆる旧事例に対する東ドイツ法の適用の限界」（札幌法学7巻2号、1996年）である。これがドイツ再統一について書かれた私の唯一の業績である（本書には、Fischer教授が後に雑誌に発表した論文の訳業をのせた）。

(2) アジア法との出会い

私の札大時代における比較法の特色は、新たにアジア法への関心を高めた点にある。もっとも、アジア法への関心は、北大時代の最後の頃から存在した。1986年に開かれた法哲学会の統一テーマ「東西法文化」のなかで、私は「法系論と日本法」を論じたが、そこでは西欧の比較法学者のなかに見られる東アジア法系（中国法と日本法が中心）の提唱について、日本の学者の側から再検討の必要があるという問題提起をしている。

東アジア諸国は、身近にあるにもかかわらず、これまで旅行したことがなかった。ようやく80年代の終わりになって、日本土地法学会の訪中団に加わって、2度中国を訪問し、かの地の法学者との交流をはじめたほか、台湾については、かねがね学問上の交流のあった陳鋕雄氏（高級官僚、兼学者）に会うために、台北へ出かけたりした。中国ではいたるところカルチャー・ショックを覚え、やはり比較法のためには外国を旅行することが必要だと痛感した。

しかし、札大時代では、中国や台湾より、はるかに韓国と密接な関係を築いた。すでに1984年のゲッチンゲン滞在中に、韓国の東国大学の延基栄氏と知己になり、彼に頼まれて、韓国民法学界の大物・金基善教授の古

XV 比較法とともに歩いた50年

稀記念論文集に「韓日国際離婚法上の若干の問題」を寄稿することにより(1987年)、韓国法学者との交流が始まった。

さらに1989年10月に、ソウルで開かれた韓独法学会主催の消費者保護法に関するシンポジウムに日本も参加することになり、私も延基栄氏との関係で招待された。このシンポジウムには、ドイツからDeutsch教授はじめ錚々たる学者を集め、韓国法学会の実力を改めて認識させられた。ソウルでのシンポジウムの後、日独の学者は釜山や慶州へ行き、講義やシンポジウムを行ったが、私自身の講義に対する韓国学生の真剣なまなざしに心を動かされた。

その頃から、多くの大学で、韓国学者との交流が始まった。北大でも、今井弘道教授（法哲学）が中心となって、韓国の法哲学や憲法の一流学者との間で「日韓法文化研究会」を組織した。私もそのメンバーとなり、1992年度より前後8年間に渉って、研究を続けた。この研究会は、毎年2回、韓国と日本で開かれたが、懇親会や観光旅行を続けることにより、たがいに本音で話ができるようになり、研究成果は大いにあがった（これまでの成果は、北大法学論集に随時掲載されている）。もっとも私の寄与は乏しく、研究報告は2度にすぎない。その1つが、「法系論における東アジア法の位置付け」（札幌法学10巻1・2号、1999年）であり、そこではすくなくとも中国、韓国、日本、台湾を含めた東アジア法系を認めることができるという、やや時期尚早的な結論を示している（なお、この論文のドイツ語版をK. W. Nörr教授記念論文集に掲載する予定である）。いま1つが、「西欧法学者が見た日本法——『日本人は裁判嫌い』は神話か」であり、これは近刊予定の大木雅夫先生古稀記念論文集に収録されることになっている（いずれも本書所収）。

(3) 比較法文化への道

私どもの日韓法学交流のプロジェクトは、法文化に重点をおくものであ

第 5 部　終　章

る。私もかねがね「比較法文化論は究極の比較法」と思っており（「比較法の 40 年」北法 40 巻 3 号 484 頁）、余生をそちらに捧げたいという気持ちもないではないが、文化人類学の素養に乏しい私にとっては限界があり、周辺の問題を少しずつ手がけるほかない。1998 年に比較法学会は、「比較法文化論」をシンポジウムのテーマとしてとりあげ、私も「西洋法文化圏」について論じた（比較法研究 60 号、1999 年、〔本書 III 所収〕）。これ自体は不充分なものであるが、これを機として、学者としての余生を西欧法文化の解明につとめたいと思っている。

　［お断わり］　本稿は、2001 年 1 月 27 日に行われた札幌大学大学院法学研究科での私の最終講義のために作成されたメモを復元したものである。なお、実際の講義では、前半の部分が扱われたにすぎない。

〈初出一覧〉

Ⅰ 「比較法の 40 年」………………… 北大法学論集 40 巻 3 号（1990 年）所収

Ⅱ 「書評・大木雅夫『比較法講義』」……『歴史と社会のなかの法』（比較法史研究②）未來社、1993 年、所収

Ⅲ 「西欧法文化圏の生成とその特色」……「西洋法文化圏」比較法研究 60 号（1999 年）所収

Ⅳ 「大陸法序説」……………………… 札幌法学 1 巻 1 号（1990 年）所収

Ⅴ 「大陸法の基礎」…………………… 札幌法学 2 巻 1 号（1990 年）所収

Ⅵ 「書評・カネヘム『裁判官・立法者・大学教授』」……『比較法史研究の課題』（比較法史研究①）未來社、1992 年、所収

Ⅶ 「書評・広渡清吾『法律からの自由と逃避』」…… 法律時報 58 巻 9 号（1986 年）所収

Ⅷ 「ナチス民族法学の性格」…… 北大法学論集 36 巻 1・2 合併号（1985 年）所収

Ⅸ 「亡命ドイツ法学者のアメリカ法への影響」…… 札幌法学 6 巻 1・2 合併号（1995 年）所収

Ⅹ 「社会体制の相違と比較法」…… 札幌学院法学 1 巻 1 号（1984 年）所収

Ⅺ 「社会主義法系は存在したか？」…… 札幌法学 3 巻 1 号（1991 年）所収

Ⅻ 「両ドイツ間私法における公序」…… フィッシャー「いわゆる旧事例に対する東ドイツ法の適用の限界」札幌法学 7 巻 2 号（1996 年）所収（改題・改稿）

ⅩⅢ 「法系論における東アジア法の位置付け」…… 平成 9 年度―平成 11 年度科学研究費助成金研究成果報告書「東アジア文化と近代法」（研究代表者・今井弘道）（2000 年）所収（なお、一部省略したものを、札幌法学 10 巻 1・2 合併号〔1999 年〕に公表）

ⅩⅣ 「西欧法学者の見た日本法」…… 大木雅夫先生古稀記念『比較法学の課題と展望』（信山社、2002 年）所収

ⅩⅤ 「比較法とともに歩いた 50 年」＝書き下ろし

319

事項索引

あ行

アジア法　316
　——の多様性　251
　——の統一性　250
アフリカ諸国　54
違憲法令審査権　110
一般条項　108
イデオロギー　63
遺留分　298
インドネシア法　252
インド法　253
英米の法典　28
大木雅夫　21
オーストリア民法典（ABGB）　122, 133

か行

学説継受　72
学説集（Digesta または Pandectae）　80
カノン法（教会法）　96, 166
カノン法大全（Corpus Inris Canonici）　96
韓国法と日本法　261
韓国法の独自性　263
韓国民法典　262
漢字文化圏　259
漢字文化圏民法典　257, 260
機能的比較　12
機能的方法　146
共通の核心（common core）　13, 64, 153
極東における法　249
極東法　248
ギリシア思想　40
キリスト教　41
近世自然法　41
契約締結上の過失　160
契約法　159
ゲッチンゲン　313, 317
ケベック州　55
ゲルマン慣習法　41
ゲルマン法　88
　——の法源　89
憲法の直接的統制　216
権利のための闘争　37
公序の適用可能性　215
公序の例外的性質　218
公法による私法の吸収　195
国際私法　146, 155
子の奪取防止法（Parental Kidnapping Prevention Act of 1980）　163
混合法系　54

さ行

裁判所の役割　198
時際法　215
事情変更の原則　99, 128, 140, 304
システム論　181
自然法と比較法　23
シヴィル・ロー　50
死亡と死亡宣告　136
資本主義法　175

321

事 項 索 引

　　──と社会主義法　　14, 66, 174, 308
市民法大全 Corpus Inris Civilis　80
氏名権　131
社会主義法　175
社会主義法系　191, 315
社会主義法の独自性　67
社会体制の相違と比較法　173
州際私法と国際私法　156
住所と居所　136
自由法論　108
収　斂　177
儒教文化圏　258
肖像権　132
商　法　147
人格権　130, 306, 314
信頼保護　220
神話説　279
スコットランド　55
スリランカ法　253
西欧語　40
西欧法（droit occidental）　10
西欧法　64
西欧法文化圏　35
制度的比較　12
制度要因説　273, 280
　　──の支持者　281
西洋法圏　26
世界連帯と比較法　23
折衷説　284, 286, 287
専門的法律家集団　38
増額評価問題　109
ソ連の民法典　28

　　　　た　行

第1国家条約　216
体制間比較法　14
タイ法　252

大陸法研究の必要性　48
大陸法　47, 311
　　──と英米法　60
　　──と日本法　70
　　──の意味　50
　　──の基礎　77
　　──の適用範囲　52
単独政党の支配　194
注解学派　84
中近東諸国　54
中国法　248
注釈学派　83
中世ローマ法学　83
地理的近接性　258
ドイツの再統一　211, 316
ドイツ法アカデミー　117, 140
ドイツ法群　53
ドイツ法の重視　266
ドイツ民法典（BGB）　27, 29
統一条約　211, 215, 217, 230
同姓同本禁婚制　263
同姓同本不婚制　262
道徳的与件と地域的与件　156
東南アジア　251
独自説
　社会主義学者の説く──　200
　西欧学者の説く──　193
独自説の妥当性　201
　　──のネガティブな諸結果　202
特権主義　198

　　　　な　行

内国関連性　218
ナチス私法学　115
ナチス民族法典　115
日本人は裁判嫌い　272
日本における大陸法の継受　70

日本法　249
年令段階と成年　132

は　行

パキスタン法　253
破産法（Bankruptcy Reform Act of 1978）　165
ハンブルク　309
比較の対象　183
比較の方法　180
比較法　146
比較法社会学　8
比較法と法社会学　13
比較法の概念　23
比較法の市民権獲得　6
比較法の定義　8
比較法の方法　24
比較法の方法論　12
比較法文化　317
比較法文化論　15
比較法理論　307, 313
東アジア諸国　54
東アジア文化圏　260
東アジア法　248
東アジア法系　74
東アジア法系の可能性　254
東ヨーロッパ諸国　53
評価的比較法　185
評価の比較　184
ヒンドゥー法　253
フィリピン法　251
プライバシー　132
フライブルク　302
フランス民法典（Code civil）　26, 29
文化要因説　273, 277
ベトナム法　251
法意識　264

法学教育　152
法学提要（Institutiones）　80
法観念　36
法系論　9, 10, 245, 307
法　源　61
法圏論　11, 24
法死滅説　194
法社会学　149
放射的効力（Ausstrahlungswirkung）　216, 229
法性決定　146
法秩序の造形者　29
法廷地法アプローチ　156
法的安定利益　228
法的思考方法　61
法典継受　70
法伝統（legal tradition）　36
法典論　26
法の支配（rule of law）　10, 36, 199, 283
法の宗教的性格　196
法文化　35, 257, 264
亡命ドイツ法学者　141
北欧法群　53

ま　行

マクロ比較法　183, 201
マックス・プランク比較私法研究所　301, 309
マルクス主義法理論　176
マレーシア法　252
ミクロ比較法　183, 201
密告（事件）　213
密告事件　217
密告事例　221
南アジア　253
南アフリカ共和国　55

事項索引

民族構成員の人格　129
民族構成員の法的地位の剥奪　134
民族法典第1編の基本的構造　129
民族法典の仕事の現状　123
民族法典の仕事の方法　122
民族法典の精神的諸特徴　124
民族法典の全体的印象　126
民族法典の批判点　125
民族法典の目標　121
民族法典編纂小史　116
民法施行法6節　214, 215, 217, 218, 221, 222, 228
民法典の重要性　256
名誉毀損　130, 197
名誉の保護　140

や行

遊牧民型メンタリティー　39
ユダヤ思想　40
予測可能性説　282

ら行

ラテン・アメリカ法群　53
離婚法　151
ルイジアナ州　55
歴史的伝統　60, 254
ローマ法　40, 78
ローマン・ダッチ法　253
Roman-Dutch Law　55
ロマン法群　52

和文人名索引

あ 行

アインテマ（H. E. Yntema, 1891-1966） 10, 147
我妻栄　154, 157
アッパーム（Frank K. Upham）　271, 281
アルマンジョン（Pierre Arminjon） 6, 8, 300
アンセル，マルク（Marc Ancel） 193-194
イェーリング（Rudolf von Jhering） 37, 297-299
池原季雄　157
伊藤正己　298, 307, 311
ウェーバー，マックス（Max Weber, 1864-1920）　29, 41, 149, 150
ヴォルシュレーガー（Christian Wollschäger）　277
ヴォルフ（Martin Wolff, 1872-1953） 6, 300
ウシャコウ（Alexander Uschakow） 185
エーレンツヴァイク（Albert Ehrenzweig）　154-158, 178, 194, 196
大木雅夫　14, 37, 210, 281, 308
小田博　276

か 行

ガッタリッジ（Harold C. Gutteridge, 1876-1953）　6, 8, 300
カナーリス（Claus-Wilhelm Canaris） 244
カネヘム，R. C（R. C. Van Caenegem） 28, 103-106
川島武宜　273, 277
ギールケ，オット・フォン（Otto von Gierke, 1841-1921）　90
木下毅　44
キム（Chin Kim）　277
クトナー（Stephan Kuttner, 1907-1996） 166
クナップ（Viktor Knapp）　178
クラーク（David S. Clark）　145
クレッシェル（Karl Kroeschell）　93, 139
グロースフェルト（Bernhard Großfeld） 145, 148, 259
クローンシュタイン（Heinrich Kronstein, 1897-1972）　161-2
ケーゲル（Gerhard Kegel）　145, 164, 165, 241
ケッツ（Hein Kötz, 1935-）　7, 29, 151, 183, 184, 198, 248, 249, 275, 276
ケントゲン（Johannes Köndgen） 158
高翔龍　264
コーラー（Josef Kohler, 1849-1919） 15
小山貞夫　103, 106
コンスタンティネスコ（L.-J. Constantinesco, 1913-81）　9, 11, 22, 24, 193, 247

325

和文人名索引

さ 行

サボー（Imre Szabó）　177, 200
崔鍾庫　263, 266
ジーベルト（Siebert）　120
シュトゥルナー（Rolf Stürner）　164
シュトル，ハインリッヒ（Heinrich Stoll）　117
シュニッツァー（Adolf Schnitzer, 1889-1989）　6, 8, 51, 300
シュミット，カール（Carl Schmitt, 1888-1985）　117
シュレージンガー（Rudolf B. Schlesinger, 1909-1996）　146, 151
シュロッサー　27
ジョーフレ・スピノジ（Camille Jauffret-Spinosi）　248, 275
世良晃志郎　88, 298
ザンドロ（Otto Sandrock）　158

た 行

ダヴィド（René David, 1906-1990）　6-8, 10, 22, 26, 51, 246, 250, 274
竹内昭夫　281
田中英夫　281
タンク（André Tunc）　176, 204
千葉正士　36, 250, 259, 266
ツヴァイゲルト，コンラート（Konrad Zweigert, 1911-96）　7, 11, 22, 24, 60, 104, 149, 183-185, 188, 198, 246, 248, 256, 275
ツィンマーマン（Reinhard Zimmermann）　168
鄭鍾休　262
ディーン，メリル（Dean Meryll）　287
テッヒョー（Hermann Techow）　71
デレ，ハンス（Hans Dölle）　117

ドイチ（Erwin Deutsch）　241, 313, 317
ドローブニック（Ulrich Drobnig, 1928-）　13, 310

な 行

中里実　283
野田良之　15, 40, 274
ノール（Knud W. Nörr）　166, 167
ノルデ（Baron Boris Nolde）　6, 300

は 行

バーマン（Harold J. Berman）　30, 39
バウム（Harald Baum）　288
パウンド（Roscoe Pound, 1870-1964）　146
ハッテンハウアー（Hans Hattenhauer）　116, 135
バルツ（Manfred Balz）　180
バルテルス（Hans-Joachim Bartels）　173 以下
バルトールス（Bartolus de Saxoferrato, 1314-57）　85
ヒッペル（Fritz von Hippel）　302
広渡清吾　115, 107-113
フィッシャー，ゲルフリート（Gerfried Fischer）　239, 316
フット（Daniel H. Foote）　284
プットファルケン（Putfarken, H.-J.）　185
ブラーガ（Sevold Braga）　179
フリードマン（Lawrence M. Friedmann）　36
フリードマン（Wolfgang G. Friedmann）　178, 194
フロイント（Ernst Freund, 1864-1932）　143, 144

ヘイリー（John O. Haley） 249, 271, 272, 276, 279, 284, 288
ヘーデマン，J・W（Hedemann） 107-113, 117-126, 135
ボエーマー（Gustav Boehmar） 301, 302
ボーデンハイマー（Brigitte M. Bodenheimer, 1912-1981） 162-164
ホール，ジェローム（Jerome Hall） 8
ボワソナード（Gustave Boissonade） 70

ま行

マーシャル（Wolfgang Freiherr v. Marschall） 149
松下輝雄 200
マニーク（Alfred Manigk） 118
村上淳一 40, 313
メリマン（John Merryman） 36, 193
メーレン（Arthur T. von Mehren） 152

や行

安田信之 250, 254
山田晟 297, 315
山田鐐一 159
山本桂一 298, 300
ユスチニアーヌス（Justinianus, 483-565） 80

ら行

ライザー，トーマス（Thomas Raiser） 181
ラーベル（Ernst Rabel, 1874-1955） 13, 145-148
ラーン（Guntram Rahn） 271
ライヒェル（H.-Ch. Reichel） 183
ラインシュタイン（Max Rheinstein, 1899-1977） 13, 146-151, 178
ラムザイヤー（J. Mark Ramseyer） 271, 282, 288
ランゲ（Lange） 119
ランゲ，ハインリッヒ（Heinrich Lange） 117
リーゼンフェルト（Stefan A. Riesenfeld, 1908-1999） 164
ルエリン（Karn N. Liewellyn, 1893-1962） 148
ルーマン（Niklas Luhmann） 181
レーバー（Dietrich A. Loeber, 1923-） 14, 173, 181, 308, 309
レービンダー（Eckhard Rehbinder） 162
レービンダー（Manfred Rehbinder） 13
レーマン（Heinrich Lehmann） 120, 130
レスラー（Hermann Roesler） 71
ロサーノ（M. G. Losano） 194
ローソン（Craig M. Lawson） 277
ローソン（F. H. Lawson） 178, 196
ロッター（Frank Rotter） 182

欧文人名索引

a

Ancel, Marc　193-194
Arminjon, Pierre　6, 8, 300

b

Baldus de Ubaldis（1327-1400）　85
Balz, Manfred　180
Bartels, Hans-Joahim　173 以下
Bartolus de Saxoferrato（1314-57）　85
Baum, Harald　288
Berman, Harold J.　30, 39
Bernstein, Herbert　158
Bodenheimer, Brigitte M.（1912-1981）162-4
Boehmer, Gustav　301, 302
Boissonade, Gustav　70
Bolgár, Vera　154, 164
Braga, Sevold　179

c

Caemmerer, von　302
Caenegem, R. C.　28, 103-106
Canaris, Claus Wilhelm　244
Clark, David S.　145
Constantinesco, L.-J.　9, 11, 22, 24, 193
Curran　168

d

Daube, David（1909-1999）　167

David, René（1906-1990）　6-8, 10, 22, 26, 41, 51, 193-195, 246, 250, 274
Dean, Meryll　287
Deutsch, Erwin　241, 313, 317
Dölle, Hans　117
Drobnig, Ulrich（1928-）　13, 310

e

Ehrenzweig, Albert A.　154-8, 178, 194, 196
Eörsi, Gyula　200

f

Fischer, Gerfried　239, 316
Foote, Daniel H.　284
Freund, Ernst（1864-1932）　143-4
Friedman, Lawrence M.　36
Friedmann, Wolfgang G.　36, 178, 194

g

Gerber, David J.　161
Gierke, Otto von（1841-1921）　90
Glendon, Mary Ann　146, 149, 150
Großfeld, Bernhard　145, 148, 259
Gutteridge, Harold C.（1876-1953）6, 8, 300

h

Haley, John O.　249, 271, 272, 276, 279, 284, 288
Hall, Jerome　8
Hattenhauer, Hans　116, 135

Hazard, John N.　　193-195, 202
Hedemann, J. W.　　107-113, 117, 127
Hippel, Eike von　　309
Hippel, Fritz von　　302, 310, 312

j

Jauffret-Spinosi, C.　　248, 275
Jhering, Rudolf von　　37, 297-299
Joerges, Christian　　158
Juenger, Friedrich K.　　151
Justinianus（483-565）　　80

k

Kegel, Gerhard　　145, 164, 165, 241
Kessler, Friedrich（1901-1998）　　154, 158-60
Kim, Chin　　277
Knapp, Viktor　　178
Kohler, Josef（1849-1919）　　15
Köndgen, Johannes　　158
Kötz, Hein　　7, 29, 151, 183, 184, 198, 248, 249, 275, 276
Krause, H. D.　　163
Kroeschell, Karl　　93, 139
Kronstein, Heinrich（1897-1972）　　161-2
Kuttner, Stephan（1907-1996）　　166

l

Lange, Heinrich　　117, 119
Lawson, Craig M.　　277
Lawson, F. H　　178, 194, 196
Lehmann, Heinrich　　120, 130
Llewellyn, Karl N.（1893-1962）　　148
Loeber, Dietrich A.　　14, 173, 181, 308, 309
Losano, M. G.　　194

Luhamann, Niklas　　181

m

Manigk, Alfred　　118
Markesinis, Basil　　168
Marschall, Wolfgang Freiherr v.　　149
Mattei, Ugo　　143
Mehren, Arthur T. von　　152
Merryman, John　　36, 193

n

Nolde, Baron Boris　　6, 300
Nörr, K. W.　　166, 167

o

Osakwe, Christopher　　193, 195, 196, 198, 199

p

Pound, Roscoe（1870-1964）　　146
Puttfarken, H.-J.　　185

q

Quigley, John　　192-207

r

Rabel, Ernst（1874-1955）　　13, 145-148
Rahm, Guntram　　271
Raiser, Thomas　　183
Ramseyer, J. Mark　　271, 282, 288
Rehbinder, Eckhard　　162
Rehbinder, Manfred　　13
Reichel, H.-Ch.　　183
Reimann, Mathias　　155-157
Reitz, John C.　　144
Rheinstein, Max（1899-1977）　　13,

欧文人名索引

146, 151, 178
Riesenfeld, Stefan A.（1908-1999） 164
Roesler, Hermann 71
Rotter, Frank 182

s

Sandrock, Otto 158
Schlesinger, Rudolf B.（1909-1996） 146, 151
Schnitzer, Adolf 6, 8, 51, 300
Schmitt, Carl 117, 300
Stoll, Heinrich 117
Stürner, Rolf 164
Szabó, Imre 177, 200

t

Techow, Hermann 71
Tunc, André 176, 204

u

Upham, Frank K. 271, 281

Uschakow, Alexander 185

w

Watson, Alan 167
Weber, Max（1864-1920） 29, 41, 149, 150
Wolff, Martin（1872-1953） 6, 300
Wollschläger, Christian 277
Wolodkiewicz, Witold 201

y

Yntema, H. E.（1891-1966） 10, 147

z

Zimmermann, Reinhard 168
Zweigert, Konrad（1911-1996） 7, 11, 22, 24, 60, 104, 149, 183-185, 188, 198, 248, 256, 275

〈著者紹介〉

五十嵐 清（いがらし きよし）
1925年 新潟県に生まれる
1948年 東京大学法学部卒業
　　　 北海道大学法学部教授、札幌大学法学部教授を経て、現在
　　　 北海道大学名誉教授

主 著　比較法入門（日本評論社・1968年）
　　　 契約と事情変更（有斐閣・1969年）
　　　 比較民法学の諸問題（一粒社・1976年）
　　　 比較法学の歴史と理論（一粒社・1977年）
　　　 民法と比較法（一粒社・1984年）
　　　 民法Ⅰ（総則）（編著書）（日本評論社・1986年）
　　　 人格権論（一粒社・1989年）
　　　 Einführung in das japanische Recht, Darmstadt : Wissen-
　　　 schaftliche Buchgesellschaft, 1990.
　　　 私法入門（有斐閣・1991年）
　　　 新版注釈民法13巻（債権(4)契約総則）（共編著）（有斐閣・
　　　 1996年）
　　　 法学入門［新版］（一粒社・2001年）

現代比較法学の諸相

2002（平成14）年6月30日　第1版第1刷発行
　　　　　　　　　　　　　3100-0101

著　者　　五 十 嵐　　清
発行者　　袖　山　　貴
発行所　　株式会社信山社
編集制作　信山社出版株式会社
　　　　　〒113-0033 東京都文京区本郷6-2-9-102
　　　　　TEL 03-3818-1099　FAX 03-3818-1411
販売所　　信山社販売株式会社
　　　　　〒113-0033 東京都文京区本郷6-2-8-101
　　　　　TEL 03-3818-1019　FAX 03-3811-3580
　　　　　order@shinzansha.co.jp

NDC分類 322.911　　印刷　松澤印刷株式会社
　　　　　　　　　　製本　有限会社大三製本

© 2002, 五十嵐　清, Printed in Japan.
落丁・乱丁本はお取替えいたします。
ISBN 4-7972-3100-9 C3332
3100-0101-012-060-010

Ⓡ本書の全部または一部を無断で複写複製（コピー）することは、著作権法上の例外を除き禁じられています。複写を希望される場合は、日本複写権センター（03-3401-2382）にご連絡ください。

五十嵐清・山畠正男・藪重夫先生古稀記念
民法学と比較法学の諸相 I・II・III （全3巻） 39,300円
大木雅夫先生古稀記念
滝沢正編集代表 比較法学の課題と展望　14,800円
西原道雄先生古稀記念
佐藤進・齋藤修編集代表 現代民事法学の理論 上巻16,000円・下巻予16,000円近刊
品川孝次先生古稀記念
須田晟雄・辻伸行編 民法解釈学の展開　17,800円
京都大学日本法史研究会　中澤巷一編集代表 法と国制の史的考察　8240円
栗城壽夫先生古稀記念
樋口陽一・上村貞美・戸波江二編 新日独憲法学の展開(仮題) 続刊
田島裕教授記念　矢崎幸生編集代表 現代先端法学の展開　15,000円
菅野喜八郎先生古稀記念
新正幸・早坂禮子・赤坂正浩編 公法の思想と制度　13,000円
清水睦先生古稀記念　植野妙実子編 現代国家の憲法的考察　12,000円
石村善治先生古稀記念 法と情報　15,000円
山村恒年先生古稀記念 環境法学の生成と未来　13,000円
林良平・甲斐道太郎編集代表 谷口知平先生追悼論文集 I・II・III　58,058円
髙祥龍先生還暦記念 21世紀の日韓民事法学　近刊
広瀬健二・多田辰也編 田宮裕博士追悼論集　上巻12,000円　下巻予価15,000円　続刊
筑波大学企業法学創設10周年記念 現代企業法学の研究　18,000円
菅原菊志先生古稀記念　平出慶道・小島康裕・庄子良男編 現代企業法の理論　20,000円
平出慶道先生・高窪利一先生古稀記念 現代企業・金融法の課題 上・下各15,000
小島康裕教授退官記念
泉田栄一・関英昭・藤田勝利編 現代企業法の新展開　12,000円
酒巻俊雄・志村治美編 現代会社法の理論　15,000円
白川和雄先生古稀記念 民事紛争をめぐる法的諸問題　15,000
佐々木吉男先生追悼論集 民事紛争の解決と手続　22,000円
内田久司先生古稀記念　柳原正治編 国際社会の組織化と法　14,000円
山口浩一郎・渡辺章・菅野和夫・中嶋士元也編
花見忠先生古稀記念 労使関係法の国際的潮流　15,000円
本間崇先生還暦記念　中山信弘・小島武司編 知的財産権の現代的課題　8,544円
牧野利明判事退官記念　中山信弘編 知的財産法と現代社会　18,000円　重版中
成城学園100年・法学部10周年記念 21世紀を展望する法学と政治学　16,000円
塙浩著作集（全19巻）1161000円　第20巻　編集中
小山昇著作集（全13巻+別巻2冊）257,282円
小室直人 民事訴訟法論集 上9,800円・中12,000円・下9,800円
外尾謙一著作集（全8巻）　1・2・3・5既刊
蓼沼謙一著作集（全5巻）近刊
佐藤進著作集（第1期全10巻）刊行中　3・4・10巻
内田力蔵著作集（全11巻）近刊
来栖三郎著作集（全3巻）　近刊
民法研究3号／国際人権13号／国際私法年報3号／民事訴訟法研究創刊